L

35
L.a.31.

L.a. 1900.
137.L.

RELATION
DU VOYAGE
DE S. A. R. *MADAME*,
DUCHESSE DE BERRY,
EN 1828.

OUVRAGES

QUI SE TROUVENT CHEZ LE MÊME LIBRAIRE.

Lettres Vendéennes, etc., dédiées au Roi; par M. le vicomte Walsh; édition. 2 vol. in-8°. 12 fr.
— *Les mêmes*, 3 vol. in-12. . . . . 8 »
Gilles de Bretagne, ou le Fratricide, chronique du 15e siècle; par le même. 2 gros vol. in-12, satinés et couverture gothique. (1827). 6 50
Histoire des Émigrés français, depuis 1789 jusqu'en 1828; par A. Antoine, de Saint-Gervais. 3 vol. in-8°. (1828). . . . . 15 »
Vie de Saint-Vincent de Paul; par B. Capfigue. 1 vol. in-8°, sur papier fin, couverture gothique. (1827). . . . . 5 »
— *Le même*, papier vélin satiné. . . . . 10 »

Tous les exemplaires de la *Suite aux Lettres Vendéennes* porteront ma signature.

PARIS. — IMPRIMERIE DE CASIMIR,
RUE DE LA VIEILLE-MONNAIE, N° 12.

SUITE
AUX LETTRES VENDÉENNES,

OU

RELATION DU VOYAGE

DE S. A. R. *MADAME*,

DUCHESSE DE BERRY,

DANS LA TOURAINE, L'ANJOU, LA BRETAGNE, LA VENDÉE
ET LE MIDI DE LA FRANCE, EN 1828;

DÉDIÉE

A. S. A. R. Monseigneur le Duc de Bordeaux,

PAR LE VICOMTE WALSH.

> Et si beaucoup manquent à cette fête,
> C'est qu'ils sont morts pour leur Dieu, pour leur Roi!
>
> *Chanson vendéenne par le Comte* Louis de Bourmont.

Paris.

L. F. HIVERT, LIBRAIRE-ÉDITEUR,
RUE DES MATHURINS SAINT-JACQUES, N° 18.

1829.

A Son Altesse Royale

Monseigneur

Le Duc de Bordeaux.

Monseigneur,

J'ose demander à votre Altesse Royale la permission de lui dédier la relation du voyage que son auguste Mère vient de faire dans les provinces de l'ouest et du midi de la France. J'ai essayé de peindre ce que j'ai vu, et ce qui m'a été raconté de ce mémorable voyage. Monseigneur y reconnaitra, j'espère, la bonté, le courage, la grâce et l'énergie de la noble Princesse qui lui donne de si utiles et si touchants exemples.

Peindre Madame telle qu'elle s'est montrée, est un bonheur pour un sujet fidèle; offrir une telle image à son Fils me paraît un devoir.

Je suis avec respect,

Monseigneur,

de votre Altesse Royale,

le très-humble
et très-obéissant serviteur,

Vte Walsh.

AVERTISSEMENT.

En retraçant le voyage de S. A. R. *Madame,* dans l'Anjou, la Bretagne, la Vendée et le midi de la France, l'auteur ne s'est fait que l'historien de ce qui s'est passé il y a quelques mois; et s'il a peint avec plus de détails, la joie et l'enthousiasme des anciens soldats de Bonchamps et de Charette, il n'a point eu pour but de rejeter dans l'ombre, les sentiments des autres classes de la population. En lisant sa relation on verra qu'il n'y avait *qu'un cœur* et *qu'un esprit,* pour recevoir *Madame.* Ce n'était pas la joie *d'un parti,* c'était le bonheur *de tous.*

On doit croire seulement que les débris des anciennes armées royales, étaient d'autant plus exaltés, que ces vétérans du trône regardaient la présence de la jeune mère du duc de Bordeaux au milieu d'eux, comme une autre récompense de leur vieille fidélité.

Quelques personnes chagrines, et qui ne connaissent pas nos contrées, ont été jusqu'à blâmer les rassemblements qui se pressaient dans nos campagnes sur les pas de l'illustre voyageuse; comme si ces paysans eussent été des troupes non autorisées. Mais, lorsque dans toute la France on rétablit en 1816 les gardes nationales, dans nos provinces, tout ce qui restait des soldats des armées royales se présenta. On n'eut pas la peine de leur donner des fusils, ils en avaient noblement pris avec leurs bâtons. Ils vinrent et se mêlèrent dans les rangs de ceux qui n'avaient point encore combattu comme eux, mais qui voulaient comme eux, Dieu, le Roi, et les institutions que le monarque législateur venait d'octroyer à la France.

Il a donc fallu être bien ombrageux pour s'effrayer des rassemblements de nos campagnes : n'aurait-il pas été aussi injuste que cruel d'interdire à ceux qui ont combattu tant d'années pour les Bourbons, la satisfaction de venir avec leur vieux drapeau blanc et leurs armes d'honneur au devant de la fille des Bourbons? Comme l'étendard de Jeanne d'Arc, l'étendard vendéen *avait été à péril, c'était bien justice qu'il advînt à honneur.*

Aujourd'hui le drapeau de Bonchamps, de la Rochejaquelein, de Cathelineau et de Charette, est le drapeau de toute la France. Il était celui de nos pères, il sera celui de nos enfants; dans les joyeux rassemblements que nous venons de voir dans la Vendée, il était comme à Bordeaux, comme à Pau, comme à Strasbourg, une paisible bannière, un signe d'allégresse et de bonheur. Qui donc a pu s'affliger de le voir déployer dans nos fêtes?. Ah! que ceux qui supposent de coupables pensées viennent dans notre pays, terre de loyauté et de franchise; ils verront que le soldat de Torfou et celui de Wagram, se sont franchement donné la main. Ils n'ont plus de haine, ils n'ont qu'un même amour pour le Roi, les Bourbons et la France.

C'est pour faire voir ce noble et touchant accord que l'auteur des *Lettres vendéennes* a repris la plume et a entrepris la relation qu'il publie aujourd'hui. Il y a peu de jours qu'un journal très-répandu l'attaquait avec peu de mesure et l'appelait un *suppôt du despotisme*. Il est vrai qu'il est d'une famille qui s'attache aux Rois dans le malheur (et d'après certaines gens c'est duperie et servilité) ; mais il n'est point, tel que ce journal le peint, un homme *intolérant, exclusif*, bien résolu d'avance à ne voir dans les rangs opposés aux Vendéens que *crime, incapacité* et *lâcheté*. Il a répondu aux signataires d'une lettre insérée en partie dans ce même journal, que, loin d'être aussi exclusif, il a rendu justice à tous les chefs républicains qui ont montré dans nos guerres civiles des sentiments d'humanité, de noblesse et de générosité ; il a cité les pages où leurs noms sont redits avec éloges.

On l'accusait *d'avoir inventé à plaisir des horreurs sanglantes pour flétrir une ville qui ne doit inspirer que de nobles sentiments :* il a répondu en citant le livre, la page, où M. de Beauchamp racontait, dans son histoire de la guerre de la Vendée, publiée il y a vingt-quatre ans, la prise de Pornic ; il n'a fait que copier un fait non contesté pendant un si long laps de temps ; ne doit-il pas être pris pour un fait historique et constant ?

A l'accusation d'intolérance, voici ce qu'il répond (il copie ce qu'il écrivait il y a quatre ans dans les *Lettres vendéennes*, tome II, page 100, édition en 3 volumes) :

« N'allons pas oublier que sans charité il n'y a
« pas de vertu ; enfants ou frères des martyrs, soyons
« doux et indulgents envers ceux qui ont erré et qui

« viennent à nous : la politique le veut, ainsi que la
« religion..... Quand les vents soufflent dans le dé-
« sert, les sables se meuvent, s'élèvent, obscurcis-
« sent les airs, retombent, tout disparaît; le voya-
« geur perd les traces de la route. Il en est de même
« de ces grandes tourmentes qui bouleversent le
« monde; elles déchaînent les passions, elles aveu-
« glent, et alors il est facile de s'égarer.... Un seul
« instant d'oubli pousse dans la fausse route. On y
« fait quelques pas... et quelques pas encore... C'est
« le chemin des abîmes...; on le voit enfin, on veut
« revenir... Faudra-t-il crier au malheureux qui s'est
« égaré : Non, ne revenez pas ! Nous ne voulons pas
« de vous ! Vous nous avez quitté, il est trop tard ;
« poursuivez ! Nous vous repoussons, nous vous re-
« pousserons toujours !

« *Ne parlons pas ainsi*, un grand écrivain l'a dit ;
« *soyons tolérants pour les hommes, intolérants pour*
« *les principes.* »

René à Léon [1].

.... 1828.

Je finissais notre correspondance vendéenne de 1823, mon cher Léon, en vous annonçant que S. A. R. *Madame* duchesse d'Angoulême venait consoler la Vendée de tous ses malheurs, la payer par son auguste présence, de tous ses sacrifices. Après vous avoir raconté les nobles infortunes du pays fidèle, j'essayais de vous peindre sa joie à l'approche de notre Marie-Thérèse. Je vous montrais la fille de Louis XVI et de Marie-Antoinette heureuse elle-même de la joie qu'elle répandait parmi ces bons Vendéens. Ce voyage était une récompense, une compensation accordée aux défenseurs du trône de son père et de son frère. De retour dans sa royale famille, l'héroïne de Bordeaux aura redit combien elle avait été touchée des sentiments qu'on lui avait témoignés dans la Vendée... Et la jeune mère du duc de Bordeaux

[1] Deux correspondants des *Lettres Vendéennes*.

s'est dit : J'irai aussi voir ce bon peuple qui a montré tant d'attachement à ses rois. Elle y est venue cette année ; j'ai été assez heureux pour l'y voir, pour la suivre dans ses courses. Voilà une relation de ce que j'ai vu, de ce qui m'a été raconté... Je vous l'envoie ; vous avez bien voulu trouver de l'intérêt à mes lettres datées de Nantes, d'Angers, de Saumur, de Poitiers, de Bourbon, etc., etc, cela me donne l'espoir que vous lirez cette relation avec intérêt : le nom que j'y prononce souvent jettera du charme sur les pages que je vous envoie ; c'est sur sa magie que je compte.

SUITE
AUX LETTRES VENDÉENNES,

ou

VOYAGE

De S. A. R. Madame,

DUCHESSE DE BERRY,

Dans la Touraine, l'Anjou, la Bretagne, la Vendée, et le midi de la France, en 1828.

Il est d'une haute politique pour les rois, de ne pas borner le bienfait de leur présence à la capitale de leurs États. Comme l'astre qui anime tout, il est bon qu'ils aillent porter la vie dans les lieux les plus obscurs, dans les retraites les plus profondes : ils sont l'image de Dieu sur la terre; il est bon que, comme le Créateur, ils répandent le bonheur partout. Et pourquoi les riches et orgueilleuses capitales seraient-elles seules privilégiées? Ont-elles été, sont-elles plus riches en dévouement et en fidélité que les provinces ?

Où a-t-on fait couler le sang des rois ?

Où a-t-on répandu son sang pour les rois ?

Deux nobles noms répondent à cette dernière question :

la Vendée et la Bretagne.

Aussi ces héroïques provinces ont-elles été visitées par nos princes ; la reconnaissance leur avait dit de commencer par là leurs bienfaisantes excursions, et S. A. R. Monseigneur le duc d'Angoulême vint le premier consoler par sa présence la terre des sacrifices, et honorer les tombeaux des martyrs.

Deux fois il voulut voir les contrées qui avaient tant et si vaillamment souffert pour Dieu et le Roi.

Pour trouver de la vaillance, un prince français n'a qu'à regarder autour de soi. Pour trouver la foi des anciens jours, un fils de saint Louis doit venir dans notre pays. C'est là qu'elle vit encore ; les enfants des martyrs ne dérogent pas.

Heureux de voir Monseigneur le duc d'Angoulême, nos paysans le suppliaient d'amener parmi eux la fille de Louis XVI; ils lui disaient dans toute leur naïveté : *Nous la recevrons si bien*, que nous *lui ferons oublier ses malheurs*. Ils ont tenu leur promesse, et nous avons vu celle qui a répandu tant de larmes amères, *pleurer de joie* au milieu des Bretons et des Vendéens. L'héroïne de Bordeaux respirait à l'aise dans la patrie de Bonchamps et de La Rochejacquelein, et le bonheur qu'elle donnait la rendait heureuse.

Il y a aussi comme une alliance naturelle, une alliance de courage et d'adversité, entre la veuve du duc de Berry et la Vendée. La mère du duc de Bordeaux devait désirer connaître cette terre de forte et glorieuse mémoire ; elle devait céder à ce désir, tant de vœux l'y appelaient ! ! !

Ces vœux ont été comblés.

Le 16 juin 1828, S. A. R. *Madame*, duchesse de Berry, partit de Paris, accompagnée de madame la duchesse de Reggio, de madame la marquise de Podenas, de

M. le comte de Mesnard, son premier écuyer, chevalier des ordres du Roi, et de M. le comte de Verdal, officier des gardes. Son Altesse Royale dîna et coucha au château de Rambouillet. *Madame* allait voir un pays où *tout avait été perdu fors l'honneur :* c'était bien commencer ce pélerinage, que de passer par cette résidence favorite du roi chevalier, de ce François Ier, plus fort que le malheur.

Chartres, Vendôme.

Le lendemain, S. A. R. arriva à Chartres, à sept heures du matin. On savait que l'illustre voyageuse ne ferait que changer de chevaux; mais le désir de voir la jeune mère du duc de Bordeaux, avait attiré un grand concours de peuple à l'hôtel de la poste; les autorités civiles et militaires y étaient réunies; deux escadrons du quatrième régiment se trouvaient en bataille sur la place des Épars.

Madame, qui sait si bien apprécier tout ce qu'il y a de beau, avait antérieurement visité la magnifique cathédrale de Chartres; l'année dernière, en se rendant chez madame la baronne de Montmorency, elle l'avait admirée dans tous ses détails. Personne n'explore aussi bien que S. A. R.; elle voit tout, et prend des notes sur tout; ses crayons lui gardent aussi des souvenirs. Nous avons eu le bonheur de la voir écrire sur ses tablettes des récits touchants, de généreuses actions; et, à côté de ces pages, faire avec toute la facilité du goût, de jolis croquis des lieux les plus pittoresques, et des ruines les plus célèbres.

L'illustre voyageuse ne passa que quelques instants à Chartres. A Vendôme, après un déjeûné dans le jardin de M. Josse de Boisbercy, elle alla visiter un monument funèbre de *Bourbon-Vendôme*, qui a été restauré dans l'église du collége; l'ancienne abbaye des Bénédictins, où allaient prier les ancêtres de Henri IV; et enfin, les ruines du château qui appartint jadis au Béarnais, et fit partie de l'apanage de *Monsieur*, depuis Louis XVIII.

En voyant tant de grâce accompagner tant de bienveillance, en recueillant chaque regard, chaque parole de la mère de l'autre Henri, les Vendômois s'écriaient : *C'est notre Jeanne d'Albret retrouvée.* Les habitants de Vendôme ne se trompaient pas, et leur cri a été souvent répété.

Blois. Château de Menars.

Madame est arrivée à Blois le 17, à quatre heures et demie du soir, et est descendue à l'hôtel de la préfecture, où elle a été reçue par madame la comtesse de Saint-Luc, et M. de Petigni; des fleurs, des guirlandes, de jeunes filles portant des branches de lis, ornaient l'entrée de son palais : la population entière des environs était accourue dans la ville pour voir de près la jeune mère du duc de Bordeaux.

M. le comte de Saint-Luc, préfet, étant retenu à la chambre des députés, était remplacé, comme nous l'avons dit, par M. de Petigni. Après son dîner, *Madame* a daigné recevoir les autorités et les dames de la ville.

Le lendemain matin, S. A. R. est partie à sept heures, pour le château de Menars, appartenant au maréchal duc de Bellune; partout où il y a de la gloire et de la fidélité à honorer, *Madame* y court. A Menars, il y avait tout cela, et de plus une magnifique demeure.

M. le conseiller de préfecture, M. le comte de Broglie, maréchal de camp, commandant le département, et autres officiers supérieurs, l'y avaient précédée. S. A. R. fut reçue à l'entrée du château par madame la comtesse de Brigode.

Madame daigna admettre à sa table celle qui avait eu l'honneur de la recevoir, M. et madame Pellapra, le général de Broglie, son aide de camp, M. l'officier supérieur de ses gardes, et M. de Petigni.

Après avoir admiré tout ce qu'il y a de beau dans cette noble demeure d'un maréchal de France, après avoir payé cette visite à la gloire et au dévouement du duc de Bellune, *Madame* quitta Menars pour aller honorer une autre fidélité. Elle avait daigné promettre au duc d'Avaray qu'elle se détournerait de son voyage à Chambord pour lui donner quelques moments dans son château.

Château d'Avaray.

Le 18 juin, à dix heures et demie du matin, elle y arriva en effet, avec cette exactitude obligeante que le feu roi nommait si spirituellement la *politesse des princes.*

Reçue par le marquis d'Avaray, fils du duc, à la grille du parc, la princesse se rendit au château, au bruit de l'artillerie, à travers les joyeuses danses et les acclamations de toute la jeunesse du village et des hameaux voisins.

Madame trouva au bas du péristyle le duc à la tête de sa famille, qu'il eut l'honneur de présenter à S. A. R., et qui était composée du marquis et de la marquise d'Avaray, du comte et de la comtesse d'Avaray, de leurs enfants Camille et Antonie d'Avaray, et de madame Shakerley.

Après tant de dévouement et de fidélité, quel bonheur pour le vieux duc de pouvoir présenter à la fille des rois, à la nièce de Louis XVIII, ses enfants et ses petits enfants! Oh! il y a des moments qui paient de bien des peines.

S. A. R. accueillit, avec son affabilité ordinaire, les respects de quatre générations, dont la première n'existe plus que dans la personne du duc, presque nonagénaire, et doyen de la Chambre des Pairs.

La seconde, à une seule exception près, a vu tous ceux qui la composaient, mourir au pied du trône, tandis que les deux dernières le servent déjà, ou croissent et s'élèvent pour le servir et le défendre à leur tour.

Comme le chêne qui a compté de nombreuses années, le duc d'Avaray ne voit plus autour de lui tous ses rejetons; la mort et la révolution en ont moissonné plusieurs. Son fils ainé, le duc d'Avaray, mourut, en 1811, à Madère. Il suffira de dire de lui, qu'il fut ami d'un roi malheureux, et que ce roi de France, revenu dans ses États, a redemandé à la terre étrangère les restes de son compagnon d'exil, et que sa royale main a gravé ses regrets sur sa tombe.

Le second fils du duc actuel est mort à Quiberon, ainsi que le comte de Grave, son gendre; le marquis de Guerry, mari de sa petite-fille, fut tué, dans les *cent jours*, à la bataille d'Auray. Ainsi, les titres de cette famille aux bontés de nos Princes sont écrits avec du sang fidèle.

En entrant dans la grande salle, S. A. R. fut frappée de la ressemblance d'un portrait du feu roi. Elle en examina les détails en connaisseur, et daigna promettre au duc d'Avaray qu'elle emploierait le même pinceau, celui de M. Dupuis, élève de David, pour faire son portrait, qu'elle destinait au château d'Avaray.

Après avoir reçu des hommages et des fleurs, *Madame* daigna admettre à sa table plus de trente personnes qui se trouvaient réunies au château ; madame la maréchale, duchesse de Reggio, en faisait les honneurs, aidée par le duc d'Avaray et sa belle-fille.

Madame voulut tout voir. Elle parcourut le château, alla à la chapelle, à la bibliothèque, et dans les principaux appartements. Un orage l'empêcha de visiter les jardins. Ce contre-temps n'ôta rien aux agréments dont S. A. R. était l'âme ; la conversation, loin d'être gênée par sa présence, conservait une respectueuse aisance, et redoublait d'intérêt, car il y a toujours dans les paroles de *Madame* comme des éclairs de sensibilité et de courage. Quelques personnes qui l'entendaient tousser fréquemment, témoignaient leur inquiétude et répétaient, *Madame* ne se ménage pas assez :

Bon, répliqua-t-elle aussitôt, j'étais aussi enrhumée l'année passée, je me suis guérie en courant; je courrai encore cette année, et je me guérirai de même : il ne faut pas trop s'écouter.

Chambord.

Le moment du départ était venu. Il fallait passer la Loire : elle était encore houleuse et agitée par l'orage ; mais Chambord était sur l'autre rive, et la mère du duc de Bordeaux devait être empressée de voir ce don fait par la France royaliste à son fils, cette offrande de l'amour à l'espérance.

S. A. R. s'embarqua vis-à-vis le Cavereau, petit village sur la rive gauche. Le marquis d'Avaray avait eu la permission de la suivre à Chambord et à Blois; elle le fit appeler pour monter dans son bateau. C'était la seule personne étrangère à son service à qui *Madame* accordait cette faveur.

Malgré l'agitation du fleuve et la violence du vent, S. A. R. aborda sans accident sur la rive opposée : là, elle trouva la population augmentée de celle de toute la Sologne, non moins avide de la voir, que les habitants d'Avaray. Le temps était redevenu serein ; *Madame* se détermina à faire à pied le trajet, qui est d'une grande demi-lieue du Cavereau à Houant, où l'attendaient ses équipages. Pendant ce trajet, les paysans voyaient tout à leur aise la mère du duc de Bordeaux ; ils osaient l'approcher ; elle daignait leur adresser la parole, et tous ses mots étaient des mots de bienveillance et de bonté........ Oh ! comme elle est simple et peu fière ! répétaient ces bonnes gens ; quoi ! elle est fille d'un roi, mère du roi de nos enfants, et elle nous parle ainsi ! et elle marche ainsi à pied au milieu de nous ! Ah ! ceux qui souffrent peuvent venir à elle, elle les écoutera !

Ces paysans avaient raison : *Madame* voyage encore plus pour *consoler* que pour *observer*; son cœur est aussi bon que son esprit est juste et éclairé. Une seule chose pourrait lui faire négliger d'admirer un *chef-d'œuvre*, ce serait une *bonne action;* mais, avec son activité, elle trouve du temps pour tout.

C'est ce qui frappera nos lecteurs dans cette relation : ils verront tout ce que cette *jeune femme forte* a pu faire pendant un voyage de plus de trois mois, presque sans un seul jour de repos! L'énergie de son âme se répand au dehors; celle que rien n'arrête, qui court ainsi et par monts et par vaux pour retrouver des souvenirs chevaleresques, monterait à cheval, au besoin, pour commander une armée : on me croira; n'est-elle pas fille de Marie-Thérèse? n'est-elle pas sœur de l'héroïne de Bordeaux? n'est-elle pas veuve du duc de Berry? En fait de courage, *Madame* a fait ses preuves.

Honneur et amour à elle!

Honneur et amour à la mère du duc de Bordeaux! s'écriaient aussi les habitants de

Chambord, qui apercevaient l'auguste voyageuse s'avançant vers le château de son fils par l'avenue du maréchal de Saxe.

Comme le cœur de *Madame* devait battre alors ! Elle aime les nobles et vieux souvenirs : Chambord en est plein, ses murs en sont couverts.

Le simple voyageur s'émeut en entendant nommer tous les rois, tous les grands personnages qui ont tour à tour habité cette magnifique demeure; mais, pour *Madame*, tous ces noms sont les noms des siens : ce n'était pas une étrangère qui venait au château de François Ier.

Avant que ce roi, protecteur des arts, eût chargé Primatrice de faire sortir de terre les merveilles de Chambord, avant que ce palais de fées ne s'élevât sur les bords de la Loire, il existait déjà dans le même lieu un ancien édifice qui servait de rendez-vous de chasse aux comtes de Blois (on se souvient que le majestueux Louvre a été aussi primitivement un petit manoir destiné au même usage). Une charte de Thibault le Bon est datée de Chambord, qui s'appelait alors Chambord-Montfrault (1190).

En 1280, Jehan de Chastillon, comte de Blois, mourut à Chambord, d'où son corps fut porté processionnellement pour être inhumé à l'abbaye de la Guiche, qu'il avait fondée. Pierre de France suivait le cercueil, ainsi que le comte de Soissons.

En 1498, Chambord fut réuni à la couronne avec le comté de Blois, dont il faisait partie, lorsque Louis d'Orléans, vingt-septième comte de Blois, monta sur le trône de France sous le nom de Louis XII.

Ce fut en 1526, que François Ier commença à faire élever le château actuel de Chambord.

Il est curieux de comparer les salaires des ouvriers employés alors à Chambord, avec ceux en usage à présent.

Les maçons gagnaient 3 sous 2 deniers par jour.

Les charpentiers 4 sous 2 deniers.

Les charrois à trois chevaux étaient payés 15 sous.

Les chapitaux, dont la variété, le goût et

la délicatesse des ornements sont si admirés, coûtaient 27 sous à faire sculpter.

Chambord était regardé à juste titre comme le chef-d'œuvre de l'architecture d'alors, qui était un mélange du style mauresque et du style grec qui commençait à s'introduire.

La pureté des lignes grecques, la sagesse des ornements de l'architecture classique est admirable sans doute ; mais, nous osons le dire, dans nos campagnes, sur nos coteaux, dans nos vallons, au milieu de nos bois, les toits pointus, les tourelles, les donjons, les légers minarets, semblables à ceux de Chambord, font un meilleur effet que les palais à toits plats et écrasés qui peuvent convenir à un pays comme la Grèce ou l'Italie, mais qui seraient cachés et perdus au milieu de nos ombrages.

Les tourelles, les petits dômes, les innombrables cheminées de Chambord se dessinent pittoresquement sur le ciel. *Madame* fut frappée de cet effet. Elle demanda le nombre des cheminées, et elle apprit avec surprise qu'il y en avait jusqu'à quatre cents.

S. A. R. fit son entrée par la place d'armes et la porte royale. M. le comte Adrien de Calonne, membre de la commission de Chambord, et qui fut le premier à concevoir l'heureuse idée de racheter ce bel édifice, ce vieux monument de notre histoire, des mains rapaces de la bande noire, et de l'offrir à l'enfant de la France, eut l'honneur de recevoir l'auguste mère de Monseigneur le duc de Bordeaux.

Lorsque *Madame* entra au donjon de François Ier, le comte de Calonne dit à S. A. R. :

« *Madame* vient visiter un donjon riche en souvenirs. Élevé par le Roi chevalier, pour signaler l'époque de la renaissance des arts, il fut habité par Louis le Grand, qui donna son nom au siècle des beaux-arts, comme François Ier fut appelé *le père des lettres*.

« Il accueillit un souverain dont on citera long-temps les vertus et les bienfaits.

« Si l'on déposa sous ses voûtes les lauriers de Fontenoy, l'auguste mère de Henri y ajoute un souvenir bien plus précieux.

« Monument de l'amour des Français pour les Bourbons, Chambord doit perpétuer d'âge en âge la mémoire de ce bienfait du 29 septembre, auquel la France doit la sécurité de son avenir. »

Dans ce donjon, furent présentés à *Madame*, par M. le comte de Calonne, M. le chevalier de Frasans, conseiller à la cour royale de Paris, secrétaire de la commission, madame et mademoiselle de Frasans, et le colonel de Frasans, M. Pardessus, notaire royal à Blois, membre correspondant, et M. Maigreau, avocat du domaine de Chambord.

S. A. R. trouva réunis parmi les personnes du voisinage, M. le comte de Pradel, chambellan du Roi, madame et mademoiselle de Brie, M. le marquis de Saumery, etc., etc.

Après avoir reçu ces nouveaux hommages, *Madame*, avec son activité habituelle, se mit à parcourir le château. C'était plus qu'une curiosité ordinaire; c'était l'intérêt d'une mère qui visite la demeure future de son fils. S. A. R. admira surtout le grand escalier, chef-d'œuvre de Primatrice. Cet escalier, à double vis, est le premier que l'on ait vu dans ce genre. Mademoiselle de Montpensier en fut émerveillée ; elle dit dans ses mémoires :

« Une des plus curieuses et des plus remar-
« quables choses de la maison, c'est le degré
« fait d'une manière, qu'une personne peut
« monter, et l'autre descendre, sans qu'elles
« se rencontrent, bien qu'elles se voient.
« A quoi *Monsieur* prit plaisir à se jouer
« d'abord avec moi ; il était au haut de l'es-
« calier lorsque j'arrivai : il descendit quand
« je montai, et riait bien fort de me voir
« courir dans la pensée que j'avais de l'at-
« traper : j'étais bien aise du plaisir qu'il
« prenait, et je le fus encore davantage
« quand je l'eus joint. »

Du haut des terrasses, *Madame* ne se lassait pas de regarder le paysage qui se déployait au-dessous d'elle, et l'immensité du parc, avec ses 7,000 arpens de bois, son canal de deux lieues et demie, ses longues et larges avenues et son étendue de plus de huit lieues de tour.

Les inscriptions placées sous les écussons de François Ier, de Henri II et de Louis XIV, faisaient connaître les parties du château qui avaient été occupées par ces souverains.

S. A. R. daigna demander une copie de ces inscriptions à l'auteur, M. le comte de Pradel.

Les voici :

Sur la porte royale.

Ce vieux séjour des rois pleurait le long outrage
Dont le temps a terni son antique splendeur ;
Mais comme un jour serein perce un sombre nuage,
Tu parais, tu lui rends l'espoir et le bonheur.

Sur la porte du Donjon.

Sous des coups destructeurs ces murs allaient périr ;
La France y vint placer un gage d'espérance.
Puissent à leur aspect, tes yeux y découvrir
L'avenir de ton fils dans l'amour de la France !

Sur la cheminée du salon de réception.

Au siècle illustre où les arts renaquirent,
Où de François le sceptre protecteur

Soutint l'essor des lettres qui fleurirent
Pour honorer le règne de l'honneur,
Chambord parut; gloire d'un nouvel âge !
Son fier donjon, ses pinacles légers
Vinrent offrir l'imposant assemblage
Du goût français et des arts étrangers.
Ces arts heureux ! tout puissants enchanteurs,
Dont la plus sûre et plus douce magie
Eut le secret de captiver les cœurs !
N'aurions-nous pas changé de destinée ?
Sans peine, au moins, chacun a reconnu
De quel pays, quand tu nous fus donnée,
Ce secret-là doit être revenu.

Sur l'écusson de François Ier.

Pour ta race chérie
Amour point ne varie.

Sur l'écusson de Henri II.

Mère auguste d'un autre Henri,
Nous sommes à toi comme à lui.

Sur l'écusson de Henri IV.

Brave et clément, ventre-saint-gris !
Tels seront tous ses petits-fils.

Sur l'écusson de Louis le Grand.

D'un siècle de grandeur, qu'un grand règne a nommé,
Le lustre par nos rois est toujours ranimé.

A l'Oratoire de la Reine.

En petit lieu comprins, vous pouvez voir
Ce qui comprend beaucoup par renommée.
(François Ier.)

Sur l'écusson de Stanislas.

Lorsque dans ce palais, par un sage habité,
L'exil à la vertu prêtait un nouveau lustre,
Ah! fallait-il qu'un roi, de son malheur illustre,
Léguât l'austère épreuve à la postérité!

Au bas du buste du maréchal de Saxe.

Noble Maurice, en vain la Saxe te réclame;
J'en appelle à ta gloire, à ton siècle, à ton roi,
A nos braves guerriers, que ton nom seul enflamme,
Tu fus Français; témoins Raucoux et Fontenoy.

Ces diverses inscriptions avaient dû plaire

à *Madame*, car elles rappellent toutes les gloires, et *Madame* les aime toutes; et la même journée l'avait vue, et chez le maréchal duc de Bellune, et chez le duc d'Avaray, et dans la chambre du vainqueur de Fontenoy.

Parvenue sous la Fleur de Lis (point le plus élevé du château), S. A. R. remarqua les tours d'Orléans, et le château de Blois, berceau de Louis XII.

En descendant de la Fleur de Lis, *Madame* s'amusait à lire tous les noms qui couvrent les murs de l'escalier : *J'aime ces souvenirs,* dit-elle, *je veux y marquer mon nom; j'aimerai à le revoir, quand je viendrai chez le duc de Bordeaux.*

Avec un poinçon que lui présenta le comte de Menars, son premier écuyer, elle grava ces mots :

18 JUIN 1828. MARIE CAROLINE.

En les gravant sur le tuffe, cette jeune mère pensait à son fils. Elle venait de dire : *Quand je viendrai chez le duc de Bordeaux;* ainsi elle prévoyait ce moment où la vie et l'éclat seraient rendus à cette demeure si noble, mais si solitaire : peut-être voyait-elle déjà dans l'avenir le prince Henri, animé de plaisir et dans la force de l'âge, conduisant avec grâce un fougueux coursier, et revenant de la chasse au milieu des fanfares ; en regardant l'écusson d'Henri IV, peut-être elle se disait : Mon Henri sera bon et vaillant comme lui... C'est peut-être ici qu'une jeune épouse lui sera présentée ; sans doute il sera plus fidèle... Les princes, comme les simples hommes, ont besoin de l'avenir pour leurs rêves de bonheur ; le présent ne leur suffit pas... et le cœur d'une mère va vite et loin dans l'avenir ; ses enfants l'y entraînent.

Madame vit, au second étage, la salle de spectacle du maréchal de Saxe, et l'emplacement de celle où Molière joua, pour la première fois, le *Bourgeois Gentilhomme*, devant Louis XIV. Elle traversa ensuite la galerie de l'aile d'Orléans, jusqu'à la terrasse de l'Oratoire de la Reine, où devait avoir lieu la pose de la *première pierre de restauration.*

M. Pinault, architecte de la commission, eut l'honneur de complimenter *Madame* ; le marteau, la truelle, l'équerre et l'auget furent présentés à S. A. R.

Monseigneur l'évêque de Blois, assisté de son clergé, procéda à la bénédiction de la pierre.

Nisi Dominus œdificaverit domum, in vanum laboraverunt qui œdificant eam.

L'archictecte soumit à *Madame* ses plans de restauration, ainsi que le devis général, qui ne se monte qu'à 179,000 francs.

Les appartements de François Ier, dont les portes et les châssis sont encore couverts de l'F couronné et la salamandre ; ceux où l'on voit le soleil de Louis le Grand, furent l'objet des observations de la Princesse, qui exprima, en amateur éclairé des arts, l'intention de faire restaurer et meubler chaque partie suivant le style de l'époque.

Dans la salle de réception, *Madame* trouva, sur un guéridon, un plateau représentant la ville de Gand, souvenir de fidélité, et deux bouteilles étiquetées ainsi :

Vin de Bordeaux, envoyé (en 1823) par madame Brunet pour être offert à S. A. R. *Madame*, à Chambord.

Oh! je la connais bien, dit Son Altesse Royale; *c'est une de nos bonnes et franches royalistes de Bordeaux : je veux boire de son vin.*

Les *bons royalistes* se pressaient sur les pas de *Madame*. M. Dieu, adjoint de la mairie de Malives, se trouvait près de la porte royale, il lui fut présenté comme *ancien Vendéen.* — *Vendéen !* répéta *Madame; ah ! monsieur, je vais voir votre pays avec bien du plaisir. Il y a long-temps que je désire voir la Vendée !... j'en approche, et j'en suis ravie.*

Monsieur le curé de Chambord fut aussi nommé à S. A. R. Elle remarqua qu'il boitait, et apprit qu'il avait été blessé sur le champ de bataille, en donnant des soins à des Français blessés.

Il y avait plus de deux heures que *Madame* parcourait le château, il était près de cinq heures du soir, il fallait partir.... La population était réunie à la *Fontaine Caroline*, qui porte cette inscription :

> Ainsi que tes bienfaits,
> Mes ondes salutaires
> Ne tariront jamais.

Un grand nombre d'enfants, avec le berret béarnais, la veste basque, et portant des branches de laurier; des petites filles, en robes blanches avec des ceintures vertes, et jetant des fleurs sous les pas de *Madame*, entouraient cette fontaine, située dans l'endroit le plus favorable pour juger de l'ensemble du château. De ce groupe d'enfants, quelques jeunes filles se détachèrent, et présentèrent à *Madame* des agneaux blancs comme la neige, ornés de rubans roses et verts, et une biche apprivoisée, sur le collier de laquelle on lisait :

HOMMAGE DES HABITANTS DE CHAMBORD
A S. A. R. *MADEMOISELLE*.
18 juin 1828.

Arrivée au pavillon, au milieu des acclamations et des expressions de regrets, *Ma-*

dame daigna manifester à M. le comte de Calonne, et à M. Boursier, régisseur de Chambord (dont elle avait bien voulu signer le contrat de mariage), toute sa satisfaction. Elle permit au premier de l'accompagner jusqu'à Blois. La voiture était avancée.... l'illustre voyageuse y monta ; les cris de *Vive Madame !* retentirent long-temps ; et, pour diminuer ses regrets, la foule répétait : Elle reviendra, elle viendra voir son fils !... C'était surtout les jeunes gens que cette pensée consolait : les vieillards n'osaient l'avoir ; aussi étaient-ils plus tristes.

Retour à Blois.

En retournant à Blois, *Madame* traversa le parc de Saumery, où elle reçut les hommages du marquis de Saumery et de sa famille. On lisait sur la porte de sortie :

NOS COEURS LA SUIVENT !

C'était le cri du pays.

Avant six heures du soir, S. A. R. était rendue à l'hôtel de la Préfecture : elle y dîna. M. le comte de Calonne, qui avait eu l'honneur de recevoir *Madame* à Chambord, eut encore celui d'être admis à sa table. Le soir, *Madame* daigna honorer de sa présence le bal qui lui était respectueusement offert par les habitants d'une ville en tout temps dévouée aux Bourbons. Blois n'a pas attendu le moment des fêtes, pour prouver son amour à nos rois et à ceux qui les défendaient. Dans nos jours de malheurs, cette ville s'est distinguée par l'accueil hospitalier qu'elle a fait aux nobles exilés de la Vendée et de la Bretagne. *Madame*, après avoir dansé deux quadrilles, se retira du bal à onze heures, après avoir enchanté tout le monde par sa grâce, sa bonté et sa douce gaîté.

S. A. R. devait quitter Blois de bonne heure, le lendemain 19, mais elle a voulu visiter, avant son départ, les établissements et les édifices remarquables que la ville renferme. Dès sept heures du matin, accompagnée de M. le maire et de M. le conseiller délégué, elle s'est rendue à la cathédrale, où monseigneur l'évêque l'attendait sous le portail. Conduite à son prie-dieu, avec tous les honneurs qui lui sont dus, la fille de saint Louis a prié pour le bonheur de la France : sa prière doit être écoutée; elle a dans le ciel un martyr pour la présenter au roi des rois.

Après l'*Exaudiat*, S. A. R. est montée dans la voiture de madame la comtesse de Saint-Luc, et s'est fait conduire au bureau de bienfaisance et à l'hospice des aliénés : du pied des autels, il y a un chemin tout tracé vers les asiles des douleurs; nos princes connaissent bien ce chemin-là. Après avoir satisfait à ce besoin de son cœur, *Madame* est allée à pied au château; elle a parcouru avec intérêt toutes les parties de ce vaste édifice, si remarquable par les divers genres d'architecture qui s'y trouvent réunis, et par les souvenirs historiques qu'il présente à chaque pas. La salle des États de Blois, la chambre de Marie de Médicis, celle de Henri III, où fut assassiné le duc de Guise, la tour où Catherine de Médicis consultait les astrologues, le cachot même où le cardinal de Guise a été renfermé après le meurtre de son frère, ont fixé tour à tour l'attention de S. A. R. Dans cette visite, elle a traversé plusieurs fois les salles occupées par les chambrées du 3me régiment d'infanterie légère; et alors les vieilles voûtes du noble édifice retentissaient du cri de *Vive le Roi!* comme à la naissance de Louis XII, car c'est là qu'est né Louis d'Orléans; et Henri Dieudonné pourra voir de son château de Chambord le berceau du Père du Peuple.

Madame allait s'éloigner de Blois; déjà elle était en retard pour se rendre à Tours; mais en passant devant l'hôpital, des sœurs de la charité vinrent la supplier d'entrer; S. A. R. a un si grand entraînement pour tout ce qui est bien, qu'elle peut rarement résister quand on lui dit:

La présence de Madame *va consoler quelque infortuné.*

Elle descendit donc de voiture, et parcourut plusieurs salles de l'hôpital; elle y laissa des traces de son passage. Des misères furent soulagées, et des bénédictions s'élevèrent vers le ciel. C'est ainsi qu'elle va, faisant le bien et gagnant des cœurs.

Tours.

Pour une âme élevée comme la sienne, les belles campagnes de Tours, vers lesquelles elle s'avançait maintenant, avaient d'autres attraits que leur fertilité. Le jardin de la France a donné autre chose que des fruits et des fleurs. Là, aussi, il y a abondante moisson de nobles souvenirs. Les rois avaient accouru en foule au tombeau de saint Martin de Tours. Clovis, avant d'être chrétien, était venu dire à ce protecteur de la France : Je vais combattre Alaric ; si tu me fais obtenir la victoire, je t'amène en offrande mon cheval de bataille... Et le fier Sicambre avait tenu son vœu, et le cheval, tout brillant de fer et d'or, avait été amené au saint.... Mais le roi guerrier ne pouvant se consoler de n'avoir plus cet ancien compagnon de ses périls, avait donné trois cents pièces d'or pour le racheter.

C'était dans les plaines de Tours que Charles Martel avait remporté cette grande victoire qui a sauvé l'Europe du joug du croissant !

C'était dans les environs de Tours que l'immortelle Jeanne d'Arc était venue prendre à Sainte-Catherine-de-Fierbois cette épée, la terreur des Anglais et le salut de la France!

Tous ces grands souvenirs étaient au cœur de *Madame*. Elle ne voit le pays qu'elle parcourt qu'avec ses traditions historiques et populaires. Elle aime à se faire raconter les histoires de la contrée, et souvent on la voit, assise sur quelque ruine, prêter une oreille attentive au récit fait par un paysan qui redit à sa manière l'histoire du château qui n'existe plus, ou du village abandonné. Il était quatre heures du soir lorsque S. A. R. arriva dans la capitale de la Touraine. Elle avait expressément recommandé qu'il ne lui fût rendu aucun honneur, et sa voiture était seulement précédée et suivie de la garde nationale à cheval et d'un détachement du beau régiment des cuirassiers de la Reine, commandé par M. de Sainte-Marie ; le troisième régiment, sous les ordres de M. de Francheville, formait la haie. A son arrivée sur le pont, S. A. R., apercevant l'immense population qui en garnissait les trottoirs, ainsi que toute la rue Royale, a fait découvrir sa voiture, et a recommandé d'aller au pas jusqu'à l'hôtel de la Préfecture, où toutes les autorités étaient réunies, et où elle est arrivée au milieu des plus vives acclamations.

M. le vicomte de Nonneville a eu l'honneur de recevoir S. A. R. à sa descente de voiture.

Après quelques instants de repos, et après son dîner, auquel les autorités, les premiers fonctionnaires, les chefs de corps et plusieurs membres du conseil général avaient été invités, à neuf heures et demie, S. A. R. s'est rendue au bal qui lui avait été offert par la ville. Après avoir fait le tour des salles en adressant les paroles les plus aimables aux diverses dames qui lui étaient nommées par M. le vicomte de Nonneville, *Madame* a dansé dans deux quadrilles.

Le lendemain 20, vers sept heures du matin, S. A. R. a reçu les autorités militaires qui lui ont été présentées par M. le lieutenant général vicomte Donnadieu, et le clergé et les autorités civiles par monsieur le préfet.

Toujours infatigable, *Madame* a voulu voir les produits des belles manufactures de soie de Tours.

M. Crémière-Jeufrain, président du tribunal de commerce, a eu l'honneur de mettre sous les yeux de l'auguste princesse plusieurs pièces d'étoffes de soie pour ameublement, provenant de sa manufacture.

Madame en a fait l'examen avec attention, et a témoigné à cet honorable fabricant toute la satisfaction qu'elle éprouvait de voir que la ville de Tours, non-seulement soutenait son ancienne réputation, mais lui donnait un nouveau lustre par de nouvelles et admirables productions.

S. A. R., accompagnée de M. Giraudeau, maire de la ville, de MM. Bellanger, Cartau et Viot-Prudhomme, ses adjoints, et de plusieurs membres du conseil municipal, est allée visiter le bazar Turonien. Là, S. A. R. a tout examiné avec l'intérêt et l'amour éclairé des arts qui la caractérise; son attention s'est surtout fixée sur les beaux tapis de la manufacture de MM. Duboy-Bellanger.

Ainsi, la jeune et brillante princesse, que les souvenirs de chevalerie transportent, qui aime à rêver devant d'antiques et nobles ruines, prend aussi un vif intérêt aux objets d'industrie; rien ne lui est indifférent; ce qui est beau, elle l'admire; ce qui est utile, elle l'encourage; ce qui est malheureux, elle le console.

La vieille cathédrale, qui a vu tant de rois se prosterner devant ses autels, a reçu sous ses voûtes la fille de saint Louis. Dans l'absence du vénérable archevêque, M. l'abbé Dufêtre, premier vicaire général, lui a présenté l'eau bénite.

Madame a visité l'église en détail, et a

demandé à voir ce qui restait de l'ancienne basilique de Saint-Martin. Une tour appelée tour de Charlemagne subsiste encore. Mais cette merveille des Gaules ; mais ce sanctuaire vénéré des princes et des peuples ; mais cette châsse qui faisait des miracles ; mais ce chapitre qui comptait parmi ses membres des empereurs et des rois, tout cela a été détruit ! *Madame* en avait le souvenir, et dans une âme chrétienne et française comme la sienne, ce souvenir devait être un regret.....

Cent hommes de la garde nationale, commandés par leur colonel, le chevalier Desarpentis, ont fait le service de garde d'honneur.

Lorsque *Madame* partit de Tours, M. le vicomte de Nonneville la suivit et l'accompagna jusqu'à Langeais. S. A. R. avait un grand désir de visiter ce qui reste de son antique château, célèbre par le mariage d'Anne de Bretagne avec Charles VIII. Dans toute sa route sur la Levée (le plus beau chemin du monde, et que nous devons à Louis le Débonnaire), S. A. R. ne cessa pas d'admirer le magnifique paysage qui se déployait à sa droite et à sa gauche. D'un côté, la Loire avec ses riches coteaux, ses îles de verdure, et la puissance de ses ondes; de l'autre, des champs où toutes les cultures se trouvent réunies, où la vigne s'élance du milieu des chanvres et des blés pour aller suspendre ses guirlandes aux branches des peupliers et des ormeaux.

A travers cet enchantement continuel, l'auguste mère du duc de Bordeaux est parvenue à Saumur.

Saumur.

Cette ville avait déjà son renom dans l'histoire; les Vendéens ont accru sa célébrité. Aujourd'hui, pour le voyageur qui vient de Paris, elle est comme la porte de la Vendée historique. C'est là que l'on commence à voir les traces du passage d'un peuple de géants; là, tous les hauts faits de l'ancienne chevalerie ont été renouvelés. Henri de la Rochejacquelein, MM. de la Villebeaugé, Cathelineau, Lescure, Donnissan, Dommaigné, Loiseau de Trementine, et tant d'autres y ont fait des prodiges de valeur; et des paysans, n'ayant pour armes que quelques fourches, des faulx et des bâtons, ont pris une ville défendue par une armée républicaine et de nombreux canons.

Madame savait tout ce que vaut cette petite ville et dans les temps anciens et dans les temps modernes; aussi S. A. R. lui avait consacré deux jours entiers. Là, elle devait agréer une fête toute chevaleresque, un brillant carrousel.

Le 20 juin, dès quatre heures, tout Saumur était sur pied; M. le général marquis de Reggio est parti avec un demi-escadron et une partie de son état-major, pour aller au devant de S. A. R. Un fort détachement de cavaliers élèves formait la haie depuis le premier pont. A dix heures, les premiers coureurs ont annoncé l'approche de la princesse.

S. A. R. a passé le pont avec son escorte, a longé le port, et s'est arrêtée devant l'hôtel occupé par le marquis de Reggio. Pour contraster avec toute cette pompe militaire, et comme pour placer la grâce à côté de la force, vingt jeunes personnes étaient dans le vestibule pour offrir des fleurs et des hommages à la mère de Louise et de Henri.

La princesse, ayant pris quelques instants de repos dans ses appartements, est venue s'asseoir au déjeûner offert par le marquis de Reggio, et dont la marquise et sa mère, madame Minguet, faisaient les honneurs. A l'issue du déjeûner, *Madame* est montée au château ; elle a été reçue sur le pont-levis par M. le chevalier de Morand, lieutenant de Roi : la garnison, composée de deux compagnies du troisième léger, était sous les armes.

En parcourant le château, S. A. R. s'est souvenue que le jeune Ludovic de Charette y avait été prisonnier avec plusieurs autres royalistes. Elle a admiré la magnifique vue que l'on découvre d'un des bastions où un pavillon élégant avait été élevé pour la recevoir, et pendant que ses regards étaient fixés sur la Loire ; une petite flottille manœuvrait sur ses ondes et animait ce tableau déjà si beau par lui-même, et qui était encore embelli par l'air de fête répandu sur toute la contrée.

A sa descente du fort, la princesse a trouvé la calèche du général ; elle y est montée avec madame la duchesse de Reggio, madame la marquise de Podenas, et madame la marquise Oudinot, et s'est rendue au Champ de Mars, où étaient rangés en bataille les officiers élèves et les cavaliers, en tout, six cents hommes. On a fait ouvrir les rangs, et *Madame* les a traversés lentement, et a assisté à quelques exercices militaires. La jeune mère de notre Henri se plait au milieu des armes, et elle a voulu que les premiers jeux de son fils fussent tout guerriers. Avant de porter la couronne, Henri V aura porté le casque ; avant de tenir le sceptre, sa main aura manié et la lance et l'épée.

Le Tournoi.

Après cette revue, *Madame* a été conduite au *quartier* attenant au Champ-de-Mars : un petit salon y avait été élégamment préparé pour elle. Le balcon de ce salon donnait sur le manége découvert, désigné sous le nom de *carrière*. C'est un parallélogramme long de trois cents pas, et qui était tout bordé de gradins recouverts de draperies fleurdelisées.

Là, comme aux anciens tournois, une blanche fille des lis allait présider aux nobles jeux de la lance : aussi tous les cœurs battaient, et celui de notre *Jeanne d'Albret* ne restait pas froid.

Les trompettes ont sonné ; c'est le signal : d'une des extrémités de la carrière, deux quadrilles s'avancent ; l'écuyer commandant les précède et les guide. Les casques, les lances, les broderies d'or brillent au soleil ; les flammes de toutes les couleurs flottent au vent ; les chevaux semblent orgueilleux de ceux qui les montent ; ils piaffent, ils hennissent ; des rênes de soie les retiennent ; l'arène retentit sous leurs pas. On entend un bruit sourd parmi les spectateurs. Les femmes admirent la bonne grâce des cavaliers. Tout le monde se félicite du choix d'une pareille fête ; elle est digne d'une fille de Louis XIV, et d'officiers français. Cependant, ceux qui vont courir la carrière défilent, en passant devant le balcon de *Madame*, ils saluent de leur lance ; ils osent lever les yeux vers celle qui distribuera les prix. Dans tous leurs regards on voit enthousiasme et respect.

Le carrousel, composé de trente-deux officiers, était commandé par M. Cordier, écuyer commandant. Il était divisé en deux quadrilles ; le premier, marchant sous les ordres de M. Rousselet, se composait de MM. de Leuze, de Saint-Ange, Champey, de Pointe, de la Boutrais, Gemot, Renaud, Tartas, Salton, Quataudon, Novital, Salmon, Lenox, et de Bourzac.

Le second quadrille, conduit par M. de Chénoise, officier aux grenadiers de la garde, se composait de MM. de Romain, Chocquain, Duhesme, Houdé, Boyer, d'Ormer, Boulanci, Herras, d'Oullembourg, d'Espinay, Desrotours, d'Hoffelize, Landrevy, Dumas et Duquène.

Après différentes manœuvres exécutées avec une rare habileté, est venu le jeu de bagues ; la course de la tête de la bague, celle de la tête à terre, et le jeu du javelot, consistant à lancer le dard, au galop de charge, dans une tête de Méduse. Ces jeux brillants, où tous les quadrilles indistinctement ont rivalisé d'ardeur et d'adresse, ont souvent excité les bravos des spectateurs, et surtout ont paru faire le plus grand plaisir à S. A. R. Plus d'une fois elle a répété : *Oh ! comme le duc de Bordeaux s'amuserait ici ! c'est tout-à-fait chevaleresque.* D'autres paroles prononcées par elle, donnent à l'école et aux habitants de Saumur l'espoir de voir un jour, et peut-être bientôt, S. A. R. Monseigneur le duc de Bordeaux.

Après la course des bagues, le général ayant prié *Madame* de daigner permettre qu'il lui fût fait hommage, en mémoire de cette belle journée, d'un anneau de carrousel, et S. A. R. ayant bien voulu l'agréer, la cuirasse contenant les anneaux enlevés et celui destiné à la princesse, fut aussitôt apportée par un officier du premier régiment des grenadiers à cheval et un officier élève. L'écuyer commandant ayant alors offert à *Madame* l'anneau dont elle avait accepté l'hommage, et qui avait été fait avec de l'or provenant de *médailles d'Auguste*, trouvées près du château de Saumur, S. A. R., par un insigne honneur pour l'école, et en souvenir de ses nobles jeux, passa cet anneau à sa chaîne d'or, et le porte encore.

Ces jeux finirent trop tôt, mais d'autres se préparaient : le soir devait être destiné à la danse. MM. les officiers de l'École avaient offert un bal à *Madame*, et S. A. R. l'avait agréé avec sa grâce accoutumée. En se retirant de son balcon, la Princesse répéta plusieurs fois que *le carrousel l'avait beaucoup intéressée, et qu'elle n'oublierait jamais la fête de l'École de Saumur; qu'elle était arrivée souffrante, et que le plaisir l'avait guérie.*

Pendant le carrousel, *Madame* avait daigné plusieurs fois s'entretenir avec M. de Charnières, maire de Saumur, lui exprimant avec bonté et effusion toute sa satisfaction.

Mademoiselle de Charnières a reçu un précieux gage de cette satisfaction. *Madame* a bien voulu lui dire, en lui remettant des bracelets et des boucles d'oreilles : *Gardez-les long-temps pour penser à moi : vous, et ces demoiselles, souvenez-vous de mon passage ici; moi, je ne l'oublierai pas.*

En effet, cette fête du carrousel avait eu un caractère particulier. Rien de plus galant que le spectacle qu'elle avait offert : ces brillants uniformes mêlés dans la lice, cette belle jeunesse, ces chevaux bondissants, cette harmonie militaire, ces bruyantes fanfares, ces spectateurs pressés dans l'enceinte, ces femmes parées; enfin, cette fille des rois, au milieu de sa suite, entourée de Français fidèles, formaient un ensemble qui captivait les yeux et le cœur.

A sept heures, *Madame* se rendit, avec sa suite, au dîner que lui avait offert la ville, et qu'elle avait bien voulu accepter. Les personnes suivantes avaient été admises à l'honneur de sa table :

Le marquis Oudinot.
Le comte de Vandœuvre, préfet de la Vienne.
Le baron Morel, colonel de l'École.
M. de Saint-Victor, lieutenant-colonel à l'École.
M. Desmirail, procureur général.
M. Constin de Saint-Médard.
M. Dupuy aîné.
M. Tricault, sous-intendant militaire.
M. Roboam, procureur du Roi.
M. Morand, lieutenant de Roi au château de Saumur.
M. Foret, curé.
M. Godillon, lieutenant, commandant la gendarmerie de Saumur.
M. Piron,
M. Jahan,   } adjoints du maire.
M. le marquis de Maillé, maréchal de camp.

M. de Boisnier, sous-préfet;

Le comte de Serrant et le marquis de Walsh-Serrant.

A ce grand banquet, où le peuple fut admis à circuler autour de la table, devait succéder le bal. *Madame* semblait gaie et heureuse, et lorsqu'elle parut dans la salle, elle éblouit tous les regards par la magnificence de sa parure; cette splendeur était tempérée par la grâce et la douce affabilité de celle qui la portait. S. A. R. a ouvert le bal avec M. le général; les autres personnes qui dansaient à ce quadrille d'honneur, étaient madame Hudault et M. le colonel; madame la marquise Oudinot et M. le préfet de la Vienne, remplaçant M. le sous-préfet de Saumur; madame de Morel et M. Jahan, représentant M. le maire.

M. de Boisnier, nouvellement nommé à la sous-préfecture de Saumur, avait eu l'honneur de complimenter S. A. R. à son arrivée, et de l'accompagner dans différentes courses : c'est un bonheur que de débuter dans une pareille circonstance; tous les cœurs sont à découvert, il est facile alors de connaitre ses administrés. S. A. R. avait dû partir de bonne heure, le lendemain, pour Angers; mais Saumur la retint. Cette petite ville a, en effet, beaucoup d'attraits. Les anciens chroniqueurs la nomment *la gentille, bien assise et bien aérée ville de Saulmur :* elle mérite vraiment ce titre.

L'école d'équitation y appelle la fleur de la jeunesse de France, et aujourd'hui, comme autrefois, les échos du pays répètent de beaux noms.

Ce riche et fertile pays d'Anjou a toujours attiré les grandeurs ; son nom se trouve dans tous les grands événements ; ses anciens souverains sont allés s'asseoir sur tous les trônes du monde.

Aussi la jeune princesse de Sicile voyait avec un intérêt particulier ces belles contrées si aimées d'un de ses aïeux, le bon René, ce roi troubadour, qui se consolait de la perte du sceptre en prenant la lyre. C'est aux environs de Saumur que sa fille, Marguerite d'Anjou, reine d'Angleterre, est venue mourir de faim. Pour les princes comme pour les plus simples hommes, il y a de grands enseignements dans les pays illustrés par l'histoire : *leur illustration* ne se compose guère que de malheurs.... Heureux le pays où il n'y aurait que des champs sans souvenirs à montrer !....

A un endroit de la route nommé *Mille-pieds*, à un huitième de lieue d'Angers, un spectacle tout nouveau s'offre aux yeux de *Madame*. Elle aperçoit, sur les bords du chemin, de vénérables sœurs vêtues de vert avec de longs voiles : une foule d'enfants des deux sexes les entourent.... ce sont des malheureux que la religion a pris sous ses ailes.... Mais pourquoi cette troupe d'enfants est-elle si silencieuse? pourquoi ne crient-ils pas *Vive le Roi! Vive Madame!* c'est le cri du pays, c'est le cri de leurs pères!.... Les infortunés n'ont pas de parole.... ce sont *les sourds - muets de l'établissement de mademoiselle Blouin*, digne élève de l'abbé de l'Épée.... Sur toutes les figures on voit la joie, mais l'on n'entend pas ses éclats; il y a quelque chose qui touche et qui serre le cœur dans cet amour exprimé seulement par des regards et par des gestes... *Madame* y est sensible.... Si tout avait été heureux là, elle ne s'y serait pas arrêtée, car l'heure était déjà avancée.... Mais comment refuser un moment de joie à ces pauvres enfants! S. A. R. descend de voiture, et visite tout avec détail.... ceux qui la suivent sont tout étonnés du silence inaccoutumé qui règne autour d'elle. Des petits garçons et des petites filles, qui ne peuvent crier *Vive Madame!* courent devant elle, et écrivent avec vivacité sur les murs, sur le sable, ces mots que leur bouche ne peut prononcer.

Madame, touchée de cet accueil, et charmée de l'ordre qui règne dans la maison confiée aux Sœurs de l'Espérance, a fait don de son portrait et de plusieurs médailles.

Angers.

Angers attendait impatiemment celle qui vient honorer le dévouement et la fidélité. Le pays qui a vu naître Bonchamps et mourir Stofflet, était digne des regards et de l'intérêt de *Madame*. Angers comptait les instants que S. A. R. donnait à Saumur. Enfin, le 21 juin, entre deux et trois heures, le cri de joie : *La voilà ! voilà Madame!* retentit dans toute la ville. Tous les quartiers par lesquels l'auguste voyageuse ne devait pas passer, étaient solitaires et comme abandonnés : toute la population en beaux habits de fête, tous les équipages, chevaux, voitures, carioles de toute espèce, s'étaient portés en dehors de la vieille cité ; la route de Saumur était bordée de foule à plus d'une lieue en avant d'Angers. Jamais cette ville fidèle n'avait montré une telle joie ; l'enthousiasme gagnait ceux qui croyaient rester froids. La mère du duc de Bordeaux, cette femme faible en apparence, et si forte par le cœur! cette veuve, qui a tant et si courageusement souffert, faisait impression sur des cœurs qui n'auraient pas voulu être émus! Sans doute il y avait peu de ces cœurs-là; mais s'il en existait le 21 au matin, le 21 au soir il n'y en avait plus. Nos Bourbons ont une grande magie; ils la tiennent de la gloire de leur nom et de nos souvenirs : cette magie, ils l'exercent toutes les fois qu'ils se montrent.

S. A. R. mit pied à terre à l'hôtel de la préfecture, où elle fut reçue par madame la comtesse de Bagneux. Les autorités religieuses, civiles et militaires, furent immédiatement admises à présenter leurs hommages.

Madame est ensuite sortie avec le général Mathis, commandant le département, et M. le comte de Bagneux, préfet, arrivé à l'instant de Paris. M. de Villemorge, maire, étant député, et retenu à la Chambre, était remplacé, auprès de S. A. R., par M. le comte de Terves, premier adjoint. Elle a visité la ville et tout ce qu'elle renferme de curieux ; *Madame* a surtout admiré le noble et antique château qui rappelle les grands noms de saint Louis et de Philippe-Auguste : cette reine si célèbre et si à plaindre, Marguerite d'Anjou, était née au château d'Angers, et ce n'est pas loin de son royal berceau qu'elle est venue mourir, proscrite et pauvre.

Madame y fut reçue par M. le marquis de Lucker, lieutenant de roi, et appartenant à une famille irlandaise doublement fidèle.

On a pu montrer à *Madame* le couvent de *la Beaumette*, retraite chérie du bon roi René, aujourd'hui triste et abandonnée.

Autrefois elle aurait vu, en visitant la cathédrale, le tombeau que ce roi, philosophe chrétien, s'était occupé à décorer lui-même.... mais, aujourd'hui, il n'en reste pas vestige : ceux qui renversaient les trônes, renversaient aussi les tombeaux des rois !

En revenant du château, *Madame* a remarqué un très-beau bâtiment moderne, qui sert actuellement de caserne, et qui était autrefois une académie d'équitation. A la fin du siècle dernier, cet établissement avait une grande réputation, et les Anglais y venaient en foule pour se perfectionner dans l'art de l'équitation, et pour y prendre les manières élégantes qui distinguaient la noblesse française : on voit encore dans le manége couvert les armoiries de beaucoup de gentilshommes anglais, écossais et irlandais, portant la date de 1778. C'est à Angers que lord Wellington a appris à monter à cheval.

Le fameux Pitt a aussi passé plusieurs années à Angers.

Le Musée, le Jardin des Plantes (le plus beau du royaume, après ceux de Paris et de Montpellier), ont attiré les regards et obtenu les précieux suffrages de l'auguste voyageuse.

Le soir, il y a eu dîner à la préfecture. Au bal, donné dans la très-jolie salle de spectacle, quinze cents billets d'invitation avaient été distribués.

Les quadrilles eurent lieu comme il suit :

Premier quadrille.

S. A. R. *MADAME*. M. le Comte Frottier de Bagneux.

M. le Marquis de Walsh-Serrant, Mme Mathis.

M. Tessié de la Mothe, Mlle de Villemoges.

M. le lieutenant-colonel Regnier, M_{me} la Comtesse de La Garde.

Deuxième quadrille.

S. A. R. *MADAME*. Le général Mathis.

M. le *Procureur général*, Mme la Comtesse Frottier de Bagneux.

M. Desmé de Lisle, Mme la Comtesse Dandigné.

M. Dandigné, commandant de la garde nationale, et Mlle de Terves.

Les pauvres ont eu leur part de la fête ; *Madame* sait mieux que personne, *qu'il n'y a pas de fête si les pauvres n'ont leur part*[1] ; et une manière sûre de lui faire aimer les plaisirs qu'on lui offre, c'est d'y mêler la bienfaisance.

[1] Paroles de Monseigneur le duc de Berry.

Madame daigna admettre à sa table,

M. le comte et Mme la comtesse Frottier de Bagneux.

M. le comte de Bagneux était arrivé en grande hâte de Paris, et *Madame*, en lui témoignant sa surprise de le voir, avait daigné lui dire : *Je suis enchantée de vous retrouver ici.*

Les autres personnes étaient :

Le premier président de la Cour royale.
Le général Mathis, commandant le département.
Monseigneur l'évêque d'Angers.
Le président du tribunal de première instance.
Le président du tribunal de commerce.
Le colonel de la gendarmerie.
Le secrétaire général de la préfecture.
Le marquis de Sennones, membre du conseil général du département.
Le marquis de Brion, maréchal de camp.
Le baron Duchêne de Denant.
Le comte du Ronzay.

Après le dîner, *Madame* daigna permettre à M. Duvigneau, capitaine de gendarmerie, de lui chanter les couplets qu'il avait faits pour la circonstance, et qui lui avaient été remis par M. le comte de Bagneux.

PREMIER COUPLET.

Air *des Amazones.*

Quels sont ces cris? quelle est cette allégresse?
J'entends partout du bonheur les accents.
Toi dans ces lieux! trop aimable princesse,
Mère d'Henri, pour nos cœurs quels instants !
Cette faveur nous est donc accordée!
Daigne pour nous prolonger ce beau jour;
Respire ici l'air pur de la Vendée,
Nous partageons sa gloire et son amour.
   Nous t'offrons
 Mêmes vœux, même amour. } *bis.*

DEUXIÈME COUPLET.

Tu trouveras aux coteaux de la Loire
De vieux guerriers autrefois malheureux;
Leurs nobles fronts, sillonnés par la gloire,
En te voyant deviendront radieux.
Dans nos hameaux, comme aux bords de la Seine,
Ton doux aspect a le même pouvoir:
En tous lieux, pour oublier sa peine,
Oui, Caroline, il suffit de te voir.
   Il suffit,
 Il suffit de te voir. } *bis.*

TROISIÈME COUPLET.

Pourquoi faut-il, en ce jour tutélaire,
Qu'un objet manque à nos félicités ?
La France aussi de ton fils est la mère,
Elle voudrait le voir à tes côtés.
Nous réclamons son auguste présence :
Dis-lui surtout, le pressant sur ton sein,
Qu'il comblerait toute notre espérance
En visitant le rivage angevin;
  Visitant
Le rivage angevin. } *bis.*

Pendant toute cette belle journée du 21, le port, les rues, les places publiques, les promenades, ont été encombrés par la foule empressée de voir et de revoir encore l'illustre mère de notre Henri; l'enthousiasme des fidèles Angevins était au comble, et éclatait à chaque pas de la princesse. *Madame* devait s'attendre à cette réception. Le royalisme ne s'use pas au pays des Bonchamps, des d'Elbée, des Bourmont, des Dandigné, des Scépeaux et des d'Autichamp..... Il a beaucoup souffert de tous ses sacrifices; mais un mot de ses princes le console. Nous avons prononcé le nom de Bonchamps, c'était près de sa tombe que la Vendée attendait *Madame*.

Serrant.

Le dimanche 22 juin, S. A. R. avait promis d'entendre la messe dans cette église de Saint-Florent, où cinq mille prisonniers avaient été sauvés par le chef vendéen mourant. Elle partit donc d'Angers à six heures et demie du matin : l'auguste et pieuse pélerine allait honorer le monument d'un chef des armées *catholiques* et *royales*, et pour se rendre à Saint-Florent, elle devait passer devant le beau château de Serrant, appartenant à une famille deux fois proscrite, deux fois exilée pour le *catholicisme* et la *royauté*. Les Stuarts ont eu *leur Vendée*. L'Irlande a été aussi la terre de la fidélité, et celui qui essaie aujourd'hui de redire les merveilles du voyage de S. A. R. *Madame* duchesse de Berry, compte, parmi ses pères, des martyrs immolés à la foi catholique, à la cause des Stuarts, et depuis, des victimes sacrifiées à celle des Bourbons.

Madame, qui sait si bien apprécier le dévouement, avait daigné promettre à M. le comte Walsh de Serrant, de s'arrêter chez lui ; c'était une récompense pour toute la famille Walsh ; c'était lui confirmer cette devise inscrite sur les drapeaux de Berwick, de Dillon et de Walsh :

1692. — 1792.
SEMPER ET UBIQUE FIDELES.

C'était dire : *Et moi aussi je sais que vous avez été, que vous serez toujours et en tous lieux fidèles.*

Saint-Florent était un trop puissant appel, pour que le comte de Serrant pût espérer retenir long-temps celle que la Vendée attendait. Ne voulant pas faire faire à l'auguste voyageuse un pas de plus,... mais voulant cependant prolonger les instants qu'elle daignait accorder à Serrant, Serrant était en quelque sorte allé au devant de S. A. R. à une demi-lieue en avant du château. Un arc de triomphe marquait une nouvelle entrée du parc : à cet arc de triomphe, M. le comte Walsh de Serrant, son frère, le marquis de Walsh Serrant, grand d'Espagne de première classe, M. Auguste de La Haye, et plusieurs autres personnes de sa famille, s'étaient portés au devant de S. A. R.

A l'arrivée de *Madame*, M. le comte de Serrant, comme maire de la commune de Saint-Georges, eut l'honneur de lui présenter les autorités et les fonctionnaires du pays.

Pendant ces présentations, cent jeunes garçons, habillés en petits Béarnais, et groupés sur la galerie de l'arc de triomphe, agitaient des flammes aux couleurs de *Madame*, et faisaient retentir l'air de leurs joyeuses et franches acclamations; le plus grand d'entre eux portait une oriflamme rouge, bordée de fleurs de lis d'or, avec cette inscription :

NOUS SERONS LES SOLDATS DU DUC
DE BORDEAUX.

Au moment où la voiture découverte de la princesse passait sous l'arc, une pluie de roses répandue par tous ces enfants, soldats futurs de notre Henri, tomba sur la fille des lis. C'était alors un grand enchantement. Le soleil brillait d'un pur éclat ; les cris de *vive le Roi ! vive Madame ! vive le duc de Bordeaux !* se mêlaient aux sons harmonieux d'une musique militaire. Sur un lac voisin de l'arc de triomphe, une petite flottille faisait entendre des salves et des acclamations. Dix mille personnes animaient le paysage du parc ; au-dessus de ces massifs, on voyait dans l'éloignement les gonfanons fleurdelisés flotter sur les hautes tours. Le canon tonnait au milieu de la joie ; chaque arbre portait un drapeau, chaque drapeau une devise. Partout c'était le cri du cœur.

Dans une partie du parc, qui est découverte, *Madame*, pour la garder des ardeurs du soleil, trouva un berceau d'une nouvelle espèce. Deux cents hommes portaient de longues perches blanches ornées de guirlandes de lis et de lauriers, et surmontées d'une flamme verte et amarante. Ces hautes lances, tenues de chaque côté de la route que suivait la princesse, étaient réunies les unes aux autres par des liens de verdure. Ce fut sous cet abri mouvant que *Madame* traversa les prairies du parc. Elle daigna sourire à cette idée; c'était comme une forêt enchantée entraînée sur ses pas. Dans les plus beaux sites du parc, douze grands mâts avaient été plantés; chacun de ces mâts était surmonté de couronnes et d'un drapeau de différentes couleurs; au pied de ces *mais*, on avait établi douze buffets pour la foule; le vin de Serrant y coulait à grands flots; jamais la gaîté qu'il inspire n'avait été plus bruyante et plus franche. Les violons et les *vézes* du pays y ajoutaient encore. Dans sa route, à travers cette joyeuse population en beaux habits de fête, *Madame* voulut bien remarquer quelques-unes des devises appendues aux arbres qui bordaient les allées.

Madame la marquise de Podenas en montra une à S. A. R.; elle était extraite de la Bible.

UNE FEMME ASSURERA LES DESTINS D'ISRAËL.

On avait encore emprunté aux livres saints ces deux mots :

SOL STA.

Comme Josué, nous aurions voulu pouvoir arrêter le soleil, prolonger un si beau jour! C'est quand on ne désire plus rien, que l'on dit au temps, *arrête-toi!*

Sur des drapeaux blancs on lisait :

Aux jours de la tempête, le roseau s'est fait chêne.
Reconnaissance à Dieu.
Amour à Caroline.
Bonheur à qui le donne, etc. etc.

De l'arc de triomphe au château, plus de mille drapeaux flottaient dans les arbres; cinq mille aunes de guirlandes traçaient la route que S. A. R. devait suivre.

La voiture découverte de *Madame* roulait doucement sous ces voûtes de verdure de fleurs et d'étendards. Quand les massifs venaient à s'éclaircir et à laisser voir les pelouses, on les apercevait toutes couvertes de peuple. La foule, qui avait été présente à l'arc de triomphe, courait maintenant vers le château où S. A. R. était prête d'arriver. C'était quelque chose de charmant que ce coup d'œil ; tous ces paysans, ces femmes, ces petits enfants, traversant les vastes prairies avec leurs drapeaux, leurs bannières et leurs banderoles agités par la course et le vent.

M. le comte et M. le marquis Walsh de Serrant étaient à cheval auprès de la portière de S. A. R.

Madame distingua parmi tous ceux qui entouraient la calèche, deux jeunes gardes d'honneur de Nantes. Elle demanda leurs noms; c'étaient M. Louis Levesque, fils du maire de Nantes, et M. Edward Walsh, qui étaient venus comme parents se réunir à la famille pour partager l'honneur d'une de ses plus belles journées.

Arrivée en face du château, *Madame* fut frappée de son ensemble, et répéta plusieurs fois, *c'est vraiment royal.*

Il est juste de dire que jamais cette magnifique demeure n'avait été si belle. Sur ses plus hautes tours flottaient d'immenses gonfanons blancs à fleurs de lis d'or. Au-dessus de la grande porte d'honneur, un trophée d'armes et de drapeaux aux armes de France et d'Irlande entourait et surmontait le chiffre de *Madame*. La devise

Semper et ubique fideles

se lisait au-dessous de l'écusson. Un double rang d'orangers entourait la cour. Quand la voiture de *Madame* y entra, M. Margat, aéronaute de Sa Majesté, vint faire voltiger au-dessus de la calèche un ballon portant, au lieu de gondole, le chiffre en fleurs de

MARIE CAROLINE.

Ce ballon était tout orné de légers drapeaux de soie verts et amarantes. On eût dit qu'il était impatient de s'élever dans les airs, pour annoncer au loin que *Madame* était arrivée à Serrant ; mais le moment de sa liberté n'était pas encore venu.

Au bas du perron, madame la comtesse Walsh de Serrant, douairière ; madame la comtesse de Serrant, mademoiselle Walsh de Serrant, eurent l'honneur de recevoir S. A. R. à la descente de voiture. Sur les marches du perron, un peu en arrière, se trouvaient d'autres personnes de la famille. Le vestibule, la salle de billard, les salons qui conduisaient aux appartements de S. A. R. étaient remplis de tout ce que l'Anjou a de plus distingué, qui formait haie sur le passage de *Madame*.

De retour au grand salon, S. A. R. daigna permettre que toutes les personnes qui y étaient réunies lui fussent individuellement présentées par M. et mesdames de Serrant.

Madame avait eu l'extrême bonté de faire prendre dans sa voiture, et apporter dans le salon, un *Itinéraire historique*, que l'auteur des *Lettres Vendéennes* avait eu le bonheur de faire agréer à S. A. R. avant son départ de Paris.

Cet itinéraire, que le vicomte Walsh n'avait pas eu le temps de faire imprimer, était écrit, par lui, sur vélin, et ce recueil de notes sur les pays que *Madame* allait parcourir, ce *Livre de poste vendéen*, était relié en velours vert, brodé d'argent, et fleurdelisé. Ce qui pouvait lui donner quelque prix, c'était l'intention de l'auteur, qui avait été d'indiquer à l'illustre voyageuse les souvenirs anciens et modernes qu'offraient les villes, les villages et les hameaux qu'elle allait traverser.

Ce qui lui donnait une valeur réelle, c'était de charmants dessins, des vues d'Angers, de Nantes et d'Oudon, de mademoiselle Laure de Marolles, dont le facile et ingénieux crayon a déjà esquissé la plupart des lieux célèbres de notre pays.

Lorsque M. Walsh fut nommé à S. A. R., par le comte de Mesnard, *Madame* daigna lui dire : *Vous voyez que je voyage avec vos œuvres ; voilà votre Itinéraire, et j'ai vos Lettres Vendéennes : elles m'ont bien intéressée.*

Madame daigna aussi adresser quelques paroles de bonté et d'intérêt aux enfants de M. Walsh.

Après quelques instants, S. A. R. passa dans la salle à manger, où un splendide déjeûner était servi; *Madame* voulut bien admettre à sa table toutes les dames qui se trouvaient réunies au château; elle fit placer mesdames de Serrant près d'elle.

Madame la duchesse de Reggio faisait les honneurs de l'autre côté de la table, et avait près d'elle le comte et le marquis de Serrant.

Madame porta la bonté jusqu'à dire à M. Walsh : *Je devrais vous en vouloir beaucoup, monsieur; vous m'avez bien fait pleurer avec votre Gilles de Bretagne... Je vais passer devant son château, n'est-ce pas? C'est à Chantocé, à la première poste après ceci... Vous voyez que j'ai lu votre Itinéraire.*

Après ces paroles de bienveillance, *Madame* daigna permettre à M. Walsh de l'accompagner, de Saint-Florent à Nantes, dans son bateau à vapeur.

Toute la population, d'abord répandue dans le parc, s'était maintenant portée en face du château, et dans la cour d'honneur, et sur la pelouse au-delà des Douves; deux énormes mâts de Cocagne y étaient élevés, avec des prix pour les vainqueurs. Après son déjeûner, *Madame* monta à un balcon drapé, et, de là, coupa le ruban qui retenait captif le ballon. Libre, aussitôt, il s'éleva majestueusement dans les airs, et il annonçait aux Vendéens impatients, que *Madame* allait se remettre en route; il était ainsi un signe de joie pour eux, un signe de regrets pour les habitants de Serrant.

Madame visita ensuite la chapelle, où elle admira le beau monument de Nicolas de Beautru, marquis de Vaubrun, tué au passage du Rhin. Ce tombeau est, sans contredit, un des chefs-d'œuvre du célèbre Coysvox, sculpteur favori de Louis XIV.

On cite encore, à Serrant, l'orangerie. S. A. R. voulut la voir. Elle avait pu remarquer que, dans les salons du château, les bustes du roi, de monseigneur le Dauphin, de madame la Dauphine, de monseigneur le duc de Bordeaux et de *Mademoiselle* étaient placés parmi les lis, les roses et les lauriers; mais que le sien y manquait.... On l'avait placé au point du départ; car c'était à la grille de l'orangerie que S. A. R. avait voulu monter en voiture. Là, sous un berceau d'orangers, au milieu d'un massif de fleurs, et entourée de toutes les petites filles et de tous les petits garçons du pays, se voyait l'image de la mère du duc de Bordeaux et de *Mademoiselle.*

C'était le moment du départ. L'air si doux et si mélancolique de *Charmante Gabrielle*, ce chant de *cruelle départie* se faisait entendre... Pour un instant les cris de joie s'étaient tus ; on écoutait, on était ému. *Madame*, avec une touchante bonté, témoigna à plusieurs reprises sa satisfaction à M. et à madame de Serrant ; elle daigna leur dire :

J'avais bien entendu vanter votre belle demeure, mais elle est au-dessus de ce que j'imaginais ; je regrette d'y passer si peu de temps, mais Saint-Florent et Nantes m'attendent.

S. A. R. engagea alors les hôtes, qu'elle laissait pénétrés de ses bontés, à l'accompagner à Saint-Florent. M. le marquis de Walsh de Serrant fut également invité par elle, et eut l'honneur de passer la Loire dans le bateau de *Madame*.

Saint-Georges.

Chantocé, Varades.

L'ALLÉE de Serrant à Saint-Georges, qui a près d'un quart de lieue de long, était toute pavoisée d'étendards ; mais on ne faisait plus attention à ce décor : on regarde quand on espère, on ne voit rien quand on regrette. C'était le chemin du départ ; aujourd'hui, on nomme cette allée l'*Allée des regrets*.

A Saint-Georges, à Chantocé, à Varades, s'élevaient des arcs de triomphe : partout même sentiment, même amour, et même gracieux accueil de celle qui venait visiter le pays fidèle.

Alors que l'on eut la belle et noble pensée de faire reposer Bonchamps au milieu même de sa bonne action, de placer ses restes dans cette église de Saint-Florent, où cinq mille Français furent sauvés par lui, les habitants de Varades s'attristèrent de cette idée; ils dirent : Depuis vingt-cinq ans, il était parmi nous, nous avions religieusement veillé sur sa cendre; c'était à l'ombre de la croix de notre cimetière, que le guerrier chrétien dormait avec ses armes. Voilà qu'on va nous l'enlever, *pour honorer davantage sa mémoire :* cette pensée seule peut nous faire céder le dépôt sacré que la mort nous avait fait. Laissons emporter les restes de Bonchamps, mais marquons, par une pierre de souvenir, la place de son sommeil; l'étranger viendra la visiter.... Ce n'était point une *étrangère* qui vint, le 22 juin 1828, saluer ce simple et modeste monument, c'était bien *une Vendéenne de plus!* c'était Marie-Caroline, duchesse de Berry, la veuve d'un martyr, la mère du roi de nos fils!

M. Plouzin, compagnon d'armes de Bonchamps, a été le premier à proposer l'érection de ce petit monument, qui attire aujourd'hui les regards du voyageur : on l'aperçoit de la grande route; il s'élève, dans le cimetière, auprès d'une haute croix d'ardoise.

De Varades, le coup d'œil était magique; la nature a tout fait pour embellir ce pays; et quand une grande pensée, une fête, une solennité, viennent faire battre le cœur en même temps que les yeux sont charmés, c'en est trop pour être décrit; il n'y a pas de mots pour redire certaines émotions : heureusement, il y a certaines âmes pour les sentir; c'est pour celles-là que j'écris. Oh! si je pouvais peindre ce que j'éprouvai alors, cette page aurait de l'intérêt.

Saint-Florent.

C'était à Saint-Florent, témoin de tant de gloire dans les siècles passés; à ce Saint-Florent, où les rois venaient en pélerinage; où des religieux armés veillaient à l'entour du sanctuaire vénéré; où les terribles Normands avaient été vaincus; à ce Saint-Florent, où tout un peuple de rustiques chevaliers avait, de nos jours, dit un cruel adieu à son pays en flammes, pour suivre dans d'autres contrées la croix et le drapeau des lis..... c'était là que les fils des Vendéens qui avaient passé la Loire, c'était là que de vieux témoins de ce mémorable passage, étaient rassemblés près du tombeau de Bonchamps, et attendaient cette fille des rois, qui a assuré l'avenir de la France; ils étaient pleins d'impatience, et *elle* aussi se hâtait d'arriver. Nous l'avons dit plus haut, entre *Madame* et la Vendée il y a alliance naturelle; entre les deux il y avait même désir de se voir.

Le premier *rendez-vous* était à Saint-Florent : aussi, quelle foule de drapeaux blancs ! les hauteurs en étaient hérissées ! de loin on les voyait flotter sur les clochers, sur les châteaux, sur les chaumières, sur les arbres isolés... Nous en avons vu sur des fosses, dans un cimetière ! Un fils avait dit : Mon père est mort pour le drapeau blanc, plantons-en un sur sa tombe; les morts doivent aussi se réjouir, car *Madame* vient honorer leur fidélité; et d'autres l'avaient imité, et les tombeaux avaient arboré le signe de ceux qui y reposaient.

Arrivée sur les bords de la Loire, *Madame* resta un instant frappée de la majesté du paysage : les yeux fixés sur les coteaux opposés; elle demeura silencieuse, on devinait ce ce qui se passait au dedans d'elle; mais des hauteurs de Saint-Florent on l'avait reconnue, et le canon mêlait maintenant ses bruits sublimes aux cris de quinze mille Vendéens. Le fleuve, couvert de mille et mille bateaux, montrait aussi tous ses pavillons agités, et toute la joie de ses mariniers. La fête s'étendait partout; le soleil brillait au ciel, et le bonheur dans nos champs.

Il était près d'une heure, quand *Madame* est arrivée à Milleraye, en face de Saint-Florent. C'est là que Bonchamps a rendu sa belle âme à Dieu. On montre la chaumière où ses soldats l'avaient déposé pour mourir. Madame la marquise de Bonchamps, veuve du héros, était là, et attendait S. A. R. avec madame la comtesse d'Autichamp, épouse du général de l'ancienne armée vendéenne de l'Anjou et madame Dandigné. Avec ces dames étaient rassemblés plusieurs officiers supérieurs de cette armée, parmi lesquels on citait MM. Lhuilier, Martin-Bodinière, Soyer, le marquis de la Bretesche, Oger de Lile, du Doré, de la Serinière, Rayneau, Barbot, le baron de la Haye, de la Sayette, le vicomte de Scepeaux et le comte de Romain, major-général; ce colonel voulut exprimer à *Madame*, en l'absence du lieutenant général comte Charles d'Autichamp, les sentiments de cette armée fidèle ; mais craignant d'importuner S. A. R. par un long discours, ou de retarder son arrivée sur l'autre rive, il se borna à lui dire :

« *Madame*, ce sont les officiers de l'an-
« cienne armée royale d'Anjou qui sont ac-
« courus au devant de V. A. R. pour lui
« témoigner la reconnaissance de tous nos
« vieux soldats de la fidélité pour la visite
« gracieuse qu'elle daigne leur faire aujour-
« d'hui. Notre métier ne fut pas jusqu'ici
« de faire des harangues, notre langage
« favori consiste en quelques mots de vieux
« français, au moyen desquels nous pou-
« vons toujours exprimer facilement notre
« pensée. *Madame* les comprendra ; ce sont
« nos pères qui nous les ont appris comme
« nous les répétons souvent à nos enfants ;
« les voici : vive le Roi ! vive le Roi ! et
« toujours vive le Roi ! à quoi nous ajou-
« tons avec un double transport dans cet
« heureux jour, vive *Madame* la duchesse
« de Berry ! vive Monseigneur le duc de
« Bordeaux ! »

Madame s'est embarquée au milieu des acclamations que répétaient au loin les échos de la Loire. Jamais ils n'avaient redit plus de cris de joie. La barque qui portait la Princesse était escortée d'un grand nombre d'autres bateaux, dont six contenaient des Vendéens avec les drapeaux consacrés et déchirés dans les batailles de Fontenay, de Torfou, de Laval, d'Antrain et de Dol. Plus de quinze mille spectateurs, groupés sur le coteau de Saint-Florent, suivaient des yeux cette flottille, au milieu de laquelle on apercevait S. A. R. debout, et visiblement attentive au tableau qui se présentait à elle.

Dans le bateau de S. A. R. étaient mesdames

De Bonchamps,
D'Autichamp,
Dandigné.

Sur le pont où *Madame* devait descendre,

M. le général Mathis, commandant le département ;
M. le comte de Bagneux, préfet ;

M. Desmé de Lislé, conseiller de préfecture ;

M. de Chantereau, sous-préfet de Beaupréau.

Dans des bateaux escortant *Madame*, se trouvait une partie des officiers supérieurs de l'ancienne armée d'Anjou :

MM. L'huillier.
Martin.
Du Doré.
Le marquis de la Bretesche
Oger de Lisle.
Soyer de la Sorinière.
Le comte de Romain, ex-major général, avec un détachement de chacune des anciennes divisions.

Enfin, la fille des rois a mis le pied sur cette terre où l'on défend si bien la cause des rois.... Oh ! quel cri alors s'est élevé vers le ciel ! Martyrs de la Vendée, vous l'avez entendu ! ! !

M. de Chantereau, sous-préfet de l'arrondissement, a eu l'honneur de complimenter *Madame*, et de jeunes Vendéennes, parées de lis et effeuillant des lauriers sous les pas de S. A. R., l'ont précédée en montant le coteau. Douze jeunes gens, le plupart orphelins, tenaient des lances et ouvraient la marche : c'étaient les pages que la Vendée offrait à *Madame;* de nobles poursuivants d'armes, s'il en fut jamais, et qui chausseraient dignement l'éperon, pour être preux et fidèles, n'ont-ils pas le renom et les exemples de leurs pères?

Madame avait à sa suite madame la maréchale duchesse de Reggio et madame la marquise de Podenas. Le comte de Mesnard, son premier écuyer, lui donnait le bras; mesdames de Bonchamps, d'Autichamp, Dandigné, de La Haye, de Civrac, de La Garde, de Bagneux, de Mathis, de Romain, de La Bretesche, de Gazeau, du Doré, Soyer, d'Armaillé, etc., etc., etc., accompagnaient S. A. R.

Arrivée sur la hauteur, *Madame* y trouva le maire, M. Gazeau, ancien officier vendéen, qu'une attaque de goutte avait retenu chez lui : elle se rendit à sa porte, où ce maire lui exprima ses regrets de n'avoir pu aller jusqu'au rivage. *Madame* lui répondit avec une extrême bonté : *Oh ! je sais que jadis vous avez bien marché pour le service du Roi...* Il y a des paroles qui font oublier toutes les souffrances.....

Bientôt S. A. R. s'est trouvée sur le plateau de la montagne au milieu d'un camp de soldats vendéens de toutes les divisions, accourus pour voir la princesse. Celui qui n'a vécu qu'à Paris, peut se faire une idée des pompes et de la magnificence d'une fête : il a vu de superbes décors, d'éblouissantes illuminations, des cirques, des amphithéâtres ouverts à la foule ; il a vu de brillantes revues, où l'argent, l'or et l'acier, resplendissaient aux rayons du soleil; mais il n'a rien vu qui allât autant à l'âme qu'un camp vendéen. Là, tous ces soldats n'étaient pas payés pour faire les exploits dont la postérité parlera : ils avaient vu le trône et l'autel menacés, et, sincèrement dévoués au service de l'un et de l'autre, leur conscience les avait appelés à les défendre. Cette voix leur avait suffi, et avec leurs bâtons, leurs fourches et leurs faulx, ils avaient pris des canons et des villes ! Saint-Florent redisait ces premiers exploits. C'était là que les hommes de la république avaient éprouvé la première résistance ; c'était le cri de Saint-Florent que Cathelineau avait entendu, alors qu'élevant les yeux au ciel, il avait dit comme un vieux croisé : *Dieu le veut, marchons.*

Madame savait toutes ces choses, aussi ; son émotion était visible. Chaque paysan obtenait d'elle un sourire gracieux et attendrissant. On voyait bien que c'était avec son cœur qu'elle saluait ces vieux amis des Bourbons... Souvent elle répétait : *Oh ! quel peuple !... Quelles belles et honnêtes figures !... Quel accent ils ont quand ils crient vive le Roi ! Oh ! oui, on voit bien qu'ils nous aiment !*

En se rendant à l'église, où S. A. R. devait entendre la messe, *Madame* adressa la parole à un grand nombre de ces bons paysans qui portaient tous le petit médaillon où chacun d'eux conserve, enchâssé en forme de relique, un morceau du cordon rouge que Monseigneur le duc de Berry portait le jour de sa mort. Cette décoration, donnée par sa veuve, va bien sur leurs nobles poitrines; elle convenait bien à la fidélité....

A son entrée dans l'église, *Madame* a reçu les honneurs dus aux filles de France; elle est allée sous le dais s'agenouiller dans le sanctuaire. Pendant qu'elle priait le Dieu des Vendéens, on voyait par-dessus l'autel la figure de Bonchamps. Elle étendait la main vers la foule. Le chef royaliste mourant avait l'air de crier à ses anciens soldats : Amis, vous le voyez bien, la fidélité dès ce monde obtient sa récompense!..... Nos services ne sont point oubliés; nous avons bien employé notre sang.

Après la messe, *Madame* s'est approchée du tombeau ; elle l'a examiné dans tous ses détails ; elle a surtout admiré la statue couchée du général, et a dit : *Il a l'air de commander encore.*

Revenue sur la place, S. A. R. s'est rendue sous une tente vaste et décorée avec beaucoup de goût. Madame la comtesse d'Autichamp avait fait préparer un déjeûner que *Madame* a daigné accepter; trente personnes ont eu l'honneur de s'asseoir à la table de S. A. R.

Madame la comtesse d'Autichamp ayant dit à S. A. R., que n'ayant point d'autre endroit que cette tente pour lui offrir de se reposer, le mauvais temps lui avait causé beaucoup d'inquiétudes, *Madame* lui répondit en souriant : *Eh bien! quel mal y aurait-il eu à cela? Nous eussions été mouillées; ne sommes-nous pas au camp?*

Il était près de deux heures, et *Madame* avait promis d'être à Nantes, à temps pour y recevoir les dames et les autorités. Neuf lieues restaient à faire; mais pour notre Jeanne d'Albret, il n'était pas facile de s'éloigner si vite de cette population qui a combattu si long-temps pour sa cause; il y avait justice à ne pas être empressée de quitter la Vendée. *Madame* voulut donc, après son déjeûner, parcourir de nouveau les rangs, et aller voir la colonne élevée en commémoration du passage de madame la

Dauphine. Ce monument est destiné à redire aux siècles que la fille de Louis XVI est venue la première honorer la mémoire de Bonchamps. On pourra y graver qu'une autre fille de France a joint son hommage à celui de notre Marie-Thérèse. Elles sont bien sœurs toutes les deux, et la Vendée ne les sépare pas dans son amour.

S'étant trouvée auprès de madame de Bonchamps, S. A. R. lui dit : *Madame, je ne voyage pas dans la Vendée sans vos mémoires. Je vous ai avec moi dans ma voiture.*

Du haut du coteau qui commande une si belle vue sur tout le pays, et d'où l'œil suit si bien le cours du fleuve, S. A. R. s'est fait expliquer le passage de la Loire, tel qu'il s'est opéré par les Vendéens, en octobre 1793. En l'écoutant elle-même parler de ce mémorable passage, on s'apercevait bien que *Madame* avait lu les Mémoires de la marquise de la Rochejaquelein, qui, témoin oculaire, a raconté mieux que personne cette journée terrible, où tout un peuple emportant les images de son Dieu, a fui son pays livré au fer et à la flamme. Chaque chef de division admis auprès de la princesse a pu raconter les traits de courage de ses compagnons d'armes presents à cette grande fête royaliste. S. A. R. n'interrompait leurs récits que pour leur dire qu'elle était bien assurée que leurs sentiments ne changeraient jamais, et qu'*avec eux c'était à la vie à la mort* [1].

Madame, par son affabilité, donnait une respectueuse hardiesse à ceux qui avaient l'honneur de l'approcher; on s'étonnait soi-même de parler si aisément à qui est placé si haut! La grâce est comme un voile jeté sur la majesté pour que l'infortune ne soit pas éblouie, et ose venir jusqu'à elle, lui conter ses besoins.

A trois heures, *Madame* redescendait vers la Loire; toute la population, comme entraînée sur ses pas, la suivait, et les flancs du coteau qui avaient été dégarnis de peuple pendant que l'auguste voyageuse

[1] Paroles du duc de Berry.

était restée sur les hauteurs, maintenant se couvraient de mille et mille paysans courant de toutes parts avec leurs habits de diverses couleurs et leurs drapeaux blancs. C'était un admirable tableau, que de voir toute cette agitation reflétée dans les eaux tranquilles du fleuve.

Trajet de Saint-Florent à Nantes.

Au moment où *Madame* mit le pied dans la barque qui devait la conduire à bord du bateau à vapeur, le canon tira. C'était lui qui avait annoncé l'arrivée, c'était lui qui annonçait le départ. Les regrets de cette départie étaient diminués par l'espérance que la plupart des Vendéens conservaient de revoir *Madame*, car ils savaient que S. A. R. ne *voyageait pas pour arriver, mais pour connaître :* et qu'ils auraient encore le bonheur de la retrouver, et dans les landes de Maisdon, et dans les plaines de Légé, et sous les chênes du Bocage.

Dans nos joies comme dans nos douleurs, dans nos victoires comme dans nos revers, à l'arrivée comme au départ, il n'y a qu'un cri en France, c'est *vive le Roi !* la foule y joignait celui de *vive Madame !* Et pendant ses acclamations, la barque s'éloignait et conduisait au bateau à vapeur celle que tout Nantes attendait déjà.

Le bateau à vapeur, appartenant à M. Louis Dufort, ancien officier, chevalier de Saint-Louis et de la Légion-d'Honneur, et à M. William Arnous, ancien élève de Saint-Cyr, avait été élégamment décoré pour recevoir S. A. R.; des orangers et des citronniers en fleurs, des guirlandes de lis et de lauriers embellissaient la tente où *Madame* devait s'asseoir; c'était un parterre sur les eaux. A bord de ce bâtiment se trouvaient différentes députations composées de M. Richard, conseiller de préfecture; M. Bernard des Essarts, premier adjoint de la mairie, délégué du maire; MM. de Monti, Dobrée et de Marzy, membres du conseil municipal ; M. Dupouey, chef de bataillon au corps royal d'état-major, commandant de la place ; de M. Clavier, lieutenant de vaisseau, chef des mouvements du port, et d'un piquet de gardes d'honneur.

A bord de ce bateau, la suite de S. A. R. se formait du comte de Mesnard, de madame la maréchale duchesse de Reggio, de la marquise de Podenas, du comte de Verdalle, officier supérieur des gardes ; madame la marquise de Monti et madame la marquise de la Bretesche avaient été nommées dames pour accompagner, et députées de Nantes au devant de S. A. R.

L'antiquité a redit aux siècles, avec de grands détails, le voyage de Cléopâtre sur les ondes du Nil ; ses écrivains, peut-être plus poètes qu'historiens fidèles, nous ont dépeint sa galère de cèdre et d'or, son équipage de nymphes et d'amours, ses cordages de soie et ses voiles de pourpre : nous n'avons rien de si brillant à décrire ; mais nous avons mieux que l'inconstante reine d'Égypte à vanter ; l'auguste princesse dont nous essayons de raconter le voyage, a aussi de somptueux palais ; elle pourrait y vivre au milieu des plaisirs de son âge, à sa voix ils y accourraient tous ; mais, à Marie-Caroline, du repos, des fêtes et des hommages ne suffisent pas ; à l'énergie de son âme il faut du mouvement. Ce n'est pas, couchée sur un lit d'ivoire, portée doucement sur les ondes, au milieu de nuages d'encens, qu'elle voyage. Quand elle témoigna le désir d'aller honorer la terre des martyrs, l'héroïque Vendée, on lui parla de fatigue ; elle répondit qu'elle n'en craignait aucune, d'obstacles, de routes impraticables ; avec son énergie ordinaire, *Madame* répliqua : *Dans les mauvais chemins du Poitou, je me ferai Vendéenne.*

On verra comme elle a tenu parole. Le Nil, malgré toutes ses merveilles, n'a pu offrir à l'amante de César et d'Antoine des bords aussi enchanteurs que ceux que la Loire déployait aux yeux de *Madame*. Au milieu des saules argentés, sur la cime des coteaux, sur les rochers avancés dans les eaux, sur les îles verdoyantes, la foule des riverains s'était portée; de loin on les apercevait immobiles; les tabliers rouges, les coiffes blanches des femmes tranchaient, dans le paysage, avec les habits rembrunis des hommes.

Quand le bateau venait à passer devant ces groupes, ils s'animaient tout à coup. Les bannières, les étendards s'agitaient en saluant la noble fille de France. Le paysan-soldat, présentant les armes d'une main, élevait de l'autre son chapeau, et criait *Vive notre Princesse!* Les femmes, les mères prenaient leurs petits enfants dans leurs bras, disaient: *Vois-tu bien la mère du duc de Bordeaux?* et elles montraient une jeune femme modestement vêtue d'une robe de soie brune, et portant une longue chaîne d'or à son cou: c'était *Madame!*

Pour être mieux reconnue de la foule, S. A. R. se séparait par instants de sa suite, appuyée sur le bras de son premier écuyer, le comte de Mesnard; elle montait sur la partie la plus élevée du bateau à vapeur, et, de là, elle saluait de la voix et du geste tout ce peuple fidèle et empressé.

Souvent, dans le trajet de Saint-Florent à Nantes, nous avons vu son émotion et ses yeux pleins de larmes; souvent nous l'avons entendue répéter : *Oh! quel bon peuple! qu'il faudrait être froid pour ne pas l'aimer!*

En effet, ce peuple avait fait des miracles; il semblait marcher sur les eaux pour voir de plus près la mère de l'autre Henri. Pas une roche avancée dans le fleuve, qui ne fût garnie d'un groupe; pas un hameau dont la population ne fût rassemblée. A Oudon, à Ancenis, la vieille tour, l'antique château, avaient tous leurs créneaux recouverts de femmes, d'enfants et d'hommes en beaux habits de fête : jadis cela devait être ainsi, alors que notre bonne duchesse Anne voyageait sur la Loire.

Là où le fleuve était trop large pour bien voir la Princesse, les riverains en avaient, en quelque sorte, rapproché les bords, en formant, au milieu de la Loire, des rues de bateaux; ces rues avaient leurs arcs de triomphe, et rien n'était plus pittoresque que ces arceaux mobiles, composés de pavillons de toutes les couleurs.

Dans les endroits moins habités, on voyait venir une petite barque. Cette nef ne portait que quelques personnes : le curé, le maire du village, deux ou trois vieux soldats de la Vendée, dont un tenait encore le drapeau qu'il avait porté dans les batailles. Quand le bateau à vapeur passait devant eux, le prêtre élevait les mains vers le ciel, et ses paroissiens et son maire criaient d'une voix émue : *Dieu garde les Bourbons! Vive le Roi! Vive Madame! Vive le duc de Bordeaux!*

C'était à ces simples témoignages d'amour, à ces bénédictions des vieillards, que le cœur de *Madame* se fondait d'émotion et de bonheur.

Un peu après Oudon, sur le bord opposé, nous remarquâmes une chaumière à moitié cachée dans les arbres du coteau; devant cette pauvre cabane on voyait un petit jardin, et dans ce jardin nous vîmes un vieillard resté seul avec son chien... ses enfants étaient sans doute dans le groupe de villageois qui se trouvait dans la prairie, à plus de cent pieds au-dessous de la chaumière. Le vieillard n'avait pu y descendre pour aller mêler sa joie à la leur, mais de son seuil solitaire il saluait celle qui apportait le bonheur au pays.... Un drapeau flottait à la fenêtre de la cabane : c'était tout un tableau vendéen.

Madame le considéra avec intérêt... Plus loin, elle vit les *gars* de Loroux et de Saint-Julien, ces soldats que Charette appelait ses grenadiers. Le soleil commençait à baisser, quand S. A. R. arriva en face des prairies de Saint-Julien, où ils étaient rassemblés en bataille. En avant d'eux, plusieurs grands bateaux contenaient d'autres détachements en armes; ceux-là avaient deux canons, et saluaient, par des salves répétées, l'auguste Princesse. Cette scène s'embellissait encore du moment de la journée. Les derniers rayons du soleil doraient les prairies, les ondes et les drapeaux blancs; les fusils vendéens reflétaient la lueur rougeâtre du soir, et le vent, qui n'avait cessé de souffler avec violence pendant plusieurs heures, venait de s'apaiser. *Madame*, appuyée sur la balustrade, en dehors de sa tente, répondait aux cris et aux salves de ces braves paysans. Son émotion se lisait sur ses traits.... L'enthousiasme l'avait gagnée ; les nobles cœurs ne s'en défendent pas. L'enthousiasme est une étincelle du feu sacré échappé du ciel pour réchauffer la terre : les princes en ont besoin pour les aider à porter leurs grandeurs, comme le pauvre pour oublier ses peines.

Pendant tout le trajet de Saint-Florent à Nantes, S. A. R. avait été constamment occupée. Quand elle ne questionnait pas les personnes qui avaient l'honneur de l'approcher, elle écrivait sur ses tablettes les remarques qu'elle faisait sur le pays. Quelquefois elle esquissait, rapidement et avec goût, les vues les plus pittoresques, les ruines les plus célèbres; le plus petit hameau ne lui échappait pas. Elle s'enquérait de tout, et si elle inscrivait les noms des lieux fameux pour se les rappeler, elle prenait ceux des habitants qui avaient le plus souffert, pour les secourir; ainsi, en voyageant, elle s'instruit avec son esprit, et soulage avec son cœur.

Nantes.

Il était près de sept heures lorsque la foule innombrable qui couvrait les quais, les promenades et les hautes tours du château de Nantes, aperçut le bateau de S. A. R. Un cri de joie s'échappe de cette multitude immense. Le bruit des cloches de toutes les églises s'y mêle; mais le canon ne se fait pas entendre. On avait strictement obéi aux ordres de la Princesse. Elle n'avait pas voulu des honneurs dus à son rang. On avait laissé faire l'amour et le dévouement. Aussi, plus de quarante mille personnes étaient rassemblées sur le point où S. A. R. devait débarquer. Depuis plus de trois heures cette foule attendait ; chaque petit nuage qui paraissait au-dessus du cours du fleuve, était pris pour la fumée du bateau à vapeur..... *La voilà! la voilà!* disait-on. Le nuage s'évaporait dans le ciel, et la multitude répétait avec regret, *pas encore.* Enfin, à sept heures et demie, il n'y eut plus de doute ; déjà le bateau qui portait l'objet de tous les désirs avait doublé la pointe de la prairie de Mauves ; déjà on distinguait les personnes qui étaient à bord ; parmi elles, tous les yeux cherchaient la fille des Rois ; mais de toutes les femmes, elle était la plus simplement vêtue : et le peuple, qui ne conçoit pas le bonheur que les princes éprouvent à se débarrasser de la magnificence, ne voulait pas reconnaitre la mère du duc de Bordeaux dans cette femme dont la tournure était si jeune, et la mise si simple.

Une des dames pour accompagner avait une toilette plus brillante ; de longues plumes blanches ondoyaient sur son chapeau ; la multitude s'obstinait à prendre cette dame pour la princesse : cette erreur se prolongea même après que S. A. R. eût mis pied à terre. *Madame*, n'ayant pas voulu monter en voiture, faisait à pied le trajet du port Maillard au palais de la préfecture; appuyée sur le bras du comte de Mesnars, elle marchait au milieu de la foule, dont une grande partie ne la voyait pas...

Dans un siècle, où tant de gens ne voient dans le trône *qu'un morceau de bois recouvert de velours*, et dans un Roi, *qu'un premier fonctionnaire*, je regrette que lors de leur entrée dans les grandes villes, les princes ne s'entourent pas de l'éclat de leur rang : je sais qu'ils ne peuvent voyager avec leur couronne ; mais je voudrais qu'ils fussent toujours distingués de ceux qui les suivent, pour que le peuple ne les méconnût pas, et qu'il sût à qui adresser ses hommages : la simplicité a un attrait, sans doute, mais la Majesté a un pouvoir.

Au moment où S. A. R. *Madame* avait mis pied à terre, elle avait trouvé pour la recevoir M. Taigny, secrétaire général de la préfecture, et M. Doucet, adjoint de la mairie.

Le lieu de débarquement avait été on ne peut mieux choisi; c'était le point qui devait donner à *Madame* la plus grande idée de Nantes; aussi S. A. R. fut vivement frappée de la magnificence du coup d'œil. La foule, placée sur le talus des quais, se montrait dans tout son ensemble; personne n'était caché, et chacun pouvait voir comme à un amphithéâtre. Cette multitude s'étendait toujours en montant; depuis les eaux du fleuve jusqu'au grand escalier du Cours, sur les terrasses de cette promenade, sur les tours du château, aux fenêtres de Richebourg, l'affluence était partout. Comme pour recevoir la noble fille de France, Anne de Bretagne et Arthur III apparaissaient au-dessus de tout ce peuple assemblé. Leurs statues, placées à droite et à gauche de l'escalier, se dessinaient sur un fond de verdure. Plus loin, on en distinguait une autre; c'était celle de Louis XVI. D'en bas, on ne pouvait voir la colonne qui la porte, elle avait l'air ainsi de planer dans le ciel.

Arrivée au haut du perron du Cours, *Madame* a encore vu cette belle et immense promenade couverte également de spectateurs ; mais ce qui a étonné S. A. R., c'est lorsque, portant ses regards en arrière, elle a pu, de cette élévation, embrasser d'un coup d'œil cette innombrable population. Pressées en tous lieux, et jusque sur les bords du canal de Saint-Félix, qu'elle venait de parcourir, toutes les classes étaient rassemblées et confondues, toutes étaient parées pour ce jour de fête.

Certes, on ne saurait attribuer à la simple curiosité ce concours de toute la population d'une ville de quatre-vingt mille âmes. Nantes a toujours aimé les Bourbons... Tout parmi nous atteste cet amour ; tout, jusqu'à nos tombeaux ! C'était cet amour pour la famille de nos Rois ; c'était le besoin de connaître cette jeune princesse, si forte dans le malheur, si gracieuse dans le plaisir, qui avait amené au devant de *Madame* tout ce peuple empressé.

C'était avec peine que l'auguste voyageuse,

appuyée sur le bras du comte de Mesnars, parvenait à fendre les flots de cette multitude. A mesure qu'elle approchait de son palais, la foule grossissait, et les cris de *vive le Roi! vive Madame!* semblaient augmenter aussi. Tous ceux qui avaient été présents au débarquement accouraient maintenant vers la place de la préfecture; ceux qui n'avaient pas vu S. A. R. voulaient la voir; ceux qui l'avaient vue voulaient la revoir encore.

S'étant conformés exactement aux ordres de *Madame*, M. le baron de Vanssay, préfet de la Loire-Inférieure; M. le comte Despinois, lieutenant général, commandant la division militaire; Monseigneur l'évêque; M. le vicomte de Cheffontaines, maréchal de camp, commandant le département; M. Papin, président du tribunal civil; le maire, et d'autres chefs des autorités de la ville, que leurs devoirs auraient appelés à recevoir S. A. R. à son débarquement, étaient restés à l'attendre au palais, sur l'ordre formel de la Princesse, dont la modestie refusait ainsi les honneurs dus à son rang.

Les dames chargées de recevoir S. A. R. étaient au pied du grand escalier, et ont rempli avec bonheur l'honorable mission qui leur était confiée.

Ces dames étaient :

Madame la baronne de Vanssay.
Madame Louis Lévesque.
Madame de Fourcroy.
Madame Henri de la Tullaye.
Madame la marquise de la Bretesche.
Madame la marquise de Catuëllan.
Madame la comtesse Humbert de Sesmaisons.
Madame Bernard des Essarts.
Madame la vicomtesse du Couëdic.
Madame la marquise de Monti-Cour de Bouée.
Madame la marquise des Dorides.
Madame la marquise de Goulaine.
Madame de La Grange.
Madame la vicomtesse Walsh.
Madame la comtesse de Charette.
Madame la baronne de Charette.

Madame est entrée immédiatement avec les personnes de sa maison dans ses appartements. Pour y parvenir, elle avait à traverser une longue suite de salles toutes ornées de fleurs.

La garde du palais était confiée aux troupes de la garnison et aux gardes d'honneur ; un piquet de sapeurs-pompiers y était également attaché.

Comme partout, car le dévouement et l'amour sont obligés de se répéter, des jeunes personnes sont venues déposer une corbeille aux pieds de la jeune mère de *Mademoiselle*.

C'étaient :

    Mademoiselle de Vanssay.
    Mademoiselle Lucie Lévesque.
    Mademoiselle de Fourcroy.
    Mademoiselle de Catuëllan.
    Mademoiselle de Luzançay.
    Mademoiselle de Sesmaisons.
    Mademoiselle Mosneron Saint-Preux.
    Mademoiselle de Bruc-Livernière.
    Mademoiselle de Tarrieu.
    Mademoiselle du Couëtus.
    Mademoiselle de Regnon.
    Mademoiselle Graslin de Séréac.
    Mademoiselle Lévesque du Rostu.
    Mademoiselle Ducoudray-Bourgault.
    Mademoiselle Labouchère.

Les dames qui se livrent aux soins de la charité ; celles qui portent des secours aux pauvres, aux malades, aux mères de famille; celles qui dirigent et contribuent à soutenir l'instruction gratuite et religieuse des petites filles, ont été également présentées à S. A. R., et en ont été accueillies comme le méritait leur pieuse mission.

Les premières *dames de charité* du royaume sont nos deux augustes princesses. Toutes les âmes charitables qui se consacrent à soulager les misères, à consoler les douleurs, sont bien sûres d'être distinguées et par Marie-Thérèse et par Marie-Caroline. J'ai dit qu'elles étaient *sœurs* pour le courage ; elles le sont encore pour la bienfaisance.

Lorsque Henri IV vint à Nantes, il admit près de lui les dames des halles et des marchés ; il est de tradition parmi elles, que le *joyeux Béarnais*, *le vert galant*, les embrassa toutes.

En 1814, quand elles eurent l'honneur de paraître devant S. A. R. Monseigneur le duc d'Angoulême, une d'elles osa dire : *Oh !*

v'là long-temps que j'avions envie d'embrasser un Bourbon ! Savez-vous bien, Monseigneur, que votre grand-père Henri IV a embrassé nos mères ?

Eh bien ! répliqua gaîment le prince, *il ne sera pas dit que je n'embrasserai pas leurs filles.* Et il les embrassa.

Ces femmes si dévouées, et dont le royalisme s'est montré ailleurs que dans les fêtes; ces femmes qui vendaient des lis dans les *cent jours*, et qui ne manquent jamais de faire entre elles la quête du prisonnier quand il en passe un à travers leur marché; ces franches et bonnes Bretonnes méritaient bien d'être présentées à l'auguste fille de Henri IV, à la mère de Henri V. Aussi elles furent admises; *Madame* les vit avec plaisir, les combla de bontés, et ces braves femmes, pleurant de joie, ne pouvaient plus crier *vive Madame !* mais elles priaient pour elle, et faisaient le signe de croix : de tels vœux ont une grande puissance; Dieu les entendra !

A neuf heures, S. A. R. s'est mise à table; elle avait daigné y admettre :

Monseigneur l'évêque.

M. de Vanssay, conseiller d'État, préfet.

Madame la baronne de Vanssay.

M. le comte Despinois, lieutenant général.

M. le vicomte de Cheffontaine, maréchal de camp.

M. le comte de Chasseloire, maréchal de camp.

M. Papin, président du tribunal civil.

M. Genevois, négociant, président du tribunal de commerce.

M. Lévesque, maire de Nantes [1].

M. de Lalande, colonel du 7me régiment d'infanterie légère.

M. de Fourcroy, commissaire général ordonnateur de la marine.

M. Berthaud, négociant, président de la chambre de commerce.

M. du Couëtus, commandant de la garde d'honneur [2].

M. le baron Marion de Beaulieu, colonel du génie.

M. Maillard, colonel directeur d'artillerie.

M. le comte Dufou, membre du conseil général, négociant, ancien maire.

---

[1] M. de La Marre, intendant militaire, absent.

[2] M. le comte de Sesmaisons, pair de France, absent, et M. de Lauriston, receveur général, en deuil de son frère le maréchal.

M. Du Coudray Bourgault, négociant, ex-président de la chambre de commerce.

M. le comte Rogatien de Sesmaisons.

M. le marquis de Goulaine [1] gentilhomme de la chambre.

M. le marquis de Monti, officier des gardes.

M. Rossel, membre du conseil municipal.

M. Reveillé de Beauregard, vicaire général.

M. le lieutenant-colonel du 15me de ligne.

Madame la maréchale duchesse de Reggio, et

M. le comte de Mesnard, faisaient les honneurs de ce dîner.

Beaucoup de femmes furent admises à circuler dans la salle; toutes surprises de ne voir aucune fatigue sur les traits de *Madame;* on n'y lisait que le bonheur qu'éprouvait S. A. R. de se trouver au milieu des fidèles Bretons.

En dehors du palais, sur les promenades et les places publiques, le peuple se réjouissait; les illuminations avaient chassé la nuit; le plaisir et la joie se montraient partout. Les jours de bonheur passent vite! La journée du 22 était finie, et le 23 au matin, S. A. R.,

[1] Le marquis de La Bretesche, absent.

toujours active et infatigable, se mit en route pour Vannes.

Elle va bientôt revenir, disait le peuple assemblé sous les fenêtres du palais, *elle va au champ des martyrs ; il est bien juste que les Bourbons y aillent en pélerinage : c'est pour eux que ces braves émigrés sont morts ! Nous avons bien souffert ici, mais nous ne sommes pas les seuls, il y en a bien d'autres à consoler !..... à Savenay !... Vannes !.....*

D'autres ajoutaient : *à Lorient, elle va poser la première pierre du monument de notre intrépide Bisson. Elle n'oublie rien, toutes les gloires plaisent à son noble cœur. Elle est digne d'être Bretonne. Elle va au champ de Ploërmel, au chêne de Mi-Voix, honorer la mémoire des Trente !*

Il était neuf heures, *Madame* venait de recevoir des lettres de ses augustes enfants : *A présent*, dit-elle au directeur des postes, qui avait eu l'honneur de lui remettre ses dépêches, *à présent je pars plus contente : ils se portent bien.* Et elle monta en voiture.

La garde d'honneur l'escorta jusqu'au *Chêne-Vert :* les jeunes gens qui composaient cette garde, tous pleins de zèle, auraient voulu accompagner S. A. R. plus loin; mais elle les remercia de la manière la plus obligeante, en leur disant : *A mon retour, je vous retrouverai, Messieurs; je sais que je puis compter sur vous !*

Sur la route de Vannes, à Sautron, au Temple, s'élevaient de rustiques arcs de triomphe; groupés autour de ces arceaux de verdure, *Madame* trouvait toujours de bons et braves paysans, avec la croix et la bannière de leur église, et le vieux drapeau de leurs batailles !

Savenay.

Savenay n'avait rien de célèbre dans les siècles passés; toute sa renommée lui vient d'un grand désastre, de la mémorable et triste journée du 23 décembre 1793, dans laquelle la Vendée succomba avec gloire, en léguant à l'admiration du monde, l'exemple de la plus noble et de la plus constante fidélité.

Le 23 juin 1828, à onze heures du matin, l'illustre veuve du duc de Berry; celle qui a connu l'adversité et qui venait rendre hommage au courage malheureux, était arrivée à l'entrée de cette petite ville. Là, le corps municipal eut l'honneur de recevoir S. A. R. Savenay est dépourvu de ressources; mais le zèle avait suppléé à tout. Ne pouvant rendre leurs maisons plus belles, les habitants les avaient masquées par des plantations simulées, que dominaient les blanches bannières appendues aux fenêtres. Et pour embellir leurs rues, ils les avaient rendues semblables aux allées d'un camp de plaisance.

Madame fut frappée de cet aspect, et en témoigna sa satisfaction.

S. A. R. se fit conduire à l'église, où elle entra sous le dais, précédée d'un grand nombre d'ecclésiastiques venus des communes voisines, et accompagnée de M. le comte de Mesnard, de madame la duchesse de Reggio, et de la marquise de Podenas. Le préfet du département, le baron de Beaumont, sous-préfet de l'arrondissement, le maire de Savenay, et autres fonctionnaires, suivaient aussi la Princesse.

En sortant de l'église, *Madame* s'arrêta devant le monument élevé à la mémoire des nobles victimes du combat du 23 décembre 1793. Immobile et silencieuse, la fille des rois considéra cette pierre de souvenir, consacrée à la gloire de pauvres paysans morts pour Dieu et le Roi! Ses yeux étaient remplis de larmes; son cœur battait d'émotion, et à quelques pas d'elle, les fils et les frères, et les veuves des martyrs, regardaient avec reconnaissance tant de grandeur honorant tant de dévouement!....

Oh! que le talent de peindre ne m'a-t-il été donné! Que de tableaux touchants dans ce voyage! Saumur! Saint-Florent! Savenay! Jeunes peintres, saisissez vos pinceaux! Montrez-nous la mère du duc de Bordeaux au tombeau du Vendéen!

Après ce pieux hommage, *Madame* a bien voulu agréer un déjeûner offert par la ville, et admettre à sa table, M. le baron de Vanssay, M. le baron de Baumont, le maire, le curé, le président du tribunal, et quelques autres personnes notables du pays.

Autour de *Madame*, il *n'y avait pas de hallebardes;* les pauvres pouvaient arriver jusqu'à elle. Ses bienfaits étaient allés jusqu'à eux, et les vœux pour elle montaient sans doute jusqu'à Dieu, car c'était la reconnaissance qui les formait.

En quittant Savenay, *Madame* traversa la commune de Prinquieaux, fameuse dans nos annales par l'hospitalité généreuse que ses habitants exercèrent envers les royalistes, après le désastre de Savenay. Ce fut à Prinquieaux que la marquise de La Rochejaquelein et madame de Donnissan, sa mère, furent longtemps cachées. Les gars de Prinquieaux sont aussi courageux qu'hospitaliers, et dans l'armée du marquis de Coislin ils ont fait leurs preuves. *Madame* savait ce que valait cette fidèle commune. Elle s'arrêta à son arc de triomphe, écouta avec intérêt le curé et le maire; et quand ce dernier, M. du Guiny, l'assura que Prinquieaux ne comptait pas un seul ennemi du Roi et des Bourbons, S. A. R. répondit: *Oh! je le savais bien ; aussi j'avais grand empressement de vous voir tous!*....

A deux heures, S. A. R. se remit en route pour Vannes, après avoir témoigné à M. le sous-préfet combien elle était touchée et satisfaite de tout ce qu'elle avait vu dans son arrondissement. Lorsqu'il fut décidé que S. A. R. viendrait à Savenay, le baron de Beaumont était à Paris, et se hâta d'arriver. Malgré ses honorables blessures, rien ne peut l'arrêter quand il s'agit de fêter ou de défendre un Bourbon!

Vannes.

La patrie de Georges Cadoudal, le fidèle département du Morbihan, appelait aussi

Madame. Son auguste sœur, madame la Dauphine, avait fait le pèlerinage de Sainte-Anne-d'Auray et du Champ des Martyrs. Elle voulait également aller prier dans ces lieux consacrés et par la religion et par le royalisme.

S. A. R. arriva à Vannes le 23, au soir. Toute la Bretagne se ressemble en fait de dévouement et de fidélité ; et celui qui fait le récit de ce voyage, est constamment obligé de peindre les mêmes scènes, de répéter les mêmes acclamations. Heureuse monotonie ! puisqu'elle provient d'un même amour existant par tout le pays.

Malgré le peu de temps que *Madame* avait à accorder à l'antique cité de Vannes, elle sut ravir tous les cœurs par son affabilité et sa grâce, et témoigner un grand intérêt à cette ville. Elle savait que les *écoliers* de Vannes, que les élèves du séminaire de cette ville s'étaient faits *soldats* avant l'âge, pour aller repousser l'ennemi des Bourbons. Aussi, elle fut bonne et *avenante* pour tous, à son passage. Elle daigna admettre à sa table

M. le comte et la comtesse de Chazelles chez lesquels elle était descendue, à l'hôtel de la préfecture, et les personnes suivantes :

MM. Liégeard de La Dyriais, président des assises.
L'évêque de Vannes.
Caradec, président du tribunal civil.
Le marquis de Bavalan, maire de Vannes.
Le Bobinnec, secrétaire général de la préfecture.
Le baron Fabre, lieutenant général en retraite.
Le marquis de Podenas, colonel du 6e régiment de dragons.
Magnan, colonel d'infanterie.
Le vicomte Kergariou, député du Finistère.
Le Ridant, commandant de la garde nationale.
Duchesne du Tay, membre du conseil général.
Le comte de Parfouru, commandant la gendarmerie.
Le marquis de Lambilly, maire de Taupont.
Avrouin, receveur général du département.
Le vicomte Desparbès, officier de la garde royale.
De La Rochefoucauld, colonel des gardes.

MM. Coué de La Tremblaye, | conseillers de
Le marquis de Querhoënt, | préfecture.
De Barrère, sous-préfet de Ploërmel.
De La Haichois, sous-préfet de Lorient.

Plus *Madame* connaissait les Bretons, et plus elle semblait les aimer. A son retour à Vannes, on voyait qu'elle était heureuse au milieu des compatriotes de Clisson et de Duguesclin. La franchise du terroir lui plaisait. Le deuxième jour elle admit à dîner avec elle les personnes suivantes :

MM. Le marquis de Bavalan, maire de Vannes.
Le Douarain de Lémo, membre du conseil général.
Videlo, grand-vicaire.
Galles, premier adjoint de la mairie.
Paradis, président du tribunal de commerce.
Poltel, procureur du Roi.
Bellot de Kergorre, sous-intendant militaire.
Jary, ancien chef de bataillon du génie, membre du conseil municipal.
Ferrand de Sandricourt, lieutenant-colonel du 49ᵉ régiment.
Luczot, ingénieur en chef.

MM. Dalmas de La Peyrouse, commissaire de marine.

Guyot, curé de la cathédrale.

De Castel, capitaine commandant le génie.

Macaire, vice-président de la Société d'agriculture.

Le vicomte de Saint-Georges, maire.

Madame la comtesse de Chazelles.

Febvrier, } conseillers de préfecture.
Audouyn, }

Le chevalier de Sécillon, colonel.

Le comte de Moellien, colonel.

Le comte de Chazelles, préfet.

Sainte-Anne d'Auray.

Le lendemain 24, S. A. R. partit à sept heures du matin. A une lieue d'Auray, elle quitta la grande route, et s'est rendue à l'église de Sainte-Anne, où elle a entendu la messe, célébrée par le supérieur du petit séminaire qui occupe l'ancienne abbaye. De tous les lieux de pélerinage de Bretagne, Sainte-Anne d'Auray est un des plus vénérés : on y vient de loin. A la fête de la sainte mère de la Vierge, l'affluence des étrangers est immense; la messe, dans cette grande solennité, se dit en plein air, sur un autel très-élevé. On ne parvient à cet autel que par un double escalier, que les pèlerins montent souvent à genoux ou les pieds nus; la prière et la dévotion ont déjà usé quelques-unes des pierres, et cependant ce pélerinage à Sainte-Anne d'Auray ne remonte pas à beaucoup de siècles. Voici comme on raconte son origine. Un bon laboureur des environs conduisait sa charrue; arrivé à certain endroit de son champ, ses bœufs s'arrêtèrent; il redoubla d'efforts pour les faire avancer, mais tout fut inutile. Le lendemain et les jours suivants le paysan revint à son champ, et ses bœufs refusaient toujours de dépasser le point où ils s'étaient arrêtés la veille. Étonné, effrayé de ce qu'il ne pouvait s'expliquer, il fit dire une messe; et la nuit, ne pouvant dormir, il alla se promener en disant son chapelet... quand il aperçut une grande lumière dans *la pièce* qu'il n'avait pu achever de labourer. Au milieu d'une auréole lumineuse, il distingua une femme vêtue de blanc, et qui, du doigt, indiquait un endroit du champ..... C'était celui où ses bœufs s'étaient arrêtés..... Le lendemain lui et sa famille creusèrent à ce point désigné, et l'on trouva en terre une image de la mère de la sainte Vierge... Un petit oratoire fut élevé à l'endroit même, et bientôt cette chapelle devint trop petite pour la piété et l'empressement des fidèles. L'église actuelle fut alors bâtie... Dans les âges passés, les rois, les princes l'avaient enrichie de dons et de largesses. Au dix-neuvième siècle, madame la Dauphine et son illustre sœur y sont venues prier. Une lampe d'argent a été offerte à ce sanctuaire vénéré par Marie-Caroline de Sicile, duchesse de Berry. Cette lampe portera la date de son pélerinage.

Madame fut reçue par le supérieur du petit séminaire, avec tous les honneurs dus à une fille de France. En quittant Sainte-Anne, S. A. R. daigna agréer un très-beau chapelet d'or, et un charmant petit vaisseau d'ivoire.

Les cris d'amour et de dévouement qui l'avaient accueillie à son arrivée, la saluèrent à son départ.

De tous les arcs de triomphe qui formaient comme un long berceau sur toute la route de la noble voyageuse, il faut distinguer celui de Sainte-Anne.

Sur l'entablement de la façade on lisait,

A L'AUGUSTE MÈRE
DE HENRI DIEUDONNÉ,
LE PETIT SÉMINAIRE
DE SAINTE-ANNE;

et sur les piédestaux des colonnes était écrit, en italien, d'un côté,

MADRE FELICE DI TAL FIGLIUOLO;

et de l'autre,

FIGLIO FELICE DI TALE MADRE.

On voyait dans l'intérieur, sur le massif, les chiffres des Enfants de France.

Sous celui de monseigneur le duc de Bordeaux,

QU'IL SOIT HEUREUX AUTANT QUE NOUS L'AIMONS.

Sous celui de Mademoiselle,

QU'ELLE FASSE AUSSI LE BONHEUR D'UN GRAND PEUPLE!

Sur la façade de retour, une grande inscription portait,

A S. A. *MADAME,*
DUCHESSE DE BERRY.

On lisait dans le médaillon,

O FILLE DES BOURBONS, REDIS-LEUR NOTRE AMOUR!

sur les pieds du massif, d'un côté,

AMOUR ET FIDÉLITÉ, QUAND MÊME;

de l'autre,

AMOUR ET FIDÉLITÉ, TOUJOURS.

Champ des Martyrs.

DE Sainte-Anne, *Madame* est venue à Auray, qu'elle a traversé pour se rendre au *Champ des Martyrs* : c'est le nom que les habitants du pays donnent à une petite plaine où furent fusillés, au mépris d'une capitulation, un grand nombre d'émigrés pris à Quiberon. Sous la république même, on n'a jamais pu empêcher les paysans bas-bretons de venir prier dans ce lieu; les mères y apportent leurs petits enfants quand ils sont faibles et maladifs, et les placent sur les fosses, en priant Dieu pour qu'ils deviennent forts.

Les ossements de ces nobles victimes ont été transférés à la Chartreuse d'Auray, où le monument de Quiberon s'élève... mais la terre où ils ont reposé est consacrée par le sang, et les pélerinages continuent toujours au Champ des Martyrs, quoique les martyrs n'y soient plus. On voit çà et là, dans la prairie, des élévations ; c'est là qu'étaient leurs fosses, c'est là qu'on s'agenouille ; c'est là que la mère du duc de Bordeaux a prié sur l'emplacement où reposaient les fidèles qui ne sont plus. Dix-huit cents autres fidèles étaient en armes, commandés par le comte de Mollien ; les victimes étaient tombées sous le drapeau blanc, et c'était le drapeau blanc qui flottait sur leurs tombes. Quand *Madame* parut dans le champ consacré, un grand cri de *vive le Roi! vive Madame!* retentit, et aussitôt tout redevint silence..... Du milieu de ce silence solennel, des voix graves s'élevèrent et entonnèrent le *De profundis.*

Il aurait fallu être maudit de Dieu, pour rester froid pendant cette prière dite, en pareil lieu, par une fille de France, et répétée par toute une population fidèle, sur la terre arrosée du sang des martyrs.

Encore tout émue et les yeux pleins de larmes, *Madame* passa en revue les Bretons qui étaient accourus pour la voir, et fit la remise des brevets de pensions accordés par le roi. Le drapeau de l'ancienne armée de Georges lui fut présenté, la fille des rois le salua avec respect.

Auray est une des villes de Bretagne dont le site est le plus pittoresque. Bâtie sur une montagne, elle se montre, avec avantage, entre la mer et une plaine fameuse par la bataille qui y décida la longue et sanglante querelle entre Charles de Blois et Jean de Montfort. Ce n'était pas la première fois que les murs d'Auray recevaient une *femme forte;* les nobles et courageuses épouses des deux compétiteurs de la Bretagne y étaient venues déployer tour à tour leur mâle énergie.

Bien des champs, bien de vieilles murailles ont été témoins d'actes de *félonie* et de *trahison;* mais les plaines d'Auray ont vu un *traître* abandonner son maître au moment d'être vaincu, pour aller flatter et caresser le vainqueur; ce traître est *le seul* de son espèce... Ce n'était pas un homme... c'était le lévrier du malheureux Charles de Blois, qui, au moment de la bataille, traversa l'espace entre les deux armées, et alla se donner à Jean de Montfort.

Madame, à son retour du Champ des Martyrs à Auray, avait été escortée par tous les paysans soldats qui venaient de la voir honorer la fidélité : leur amour et leur enthousiasme s'étaient accrus de cet hommage rendu par la Princesse au courage malheureux; aussi S. A. R. rentra dans la ville au bruit d'acclamations universelles. *Madame* fut ainsi conduite jusqu'à l'hôtel de la mairie, où un déjeûner lui fut offert. Après ce déjeûner, S. A. R. s'est rendue à pied jusqu'au port, où elle s'est embarquée...... Ce n'était plus des cris de joie, mais c'était encore des cris de dévouement et d'amour.

La rivière sur laquelle *Madame* voguait doucement, était toute couverte de bateaux pavoisés. Le trajet entre Auray et le château de Kerentrée ne fut ainsi qu'un court enchantement.

S. A. R. est débarquée à Kerentrée à trois heures de l'après-midi, et a été reçue sur le rivage par madame la comtesse de Gouvello et par le comte et la comtesse de Robien.... *Madame*, en venant à Kerentrée, acquittait une dette royaliste. Personne n'a plus rendu de services à la cause royale que madame de Gouvello... personne n'a plus souffert; chrétienne, elle est résignée... depuis la perte de son fils, elle n'espérait plus aucune joie dans ce monde. La visite de *Madame* a suspendu son chagrin. Que celle qui adoucit les larmes d'une mère soit bénie! Entre toutes les familles bretonnes, nulle ne méritait mieux que celle de Gouvello, l'honneur qui lui était accordé. A tous les souvenirs qui se rattachaient déjà au château de Kerentrée, celui de la visite de S. A. R. *Madame* viendra se joindre; et ceux qui, dans les siècles à venir, porteront le nom de Gouvello, se rappelleront avec orgueil la journée du 24 juin 1828.

Non loin de Kerentrée, il y avait une autre fidélité à honorer, un autre dévouement à consoler, à Kléano. La Princesse, qui était allée au tombeau de Bonchamps, au monument de Savenay; celle qui venait du Champ des Martyrs, devait saluer le monument de Georges Cadoudal. La famille Cadoudal était prévenue de cette visite : dans sa reconnaissance, déjà elle faisait des apprêts; madame Cadoudal tressait déjà des guirlandes et des couronnes. Pendant ces préparatifs de fêtes, la mort la frappa!!! et les paysans, au nombre de quatre mille, qui s'apprêtaient à voir honorer le monument de leur ancien général, vinrent suivre le cercueil de sa belle-sœur, digne, par ses vertus, du beau nom qu'elle portait.

En apprenant cette nouvelle, S. A. R. exprima l'intention de ne rien changer à son itinéraire, pensant que sa présence apporterait peut-être quelque consolation au trop malheureux général Cadoudal; mais la Princesse s'est rendue aux instantes prières que le général lui a adressées, de ne pas paraître dans un lieu où elle n'apercevrait que le spectacle de la tristesse et du deuil.

S. A. R. a cédé, elle n'est point allée à Kléano, et a fait assurer le général de la part qu'*elle prenait à sa douleur qui était celle de tout le pays.*

Lorient. Monument de Bisson.

La patrie de Bisson appelait la Princesse, dont le cœur élevé conçoit si bien l'héroïsme; c'était à la main d'un Bourbon qu'appartenait de poser la première pierre d'un monument qui doit transmettre à la postérité la gloire du pavillon français. Le 25 juin, à dix heures et demie du matin, *Madame* est arrivée à Lorient. L'auguste protectrice de Dieppe aime l'aspect de la mer, et s'en approchait avec plaisir. Il y a, dans cette vue de l'immensité et du mouvement des flots, quelque chose qui plaît aux âmes actives. Dans un port royal, la mer emprunte encore une majesté de plus; les hommes y ont rassemblé leur puissance auprès de la puissance de l'Océan. Ces hauts bâtiments de guerre, ces légères frégates, toute cette forêt de mâts, ces canons, ces boulets, ces mortiers, ces bombes, ces forts qui dominent et défendent les eaux, frappent et élèvent l'esprit. Toutes ces grandes séductions, Lorient les avait déployées pour *Madame*.

Au moment où S. A. R. est entrée dans la place, les batteries de terre l'ont saluée de vingt-un coups de canon. Un pareil salut a été fait par les batteries de marine.

Toute la population de la ville et des campagnes s'était portée au devant de la mère du duc de Bordeaux, ou remplissait les rues qu'elle devait traverser. *Madame* était dans une voiture découverte qui n'allait qu'au pas.

Une garde d'honneur formée de cinquante hommes d'artillerie de la marine, et de cinquante hommes du quarante-septième régiment d'infanterie, commandé par un capitaine d'artillerie et un lieutenant du quarante-septième, était en bataille avec le drapeau devant le palais.

A onze heures, *Madame* s'est rendue à l'hôtel de ville ; les fleurs et les compliments d'usage lui ont été présentés par mademoiselle Redon de Beaupréau, fille du préfet maritime. Les présentations des dames de la ville et des corps civils et militaires ont suivi ce premier hommage.

S. A. R. a ensuite accepté le déjeûner offert par la ville, et auquel avaient été invités par ses ordres :

MM. Le comte de Brissac.
  Le comte de Chazelles.
  De la Haichois, sous-préfet de Lorient.
  De Kerdrel, maire de Lorient.
  Le comte Redon, préfet maritime.
  Le Gallic de Kerisouët, président du tribunal civil.
  Bourdon, président du tribunal de commerce.
  Le colonel Magnan, commandant le département.
  Le baron du Merle, lieutenant de Roi.
  Rivalain, curé de Lorient.

MM. Le baron de Molini, contre-amiral.
   Girardias, contre-amiral en retraite.
   Du Cosquer, officier supérieur des gardes-du-corps.
   De Mélient, major de la marine.
   Le comte de Rougé, colonel du 47ᵉ de ligne.
   Bedel du Tertre, maire du Port-Louis.
   De Mauduit, capitaine de vaisseau, commandant la frégate *la Duchesse de Berry*.
   Trémentin, enseigne de vaisseau.
   Penguilly l'Haridon, sous-intendant militaire.

Au dîner à la préfecture maritime :

MM. Le comte de Chazelles, préfet du Morbihan.
   Le comte de Castellane, préfet du Finistère.
   Le comte de Brissac.
   Le baron de Vansay.
   L'évêque de Vannes.
   Le général de la Boëssière.
   Le baron de Molini.
   Le président du tribunal civil,
       Id.   du commerce,
   Le sous-préfet de Lorient,   } nommés
   Le maire de Lorient,   } de l'autre
   Le lieutenant de Roi,   } part.
   Le major de la marine,

MM. De Durand d'Ubraye, commissaire principal de la marine.

Falba, colonel du régiment d'artillerie de marine.

Le comte de Rougé, colonel du 47°.

Le curé de Lorient.

De Mauduit, capitaine de vaisseau.

Menouvrier de Fresne, commandant la frégate *l'Atalante*.

Trémentin, enseigne.

Le comte Redon de Beaupréau, préfet maritime.

Madame la comtesse Redon de Beaupréau.

Madame de la Haichois, femme du sous-préfet.

Madame la baronne de Molini, femme du contre-amiral de ce nom.

Avant de se rendre sur la place, où elle devait poser la première pierre du monument de Bisson, *Madame* est allée prier à l'église paroissiale. Pendant que les fidèles offraient à Dieu leurs vœux pour la famille royale, la fille de saint Louis priait pour la France. Touchant échange de prières entre le peuple et ses princes! Quatre mots disent tout.

Domine salvum fac Regem.

A l'endroit où doit s'élever le monument de l'intrépide Bisson, le tablier, le marteau et la truelle ont été présentés à S. A. R. qui a frappé de bon cœur sur la pierre, en disant à haute voix :

Que ce monument dure long-temps ! L'acte héroïque de Bisson sera toujours un fait glorieux pour la marine française et le drapeau blanc. Vive le Roi !

L'accent de la fille de France, en disant ces paroles, son émotion, ont excité le plus vif enthousiasme. *Oui, oui,* s'est-on écrié, *que ce monument dure long-temps, qu'il dise à nos arrière-neveux comme les Bourbons savent honorer la valeur ! Vive le Roi ! Vive Madame !*

Après la pose de cette pierre, S. A. R. est allée dans le port militaire pour y visiter les établissements.

Le préfet maritime a eu l'honneur de lui montrer les anciens magasins des ventes, le magasin général, la Sainte-Barbe, le magasin des câbles, la garniture, le bassin en construction, les nombreux vaisseaux en chantier, les dépôts de bois, les nouveaux ateliers des constructions navales, dans lesquels un grand nombre de machines sont mues par la vapeur.

Madame s'est ensuite embarquée dans le canot royal, sur lequel flottaient à l'avant et à l'arrière des pavillons semés de fleurs de lis d'or, et dont M. le Boucher, capitaine de vaisseau, directeur du port, était patron d'honneur. Vingt jolies embarcations ont reçu les personnes du cortége de *Madame* et suivaient en ordre le canot royal.

Pendant que la fille de France voyageait ainsi sur une mer d'azur, les salves retentissaient de toutes parts; des larges flancs des bâtiments de guerre, du haut des forts, on voyait briller le feu et monter de gros nuages de fumée; le tonnerre des canons se mêlait au bruit des flots, aux cris de *vive le Roi! vive Madame!* aux sons d'une musique militaire; à travers les tourbillons de fumée, on apercevait parfois flotter les pavillons blancs, se dérouler les longues flammes et briller les fleurs de lis d'or : cette pompe guerrière faisait battre le cœur. Bisson avait éveillé les beaux souvenirs de notre marine, on se sentait fier d'être Français, fier d'être si près de la mère de Henri V.

Madame a vu, avec un grand intérêt, le vaisseau de 80, l'*Algérisas*, qui avait été abattu en carène; le vaisseau a ensuite été chauffé sous ses yeux; cette dernière opération, d'après le désir de S. A. R., a été recommencée une seconde fois.

Aussitôt que le pavillon du canot royal a été aperçu, la frégate *la Duchesse de Berry* et le brick-canonnière *l'Alsacienne* ont salué d'une décharge de toute leur artillerie : ces bâtiments étaient élégamment pavoisés, ainsi que plusieurs bâtiments nationaux et étrangers qui se trouvaient en rade.

S. A. R. ayant témoigné le désir de monter à bord de la frégate qui porte son nom, elle a été reçue au bas de l'échelle par M. le capitaine de vaisseau, de Mauduit-Duplessis, qui la commande. L'état-major, l'équipage et la garnison, composée de cinquante hommes d'artillerie, étaient en bataille sur le pont, en grande tenue. Au moment où *Madame* a mis pied à bord, la frégate a arboré la *corne*, au grand mât et au beaupré, des pavillons blancs semés de fleurs de lis.

S. A. R. a visité la frégate dans le plus grand détail, et a montré par ses questions et ses observations, qu'elle connaît et aime la marine.

Pendant que *Madame* était à bord, elle a permis au préfet maritime de lui présenter la veuve et les trois jeunes enfants d'un officier de marine très-distingué (M. le lieutenant de vaisseau Gaude). Il est inutile de dire que S. A. R. a été *avenante* et bonne dans cette occasion comme elle l'est toujours, et que la famille qui venait l'implorer s'est éloignée d'elle en la bénissant et emportant l'espérance.

Madame a ensuite traversé la rade, pour se rendre au Port-Louis. Au moment où le canot royal a abordé, le fort a salué de vingt-un coups de canon : reçue par le maire et les autorités, S. A. R. est montée à la citadelle, d'où elle a admiré le magnifique coup d'œil qu'offre la grande mer....

Après toutes ces excursions, *Madame*, toujours gaie et ne paraissant nullement fatiguée, est revenue à son palais.

A huit heures seulement S. A. R. a pu se mettre à table; elle a daigné y admettre le comte et la comtesse de Redon de Beaupréau et l'enseigne de vaisseau Trémentin.

Il avait été à péril; c'était justice qu'il advînt à honneur (1).

La nuit était venue, un feu d'artifice tiré par la direction d'artillerie de marine s'est élancé dans les airs, et le ciel et la mer pendant quelques instants ont resplendi de son éclat.

Le bal a suivi; *Madame* a fait l'honneur à monsieur le maire de la ville de Lorient, et à monsieur le préfet maritime, de danser avec eux.

Le 26, à six heures du matin, S. A. R. *Madame*, duchesse de Berry, a quitté Lorient pour se rendre à Rennes; les troupes

---

¹ Paroles de Jeanne d'Arc pour sa bannière.

de terre et de mer bordaient la haie, et tous les corps étaient réunis à la porte de son palais pour lui offrir leurs hommages, leurs regrets et leurs vœux.

Une salve de vingt-un coups de canon, tirée par les batteries de la marine, et une autre pareille tirée par les batteries de terre, ont annoncé le départ.

Madame a particulièrement, et dans les termes les plus flatteurs, témoigné au préfet maritime, qu'elle était très-satisfaite de l'ordre et de l'activité qu'elle a trouvés dans le port militaire. Elle a accordé une journée de solde de gratification aux ouvriers, et des rations extraordinaires aux équipages et aux troupes.

S. A. R. a daigné donner des bracelets à mademoiselle Redon de Beaupréau, et une coupe d'argent à M. Lusseault, architecte du monument de Bisson.

Les pauvres de Lorient et de Port-Louis se sont ressentis du passage de la veuve du duc de Berry : ceux qui souffrent et qui pleurent ne sont jamais oubliés de nos Bourbons.

Champ de Mi-Voie.

Dans son culte pour la gloire, Marie-Caroline embrasse tous les temps : elle venait d'honorer la mémoire d'un des hommes les plus intrépides du dix-neuvième siècle, en posant la première pierre du monument de Bisson, maintenant, elle veut visiter un lieu illustré par un brillant fait d'armes du quatorzième siècle ; elle veut rendre hommage à la Bretagne, en allant au champ de Ploërmel ; à ce champ qui a bu le sang de Beaumanoir et de ses vingt-neuf compagnons.

Le chêne de Mi-Voie a vécu ce que vivent les chênes ; et est tombé chargé de siècles ; la croix d'Héléan a disparu à son tour ; mais un nouveau monument a remplacé et le chêne et la croix. C'était au pied de cet obélisque que près de quinze mille Bretons étaient rassemblés pour voir *Madame ;* six tentes riches et élégantes y avaient été dressées ; trente-deux communes, avec leurs bannières entouraient ces pavillons : depuis long-temps ces braves paysans attendaient. Un accident arrivé, près d'Hennebond, à la voiture de S. A. R., l'avait retardée, mais quand ils aperçurent le cortége de l'auguste Princesse, un cri de joie, tel que le champ de Ploërmel n'en avait jamais entendu, retentit au loin, et monta vers le ciel..... Le paysan breton est fier de son pays ; il savait gré à une fille de Rois de venir le visiter..... Avec la conscience de ce qu'il vaut, il se disait : *elle verra autre chose que nos landes ; elle verra des cœurs dévoués et fidèles ! Auprès de Paris, il y a plus de richesses ; y a-t-il autant d'amour ?*

Madame ne put pas rester dans ce lieu célèbre, aussi long-temps qu'elle eût désiré. Elle trouva cependant le temps de charmer toute cette multitude. A beaucoup, elle adressa des paroles de bonté ; son affabilité était si grande que ces bonnes gens s'enhardissaient autour d'elle. De son côté, S. A. R. examinait avec une attention toute particulière ce peuple bon, simple et fier ; son costume est encore ce qu'il était du temps de la duchesse Anne. Ces hauts de chausses à mille plis, ces guêtres, cette veste à basques plissées et pendantes, ces longs cheveux tombants sur les épaules, ce chapeau à forme ronde, à larges bords ; tout cela se portait comme aujourd'hui, quand la fille de François II donna sa main et ses États au Roi de France.

Depuis cette union, les Bretons ont prouvé qu'ils savaient aimer et défendre les descendants du *Père du peuple ;* aussi *Madame* apportait des récompenses à plusieurs.

Comme au vieux temps, le Bas-Breton danse encore au son du *bignou* ou de *la vése ;* plus de cent de ces instruments jouaient ensemble les rondes du pays…. Quelque poète de village y ajoutait des refrains royalistes, où le nom du *Roi Bourbon* et du *duc de Bordeaux* revenait souvent.

Dans les riantes campagnes de la molle Italie, Marie-Caroline avait entendu des airs plus suaves, mais elle n'avait pas été si émue en écoutant ces mélodieux concerts, qu'en prêtant l'oreille à ces chants de la rude Bretagne; là, c'étaient des bergers; ici, c'étaient des soldats qui chantaient leur fidélité aux Bourbons, et leur amour *pour son fils*.

Après s'être fait expliquer plusieurs circonstances du mémorable combat *des Trente*, *Madame* s'est arrachée, à la nuit tombante, du spectacle intéressant qu'elle avait sous les yeux, et partit pour Rennes.

Le sixième régiment de dragons, commandé par M. le marquis de Podenas, était venu à *Mi-Voie*. C'étaient des preux d'aujourd'hui, sur le terrain des preux d'autrefois. S. A. R. les passa en revue.

Rennes.

D'après des avis reçus le 25 juin, Rennes espérait que *Madame* arriverait dans ses murs le 26 de très-bonne heure; mais ce dernier jour, une lettre de madame la maréchale duchesse de Reggio annonça que S. A. R., vu la longueur de la route et l'emploi varié de la journée, ne pourrait pas être à Rennes avant la nuit close.

Cependant, dès quatre heures, la capitale de la Bretagne s'était levée tout entière pour recevoir *Madame;* des tentures, des guirlandes suspendues à travers les rues, des arcs de triomphe, marquaient le chemin qu'elle devait suivre.

M. le lieutenant général vicomte de Villiers, commandant la division, accompagné d'un brillant état-major; M. le maréchal de camp Joubert, commandant le département; M. le comte de Penhouët, ancien officier des armées catholiques et royales, colonel de gendarmerie, etc., etc., etc., étaient allés à cheval au devant de S. A. R.; M. de Ravenel, secrétaire général de préfecture, remplaçant M. le vicomte de Curzay, préfet d'Ille-et-Vilaine, partit peu de temps après les officiers généraux. MM. Rapatel, Turquety et Derval, adjoints, se rendirent au premier arc de triomphe, élevé à l'extrémité du faubourg.

L'impatience d'un peuple *affamé* de voir l'auguste mère du duc de Bordeaux ne fut pas satisfaite ce jour-là; elle fit place à l'inquiétude. Lorsque minuit sonna, aucun courrier n'était venu encore. *Que lui est-il arrivé?* se demandait-on dans la foule; *qui peut la retenir si long-temps?*

L'amour est habile à se tourmenter; et dans cette multitude rassemblée, sous ces arcades et ces festons de fleurs, à la lueur de ces lampions, on ne voyait que des visages inquiets...

Enfin, le 27 juin, à trois heures et demie du matin, S. A. R. arriva.... Elle trouva les habitants du faubourg encore debout... *Madame* fut si touchée de cette constance à l'attendre, qu'elle répéta plusieurs fois aux personnes de sa suite : *Disons-leur bien pourquoi je suis arrivée si tard.* Toute fatiguée de sa longue course, et tout émue de l'accident qui l'avait retardée de six heures, elle ne pensait qu'à la fatigue de ce bon peuple qui, après *ses travaux du jour*, avait passé la nuit à l'attendre.

A la lueur des flambeaux, *Madame* put lire sur l'arc de triomphe de la rue Dauphine, orné d'une profusion de lis naturels, le quatrain suivant :

O mère de Henri, reçois ce faible hommage !
Prolonge, s'il se peut, ces instants fortunés !
 Partout les lis croissent sur ton passage,
 Mais les plus beaux, tu nous les as donnés.

※※※※※※

 Caroline vers nous s'avance,
Chacun, à son aspect, sent tressaillir son cœur.
 Pourquoi faut-il que sa douce présence
Ne soit pour les Bretons qu'un éclair de bonheur !

Rendue à la préfecture, S. A. R. daigna encore exprimer aux fonctionnaires qui l'attendaient, ses regrets d'arriver si tard.

Quand le jour parut, les pauvres, les malades, les prisonniers, surent qu'il y avait un Bourbon à Rennes, car ils furent tous secourus : les dames de charité, ces anges de la terre, allaient annonçant cette *bonne nouvelle* en répandant des consolations et des aumônes.

Les heures que *Madame* accorde au repos sont courtes : de bonne heure elle recevait déjà les autorités ecclésiastiques, judiciaires, civiles et militaires, les corps d'officiers, messieurs les sous-préfets, et les députations des principales villes du département. Le corps municipal de la ville de Rennes était précédé de douze très-jeunes demoiselles qui eurent l'honneur d'apporter à S. A. R. toute une moisson de lis et de roses. Mademoiselle de Lorgeril, la plus jeune, dit avec les grâces de l'enfance,

« MADAME,

« Que nous sommes heureuses d'avoir été
« choisies pour offrir à votre Altesse royale,
« au nom de la ville, des hommages purs
« comme ces fleurs !

« Dieu lui-même a sanctifié la louange qui
« sort de la bouche des enfants; d'ailleurs,
« *Madame*, vous devez aimer l'enfance, puis-
« que vous êtes mère, et peut-être notre vue

« rappelle-t-elle à votre Altesse royale deux
« enfants augustes, pour lesquels on nous
« apprend tous les jours à prier le ciel qui
« les a donnés à la France. »

Cette courte harangue ne pouvait manquer d'aller au cœur de *Madame*; elle en fut très-émue, et s'entoura de cette gracieuse députation que le bonheur embellissait encore.

Pour compléter le tableau, un vieillard de quatre-vingt-six ans s'avança, M. Rapatel, premier adjoint, et parla ainsi :

« Madame,

« Vous connaissez maintenant la Bretagne : votre Altesse royale a vu que l'on y
« trouvait encore des cœurs simples, mais
« fidèles à Dieu et au Roi; nous venons à
« notre tour lui offrir les nôtres.

« Permettez, *Madame*, à un vieillard qui
« a eu l'honneur de représenter la ville de
« Rennes, au baptême de S. A. R. Monseigneur le duc de Bordeaux, daignez lui per-

« mettre d'exprimer un vœu ; c'est que,
« pour le bonheur de la France, les années
« qu'il compte se réunissent un jour sur la
« tête de votre auguste fils. *Vive le Roi! vive*
« *Madame! vive le duc de Bordeaux!* »

Ces cris d'amour furent répétés avec enthousiasme. S. A. R. répondit par des larmes d'attendrissement aux paroles touchantes que le vénérable magistrat venait de lui adresser... Elle prit, avec un empressement plein de charmes, le papier des mains du vieillard également attendri.

Ainsi, les deux extrémités de la vie avaient concouru au même hommage ; et les grâces de l'enfance, et la majesté d'une vieillesse honorable, s'étaient présentées ensemble, comme pour peindre à la fois notre jeune Henri tel que nous le voyons, et tel que le verront nos enfants.

Après son déjeûner, S. A. R. admit les dames de Rennes à lui faire leur cour, et bientôt elle sortit à pied, accompagnée de ses dames d'honneur, madame la maréchale duchesse de Reggio, madame la marquise de

Podenas; de son premier écuyer, le comte de Mesnard, et de mesdames la comtesse de Corbière, la comtesse de Lorgeril, de Ravenel, de Saint-Légier, la comtesse de Villarmois, et la marquise de Balincourt. Elle traversa la belle promenade du *Thabor*, et se rendit à l'hospice des enfants trouvés et des vieillards, où S. A. R. fut reçue par les pieuses dames de Saint-Thomas.

Après cette visite de charité, *Madame* se laissa aller à son goût pour les armes et les exercices militaires; elle passa en revue le 59° regiment de ligne et le 5° de chasseurs, et se rendit au Polygone; le corps royal d'artillerie y avait élevé, sur un tertre couvert en mousse, un pavillon élégant formé de faisceaux d'armes et d'emblêmes guerriers, et orné de riches draperies: S. A. R. y monta après avoir parcouru les batteries et les rangs des artilleurs. Sous ce trône des camps on voyait que la fille de Henri IV prenait plaisir aux nobles jeux de Mars, et le soldat disait: *Elle apprendra à son fils à nous aimer*. Comme souvenir de sa visite, *Madame* voulut bien planter un cèdre du Liban. En revenant du Polygone, *Madame* fut reçue par M. Piou, ingénieur en chef de la navigation, sur le *pont du Mail*, qui n'était achevé que depuis quelques jours : la calèche de S. A. R. est la première voiture qui y soit passée.

Le Palais de Justice est l'édifice le plus remarquable de Rennes ; ses plafonds surtout sont cités pour leur richesse et leurs belles peintures ; la protectrice des beaux-arts ne pouvait manquer d'y aller. Elle y fut reçue par M. Dupont des Loges, premier président, à la tête de la cour royale ; messieurs les professeurs en droit attendaient aussi S. A. R. dans la salle de l'école.

Les travaux de la cathédrale, la promenade du Mail, furent aussi visités par *Madame*. A sept heures, elle rentra pour dîner, et daigna admettre à sa table,

MM. le vicomte de Villiers, lieutenant général, commandant la 13e division militaire.

Dupont des Loges, premier président de la cour royale.

Varin, procureur général.

MM. Le vicomte de Joubert, maréchal de camp.

Le baron de Salle, maréchal de camp, commandant l'école d'artillerie.

Le marquis de La Bourdonnaye, maréchal de camp.

De Ravenel, secrétaire général, faisant les fonctions de préfet.

De la Bothelière, doyen du conseil de préfecture.

Aubrée, président du conseil général.

Desnos de la Grée, président du tribunal de première instance.

Rapatel, premier adjoint, remplissant les fonctions de maire.

Porteu, président du tribunal de commerce.

Le vicomte de Boisbeaudry, colonel, directeur d'artillerie.

Le Français, colonel du premier régiment d'artillerie à pied.

De Romanet, colonel du 5me régiment de chasseurs à cheval.

Le comte de Penhouët, colonel de gendarmerie.

De La Tour-Randon, receveur général.

Duplessis de Grenedan, ancien colonel de la garde nationale.

Le Ray, banquier.

MM. De Bizien, maire de Saint-Malo.

Guibert, maire de Saint-Servan.

Bouessel, inspecteur des Ponts et Chaussées.

Ont été absents : monseigneur l'évêque; M. de Gibon, maire de Redon, et le colonel du 59ᵉ.

Au moment où S. A. R. allait se mettre à table, un de messieurs les adjoints lui ayant fait demander ses ordres pour le bal, *Madame* répondit : *Que le bonheur de cette journée l'avait tout-à-fait remise des fatigues de la veille, et qu'elle se sentait de force à danser trois contre-danses; la première avec monsieur l'adjoint, la seconde avec un officier supérieur d'artillerie, et la troisième avec un membre de la cour.*

A dix heures, la Princesse entra dans la salle de bal... La première chose qu'elle y vit fut la statue du duc de Bordeaux, par M. Dominique Molchenetz, statuaire de Nantes. *Ah! voilà Henri!* puis s'adressant aux personnes qui l'entouraient, elle ajouta : *C'est une attention délicate.... je ne devais pas m'attendre à moins de la part des Ren-*

nais. S. A. R. ouvrit le bal avec M. de Derval, adjoint; elle dansa ensuite avec M. de Castel, major du régiment d'artillerie, et avec M. de la Hardrouyère, premier avocat général.

Le lendemain 28, *Madame*, en quittant Rennes, a daigné dire à messieurs les adjoints : *J'ai passé ici un jour de vrai bonheur....... je vous assure qu'il m'a paru bien court. Je regrette de ne pouvoir rester plus long-temps parmi les bons et braves Bretons.*

Oui, *les bons et braves Bretons* croient à ces paroles de *Madame*; ils s'en sentent dignes; elle doit les aimer; la Bretagne est sœur de la Vendée.

Derval.

A DERVAL, S. A. R. daigna accepter un déjeûner qui lui fut offert par M. de La Haye-Jousselin, maire de cette petite ville, qui n'est pas sans souvenirs historiques : son ancien château a soutenu plusieurs siéges. La Princesse ayant quitté sa voiture, fut conduite à un salon de verdure préparé pour la recevoir. Pour s'y rendre, S. A. R. passa entre deux haies d'anciens soldats des armées royales de Bretagne : dans ce bon pays, les fidèles se retrouvent à chaque pas. Plus de deux cents bûcherons armés de leurs cognées, vêtus uniformément, ayant une large cocarde blanche au chapeau, s'étaient aussi rangés sur son passage. *Madame* parla à plusieurs de ces braves gens, et leur laissa des marques de sa munificence.

M. le comte de Boispéan, sous-préfet de Châteaubriand, monsieur le curé et monsieur le maire de Derval, furent admis à l'honneur de déjeûner avec S. A. R.

Pendant les jours de la terreur, M. l'abbé Orain, aujourd'hui curé de Derval, qui continuait, au milieu de la persécution, d'exercer son saint ministère, fut une fois surpris par *les bleus* : il était jeune alors; les républicains le poursuivaient de près à travers champ; les haies, les fossés étaient franchis par le prêtre. Un soldat de la république, aussi agile que lui, allait l'atteindre : une petite rivière coulait au fond de la vallée... l'abbé Orain s'y jette, la traverse à la nage; il était sauvé... Il entend des cris, il se retourne... il voit son ennemi qui se débattait dans l'eau, qui allait périr : il n'hésite pas ; il se rejette dans la rivière, arrache à la mort celui qui voulait le faire mourir, s'en charge, et le ramène à terre.

Monsieur le maire de Derval, en racontant ce trait à S. A. R., trahissait la modestie de son curé ; mais *Madame* l'en remercia, et dit : *Voilà bien l'Évangile en action !* et elle donna et à M. de La Haye-Jousselin, et à M. l'abbé Orain, des médailles à son effigie et à celle de Henri-Dieudonné.

Quelques lieues avant d'arriver à Nantes, un peu avant le relais de la Croix-Blanche, au milieu d'une lande stérile, M. de la Bellière, ancien officier du 6e régiment de lanciers, avec un peloton de lanciers qu'il venait de former, avait établi son bivouac : assis sur la bruyère, l'ancien officier de Wagram et de Leipsick, l'ami des deux Charette, avec ses nouveaux soldats, prenait gaîment son repas. De loin, la voiture de *Madame* est aperçue; le peloton saute à cheval; les cavaliers, avec leurs longues lances et leurs flammes blanches, traversent l'espace et arrivent à la voiture de la royale voyageuse... Leur chef obtient la permission de l'escorter... *Madame* a remarqué cette nouvelle garde d'honneur... Tous étaient uniformément vêtus : le pantalon blanc, l'écharpe vendéenne, le dolman vert, et le chapeau à la Charette.

Dans cette troupe fidèle, S. A. R. a daigné reconnaître le jeune de Carcouët, fils de notre bon et loyal député. Peu de jours avant, il avait eu l'honneur de remettre à *Madame* un Chant breton, aussi plein de poésie que de bons sentiments.

A un arc de triomphe, M. Cébert, fils d'une des victimes de la terreur, adjoint du maire de Héric, et lui-même soldat de la Vendée, eut l'honneur de complimenter

S. A. R., qui paraissait enchantée de la garde qui l'escortait, et qui témoigna à son jeune et vaillant chef toute sa satisfaction.

Retour à Nantes.

Le 23 juin, Nantes n'avait fait qu'entrevoir *Madame*. De beaux jours lui avaient été promis. Le retour était fixé au 28. Cette journée tant désirée arriva.

Il n'était que trois heures de l'après-midi ; on avait calculé que l'illustre voyageuse ne serait à Nantes qu'à cinq heures du soir.... Les premières autorités se rendaient à l'arc de triomphe de la route de Rennes. Les dames pour accompagner n'étaient pas encore au palais, que S. A. R. y était déjà descendue. En quelques minutes l'heureuse nouvelle fut répandue dans toute la ville.... Dans un instant la foule était réunie sur la place de la Préfecture et dans toutes les rues par lesquelles *Madame* devait passer, le soir, pour se rendre au spectacle. On voyait cette agitation du plaisir, le plus bel ornement des fêtes : des femmes, chargées de lis et de roses, couraient orner leur arc de triomphe, élevé sur la place *des Changes.* Là se lisaient toutes les devises du cœur :

DES LIS POUR NOS BOURBONS!

⁎⁎⁎⁎⁎⁎⁎⁎⁎

DES LAURIERS POUR HENRI!

⁎⁎⁎⁎⁎⁎⁎⁎⁎

DES ROSES POUR LOUISE!

Les marchandes de fleurs et de fruits avaient écrit sur leur arceau de verdure,

NOS FLEURS, NOS FRUITS, NOS CŒURS SONT
A *MADAME.*

Sur le sable qui recouvrait le pavé des rues, les habitants jetaient de la verdure. A chaque fenêtre pendait un drapeau ; à chaque maison une insigne de joie.

S. A. R. avait bien voulu promettre, avant

son départ, que le jour de son retour elle assisterait au spectacle. Les portes ne devaient s'ouvrir qu'à six heures; dès quatre heures elles étaient assiégées par la foule : toutes les loges étaient retenues d'avance par la haute société.

Madame a bien voulu remplir sa promesse. Malgré les fatigues d'un voyage de vingt-huit lieues, par une chaleur excessive, S. A. R. a réalisé l'espérance que chacun avait de la voir au spectacle : elle y est arrivée à neuf heures. Les personnes qui étaient dans la salle s'apercevaient de l'approche de la Princesse aux acclamations du dehors; elles allaient toujours grossissant, à mesure que *Madame* avançait. Enfin, la porte de la loge s'ouvre... et la jeune fille des rois apparaît aux yeux de tous... Un cri d'amour la salue : la grâce et la bonté répondent à cet élan de tous les cœurs. Au milieu d'acclamations répétées, *Madame* a pris place sur le fauteuil qui lui était destiné : à sa droite était placée madame la maréchale duchesse de Reggio; à sa gauche, madame la marquise de Podenas; derrière elle étaient M. le comte de Mesnard, un officier des gardes, monsieur le préfet et monsieur le maire de Nantes. Le service de la loge était fait par la garde d'honneur. La ville avait fait réserver, à droite et à gauche de la loge de *Madame*, les six loges des premières et la galerie qui se trouve au-devant; elles étaient destinées aux chefs des autorités, aux fonctionnaires étrangers, et aux consuls des diverses nations qui s'y sont placés : les dames de la ville, qui faisaient le service d'honneur auprès de la Princesse, occupaient le premier rang de cette galerie.

Madame se trouvait ainsi entourée des notabilités de la ville.

Nos vieux airs français se faisaient entendre; ces mêmes airs avaient retenti et pour Louis XIV, et pour Charles-Philippe, comte d'Artois, lorsqu'ils étaient venus à Nantes. Il y a un grand charme dans ces airs de traditions; qui n'aime à se dire : Nos pères ont chanté ces refrains?

Une cantate nouvelle fut chantée, et suivie d'un petite pièce intitulée : *La Joie d'un*

Faubourg. Le cœur et l'esprit de M. Colleno, son auteur, perçait dans chaque couplet; c'est le meilleur éloge qu'on puisse faire de cette pièce. La lyre de M. Colleno a toujours été royaliste; la cantate était de M. Saint-Idelphont.

L'opéra a été écouté avec distraction; tous les yeux, toutes les pensées se tournaient vers *Madame*.

S. A. R. est restée jusqu'à la fin de la représentation; elle s'est retirée aux mêmes acclamations qu'à son arrivée, et a encore salué les spectateurs à la sortie de sa loge.

Madame est retournée à son palais dans une voiture aux armes et livrée de la ville.

A la lueur des illuminations, la foule la voyait encore; les mêmes cris la suivaient, l'obscurité et le silence de la nuit ne se retrouvaient nulle part.

L'illustre voyageuse accordait toute la journée du 29 à la ville; elle devait visiter des établissements publics, des petites écoles, des manufactures, assister à la fête des fleurs, et à la pose de la première pierre du pont de l'Écluse. Cette journée était entièrement employée, et devait finir par le bal que S. A. R. avait bien voulu accepter de la ville.

Son itinéraire était connu, et l'on était assuré de la voir en plusieurs lieux.

La première occupation de *Madame*, dans cette journée, a été d'entendre la messe dans la cathédrale, et d'aller porter sa prière au pied des autels du Roi des rois.

Le clergé, avec monseigneur l'évêque, l'attendait au portail....... Que de princes, que de rois s'étaient arrêtés avant elle sous ce porche gothique !........ Le Dieu que la fille de saint Louis venait adorer, est le seul Roi qui demeure éternellement; les rois de la terre ne sont que son ombre, et cette ombre nous la chérissons, car elle nous est tutélaire.

La matinée de ce beau jour avait commencé aussi par des œuvres de charité : c'est le meilleur moyen d'appuyer nos prières ; du pain avait été distribué aux pauvres, et des vivres extraordinaires aux prisonniers.

Sortant de l'église, *Madame* est venue passer en revue sur le Cours, les troupes de la garnison, le 15ᵉ régiment de ligne, et le 7ᵉ d'infanterie légère; au pied d'un arbre tout chargé de trophées et d'enseignes militaires, était placé le buste de monseigneur le duc de Bordeaux; son auguste mère est venue se placer à l'ombre de tous ces drapeaux, et a vu défiler les deux régiments et sa garde d'honneur qui se faisait remarquer partout par sa bonne tenue.

Après cette revue, S. A. R. a visité tour à tour le couvent de la Visitation, que dirige madame de La Ferronnays, sœur de S. Exc. le ministre des affaires étrangères; de là, *Madame* est allée au collége royal; tout le peuple futur du duc de Bordeaux l'y attendait : là, elle a reçu de tous ces jeunes Bretons le serment de vivre pour Dieu et pour le Roi; là, elle a donné des prix et des encouragements aux plus studieux des élèves. En peu de mots, mais avec beaucoup d'âme et d'éloquence, le digne proviseur du collége royal, M. l'abbé Penicaud, a exposé à *Madame* quels étaient les enseignements que recevaient les enfants qui lui étaient confiés. La mère du duc de Bordeaux n'a pu qu'y applaudir ; ce sont ceux que l'on donne à son royal fils :

Aimer Dieu, servir le Roi, illustrer son pays.

Après l'allocution du proviseur, les élèves couronnés ont été successivement appelés ; il était touchant de les voir venir, avec cette modestie du jeune âge, fléchir le genou devant la fille de France : dans la vie de ces jeunes Français, ce sera un beau souvenir que cette journée du 29 juin 1828. Un écolier qui avait aussi gagné sa couronne, transporté de bonheur, cria : *Vive Madame la duchesse de Bordeaux!* Madame duchesse de Berry se mit à sourire, et dit à l'élève : *Je ne la connais pas encore, mon enfant; mais c'est égal, je vous remercie toujours.*

Après avoir visité tout l'établissement, S. A. R. allait sortir ; elle se trouva entourée par tout le petit pensionnat, composé de très-jeunes enfants : parmi eux il y en a plusieurs de l'âge de Henri-Dieudonné ; ils se pressaient de si près autour d'elle, leurs cris de *vive le duc de Bordeaux* avaient une telle force, un tel accent, que la royale mère en fut émue, et accorda tout de suite et avec un visible plaisir la faveur qui lui était demandée, d'appeler le petit pensionnat du collége royal de Nantes, Collége de *monseigneur le duc de Bordeaux.*

Madame montait en voiture pour se rendre au château, de pieuses dames lui dirent : Il y a à quelques pas d'ici de petites filles pauvres, que nous élevons sous l'aile de la Providence ; nous leur apprenons à aimer Dieu et le travail... *Madame* porterait bonheur à nos petites filles si elle daignait venir les voir....

S. A. R. venait de penser au duc de Bordeaux, elle pensa à *Mademoiselle*, et alla voir les enfants de la Providence. Cette visite n'était pas sur son itinéraire de la journée, mais elle était bien dans son cœur.

On sait combien *Madame* aime tous les

vieux monuments historiques : le château des ducs de Bretagne est rempli de souvenirs; il a reçu sous ses voûtes une foule de rois, de princes illustres, et de vaillants capitaines. *Madame* savait tous les noms des grands personnages qui l'avaient précédée au château de Nantes; elle y entra avec cet intérêt que les âmes nobles et élevées ressentent pour tout ce qui a traversé les siècles; elle demanda où était la chambre de François II. Elle voulait voir la chapelle où Louis le père du peuple avait épousé notre *bonne Duchesse*, le bastion d'où le cardinal de Retz s'était échappé.

Elle admira la belle façade gothique du logis des princes, qui donne dans l'intérieur de la cour.... Dans cette cour, il y avait, comme partout, une foule immense : au-dessus de toute une multitude de femmes élégamment parées, on voyait flotter des drapeaux et des bannières; ils ombrageaient un berceau porté sur un trophée d'armes.

Cette idée était heureuse :

Un fils de France dort bien sous les drapeaux !

Comme pour lier le *passé* avec le *présent*, *Madame*, en sortant du *noble manoir* des souverains de Bretagne, alla visiter *la manufacture à vapeur* de M. Guillemet, négociant. Tout intéresse les esprits éclairés ; et S. A. R., qui aime à rêver de *gloire* devant un antique monument, aime à encourager *l'industrie* dans une moderne fabrique. Le même jour, on la voit affronter la fatigue et le mauvais temps, pour aller chercher devant quelque ruine un souvenir de chevalerie, entrer dans l'atelier d'un peintre pour encourager les arts, et choisir dans les magasins des villes où elle passe, des objets de mode et d'industrie ; et si elle s'arrête dans ses achats, c'est qu'il y a près de ce brillant *bazar* un hôpital à doter et des pauvres à secourir.

A ces traits, je voudrais faire reconnaître Marie-Caroline ; mais ce sont des traits de famille ; et quand j'ai vu le bien que *Madame duchesse de Berry* a fait dans nos contrées, j'ai cru que c'était encore *Madame la Dauphine*.....

Pour se rendre à la manufacture de M. Guillemet, S. A. R. a passé sous l'arc de triomphe élevé par les soins de *mesdames de la poissonnerie de Nantes*. Une d'entre elles harangua l'auguste Princesse, c'est encore pour elles un droit de tradition; elles le font remonter à Henri IV, auquel leurs *devancières* eurent l'honneur d'offrir des *sardines fraîches que le bon Roi mangea avec plaisir*.

Il faut qu'il y ait un grand charme dans les fleurs; partout et en tout temps les hommes les ont offertes comme tribut ou comme hommages; les fleurs ornent les autels de Dieu, on les répand sur les marches des trônes, et sur les tombeaux la main de la douleur les effeuille encore : il n'est donc pas étonnant que la culture des fleurs (j'allais presque dire le culte) ait été encouragée parmi nous; à Nantes, il s'est formé, il y a près d'un an, une société d'horticulture. Elle est dans l'usage de distribuer des prix aux jardiniers qui se distinguent par l'exposition des plus belles fleurs.

Cette société a cru devoir profiter du séjour de S. A. R. pour faire une distribution solennelle de prix floraux.

Elle a supplié *Madame* de vouloir bien y assister, et S. A. R., qui ne sait se refuser à rien de ce qui peut avoir le bien public pour objet, avait daigné consentir à l'honorer de sa présence.

Vers les trois heures de l'après-midi, *Madame* arriva à la promenade de la Bourse, transformée en un délicieux jardin. S. A. R. fut reçue au pied de la grille d'entrée, par M. Thomine, président de la société.

Une large et longue allée divisait la promenade en deux; chaque côté de cette avenue était bordé de fleurs odoriférantes et d'arbustes rares; c'était le chemin que *Madame* devait suivre pour se rendre au trône qui lui avait été préparé : l'or et la pourpre n'en rehaussaient pas l'éclat; la nature en avait fait toute la magnificence. Pour la jeune princesse qui venait présider à la fête des fleurs, il fallait un trône de roses.

Tout dans le décor se trouvait en harmonie avec le but de cette gracieuse cérémonie : le fer et les soldats, les casques et les lances, les drapeaux et les trophées guerriers ne s'y voyaient pas; il y avait des statues, mais c'était des statues de bergers; il y avait des pavillons de toutes les nations, mais ils n'étaient pas là comme des signaux de guerre, ils ne s'agitaient dans les airs que pour répandre la fraîcheur et l'ombre sur les femmes et les fleurs.

A ces mots, *voilà Madame !* tous les spectateurs se levèrent, et tous en silence regardèrent venir la reine de la fête; elle *marchait doux* sur les roses effeuillées que de jeunes filles jetaient sous ses pas. Les cris de *vive Madame* avaient un instant cessé; un sentiment de respect était le sentiment de tous. Au milieu des parfums on savoura une suave musique..... On voyait le bonheur sur les traits de la mère de Henri, et le bonheur était dans tous les cœurs.

S. A. R. ayant été conduite à la place qui lui était destinée, la distribution des prix a été faite par les mains de la Princesse. Les vers que nous citons lui furent remis alors.

De l'antique *Liger* s'agitent les roseaux,
Et sur les bords riants la foule au loin se presse;
La nymphe de ce fleuve a redit aux échos
    Nos transports d'allégresse!...
Qui peut les inspirer? noble fille d'*Enna*,
C'est toi, dont la présence embellit ce rivage.
D'un peuple que l'amour sur tes pas entraîna
    Pour fêter ton passage,
    Loin du bruit de l'*Etna*
    Daigne accueillir l'hommage.
Aimable CAROLINE, où tu portes tes pas
    On est heureux en France :
    Quand tu parais, n'en doute pas,
    Pour nous tout brille d'espérance.
    Ta bonté charme tout les cœurs :
    A ton aspect s'embellit la nature,
    L'azur des cieux s'épure,
Le Dieu du jour sourit à la *Fête des fleurs*
    Vois comme ici tout s'abandonne
    Au bonheur, aux plaisirs!...
    L'aquilon fuit; les doux zéphirs
De roses et de lis ont tressé ta couronne.
    De nos beaux arts CAROLINE est l'appui;
Pour elle, du malheur la voix est toujours chère;

Dans les palais, sous la chaumière,
De l'héritier du bon Henri
On aime à contempler la mère.

BOULLAULT,

Un des rédacteurs de l'*Ami de la Charte.*

Après avoir reçu ce poétique hommage, *Madame* se leva et parcourut plusieurs fois l'allée des fleurs; une légère brise s'élevait de la rivière; les voiles des tentes abritaient des ardeurs du soleil. L'auguste voyageuse se trouvait bien au milieu d'une assemblée qu'elle rendait heureuse; dans sa journée si employée, c'était pour elle un doux repos parmi des fleurs, et des cœurs dévoués.....

Mais d'autres cœurs dévoués l'attendaient, l'appelaient de tous leurs vœux; il lui fallait quitter le lieu de délices pour aller dans l'asile de l'enfance et de la vieillesse indigentes. Elle descendit donc de son trône fleuri, et après avoir répété à monsieur le président de la société et à messieurs les commissaires de la fête, de gracieux remercîments, *Madame* remonta en voiture ; la foule venait de la voir heureuse, et savait qu'elle allait consoler et secourir ; aussi les bénédictions se mêlaient aux cris de joie.

Madame, en se rendant au *Sanitat*, voulait voir cet hospice ouvert à l'enfance et à la vieillesse dans le malheur ; mais elle avait encore un autre but : une école de petites filles a été fondée et prospère dans ce vaste établissement ; c'est la charité qui a entrepris cette œuvre, Dieu la bénit. Les dames fondatrices et associées montrèrent toutes ces petites filles à la mère de *Mademoiselle*, et dirent à tous ces enfans, en montrant *Marie-Caroline* :

Espérez, voilà une autre providence.

Les jeunes personnes de la société de Nantes, qui ont pris part à cette bonne œuvre, furent aussi présentées à S. A. R., et mademoiselle Mosneron de Saint-Preux eut l'honneur de porter la parole au nom de toutes ses compagnes, pour remercier *Madame* de deux ouvrages envoyés à l'établissement par ses augustes enfants.

S. A. R. examina le dessin de Monseigneur le duc de Bordeaux, et un petit vase de fleurs fait par *Mademoiselle*, et dit : *Oh! oui, c'est bien d'eux, je reconnais leur ouvrage; je leur redirai, mesdemoiselles, le cas que vous faites de ce qu'ils vous envoient; plus tard, ils feront mieux.*

En sortant de l'hospice, S. A. R. visita le beau bâtiment *des Salorges* dont le style est tout-à-fait monumental, et qui était, comme l'indique son nom, un vaste et magnifique entrepôt de sels; aujourd'hui il contient toutes espèces de denrées de commerce; c'est une des choses qui méritent le plus d'être visitées par les étrangers.

Depuis que *Madame* était sortie de son palais, elle avait entendu la messe à la cathédrale; de là, elle avait passé en revue la garnison de Nantes; s'était ensuite rendue au couvent de la Visitation, avait distribué des palmes et des couronnes au collége royal, donné des encouragements aux petites filles de la Providence, visité le vieux château des ducs de Bretagne, une manufacture moderne, et l'hôtel de la Bourse ; assisté à la fête des fleurs, décerné des prix ; était allée dans l'asile de l'enfance, de la vieillesse et du malheur, pour y répandre de l'espérance et des bienfaits ; et cependant la journée de la jeune femme forte n'était pas encore achevée ; avant de rentrer chez elle, S. A. R. avait encore une première pierre à poser, c'était celle de l'écluse du canal de Nantes à Brest : la veille on ne voyait dans cet endroit, que des ruines, des décombres et des échafaudages, et comme par enchantement, au milieu de tout ce chaos, une allée de plus de 500 pas de long, bordée d'orangers et de lauriers roses, s'était ouverte devant les pas de *Madame* et la conduisait par un chemin charmant jusqu'à l'écluse ; la musique militaire y était accourue, et ce fut encore une jolie fête, due au bon goût de M. de Silguy, ingénieur en chef des ponts et chaussées.

Il était cinq heures et demie : *Madame*, avant de prendre quelques instants de repos, accorda diverses audiences ; elle vit avec plaisir une députation des paludiers et des paludières, dont le costume est si riche et si original.

La commission de la société pour l'extinction de la mendicité à Nantes fut aussi reçue par la Princesse toujours infatigable; elle écouta avec le plus grand intérêt ses louables projets, et l'assura de sa haute protection.

Pour ne pas être au-dessous de tout ce qui avait si bien rempli la journée, pour ne pas être pâle auprès de la charmante fête des fleurs, il fallait que le bal offert par la ville, à S. A. R., fût très-remarquable par son ordre et sa magnificence.

Le beau local de la Bourse, que le commerce s'était empressé de mettre à la disposition de la mairie, permettait de grandes et nobles dispositions; M. Desmolon, architecte, a profité habilement de ces avantages. Les décorations de la salle du bal, les abords, l'illumination du dehors, tout a été parfait. *Madame*, dont le goût est si pur, a été frappée du magnifique coup d'œil de cette vaste enceinte toute tendue de draperies qui ne cachaient que le plein des murs, et qui laissaient voir la belle architecture de la salle; en y entrant, S. A. R. dit tout haut : *C'est vraiment magnifique... c'est admirable, de bon goût.*

Ce qui ajoutait encore à la beauté du tableau, c'était la joie, l'enthousiasme de toute cette foule élégante de femmes en grande toilette, au nombre de plus de six cents, toutes levées sur les gradins, et penchées en avant pour mieux voir l'auguste mère du duc de Bordeaux ! Les bruyants *fortés* de l'orchestre n'étaient plus entendus, toutes les voix n'avaient qu'un cri : *Vive Madame ! vive Madame !*

Brillante de jeunesse, d'éclat et de parure, radieuse de bonheur, Marie-Caroline parut à tous les yeux.

Du haut de l'estrade où était placé son fauteuil, avec une grâce indéfinissable, elle salua; alors les acclamations redoublèrent; enfin, l'orchestre put faire entendre l'air d'Henri IV..... Quelques instants après la danse commença.

La première contre-danse a été dansée par S. A. R.; son quadrille, qui attirait tous les regards, était composé, en dames :

De S. A. R. *MADAME,*
De Mme la baronne de CHARETTE,
De Mme BERNARD des ESSARTS,
De Mme LÉPERTIÈRE.

en hommes,

De M. Louis LÉVESQUE, maire de Nantes, qui avait l'honneur de danser avec S. A. R.;
De M. DUFORT, conseiller de préfecture;
De M. BERNÈDE, procureur du Roi;
De M. BOUBIE, négociant.

Les autres quadrilles étaient ainsi composés :

Deuxième quadrille.

S. A. R. *MADAME,* M. de MONTI-LEQUEN.
Mme la marquise de CATUÉLAN, M. DOUCET, adjoint de la mairie.
Mme de la BROSSE-PALIERNE, M. le marquis de MONTI.
Mme du BOULAYE, M. HOUDET, négociant.

Troisième quadrille.

S. A. R. *MADAME*, M. Bignon, négociant.

Mme de la Tullaye, M. Lefeuvre, juge.

Mme la vicomtesse de Cornullier, M. le vicomte Walsh.

Mme François, M. le marquis des Dorides.

Quatrième quadrille.

S. A. R. *MADAME*, M. le colonel baron Marion de Beaulieu.

Mme Arnous Rivrerie, M. Eugène Allotte, garde d'honneur.

Mlle de Vanssay, M. Olivier de Sesmaisons, officier d'état major.

Mme Lagrange, M. de Kersabiec, garde d'honneur.

Tous ceux qui avaient le bonheur de voir S. A. R. d'assez près, remarquaient qu'elle n'avait pas l'air de danser par *étiquette*, mais bien par plaisir : dans tous ses mouvements, il y avait quelque chose de vif et de gai, et après les fatigues du voyage et de la représentation, on s'étonnait de trouver tant de gracieux enjouement.

A onze heures et demie, avant de se retirer, S. A. R. a fait le tour de la salle, se faisant nommer les femmes par le maire, et adressant à plusieurs de ces dames, des paroles pleines de bonté : à plusieurs mères, elle parlait de leurs enfants ; aux jeunes personnes du plaisir et de la beauté du bal ; à toutes, du bonheur qu'elle goûtait à Nantes. Pendant qu'elle se promenait ainsi, il y avait un respectueux silence parmi cette foule de plus de deux mille personnes ; on se redisait tout bas les paroles aimables qu'elle venait de prononcer ; on admirait aussi la magnificence de sa parure : dans ses beaux cheveux blonds, brillait d'un vif éclat un diadème d'émeraudes entourées de superbes diamants ; sur l'ivoire de son col et de ses bras, une parure pareille étincelait, et autour de sa taille, tranchant sur une robe rose, une ceinture d'émeraudes énormes, éblouissait encore ; cette riche et fraîche parure allait bien à la blanche fille des lis...

Quand, après s'être assise quelques instants auprès de la statue de son fils, la jeune mère se leva pour sortir, de nouveaux cris d'amour retentirent avec force dans la salle, et se prolongèrent depuis la place de la Bourse, jusqu'à son palais : dans toutes les rues qu'elle avait à parcourir, la multitude était aussi pressée qu'en plein jour ; il est vrai qu'il n'y avait plus de nuit, les illuminations l'avaient chassée.

Ainsi finit cette belle journée du 29 ; jamais Nantes n'avait vu plus d'ordre et de bonheur embellir ses fêtes ; *Madame* avait tout visité sans fatigue : les troupes de la garnison, le fidèle et beau corps de gendarmerie royale avaient ajouté à l'éclat de nos pompes, sans avoir eu à réprimer un seul écart ; pas un accident, pas un mot qui fût en discordance avec la joie publique ; aussi, S. A. R. répéta plusieurs fois : *Ma journée a été douce de toutes manières ; j'ai vu beaucoup, et tout m'a beaucoup intéressée ; rien de plus gracieux que la fête des fleurs, rien de plus beau que le bal.......*

Je me souviendrai toujours de Nantes.

Quand *Madame* fut rentrée dans son palais, la foule s'écoula de la place de la préfecture; elle craignait que sa bruyante joie ne troublât le repos de la Princesse; des danses se formèrent alors sur les deux Cours illuminés.

Abbaye de Melleray.

Le lendemain matin, 30, ce n'était plus des fêtes que l'auguste voyageuse allait voir... elle allait s'édifier à Melleray.... Les âmes élevées comme la sienne conçoivent l'enthousiasme qui fait les trappistes; tout en aimant le plaisir, on admire ceux qui sont assez forts pour s'en séparer.... *Madame* partit donc à huit heures du matin pour l'abbaye de la Trappe... La route de Nantes à Châteaubriand, ornée, de distance en distance, d'arcs de triomphe, était animée par la population de toutes les communes voisines.

Deux nobles paysans, Blandin et Bécavin, frères d'armes infatigables, étaient accourus avec leurs fidèles compagnons de Carquefou ; ils avaient apporté leurs vieilles armes et leur drapeau déchiré ; c'était là toute la pompe de leur fête, et cette pompe rustique avait encore du charme après la magnificence de la veille.

A la Trappe tous les jours se ressemblent ; car il n'y en a point qui doive apporter plus de joie qu'un autre, si ce n'est celui qui vous délivre de la vie. C'était donc quelque chose de tout nouveau, que ce sentiment d'attente que l'on y éprouvait le 30 juin 1828. C'était un bonheur, de ce monde, qui allait advenir à ceux qui ne pensent qu'à la félicité de l'autre vie. Avec quelle innocente joie ces bons religieux faisaient en silence les préparatifs de la réception ! comme ils paraient avec complaisance leurs saints autels ! Sans doute le révérend père abbé leur avait dit quelle était l'hôte illustre que Melleray allait recevoir... Malgré leur renoncement au monde, nous nous figurons ce que durent ressentir ceux des Trappistes qui sont nés en France... Ils allaient voir une fille de France ! une fille des rois ! la mère de l'enfant des miracles !... et ces pieux étrangers, ces fidèles Irlandais... ils allaient voir une *Princesse catholique !*... Ils avaient bien vu, en Angleterre, dans leur retraite de Lulworth, une autre princesse d'un autre sang royal ; pour elle aussi les portes saintes s'étaient ouvertes ; mais Charlotte d'Angleterre n'était pas catholique ; ils l'avaient vue visitant leur maison, mais ils n'avaient point eu la consolation de la voir prier avec eux, et comme eux : Marie-Caroline allait se prosterner devant les autels de Melleray, devant l'image de Notre-Dame ; quelle différence ! quel bonheur de plus !...

Enfin, la cloche de l'abbaye annonça que l'auguste voyageuse approchait. Le révérend père abbé, avec sa crosse et sa croix de bois, à la tête de tous les religieux, sortit de l'église pour aller au devant de la Princesse. Il y avait un grand contraste dans la joie grave et tranquille qui perçait sur les visages des bons trappistes, et celle que montraient, à côté d'eux, les habitants de Châteaubriand et des environs, accourus en grand nombre pour jouir du bonheur de voir *Madame*.

Depuis la voiture à ressort jusqu'à la lourde charette à bœufs, tous moyens de transport avaient été mis en réquisition pour amener à Melleray les dames du pays. La foule, le mouvement, le bruit, donnaient à ce lieu, ordinairement si calme et si silencieux, un nouvel aspect : les échos des bois qui entourent cette belle solitude répétaient tous ces bruits divers, et le son de la cloche, et les *vivat* qui commençaient à se faire entendre, car S. A. R. était déjà en face de l'abbaye ; à quelques pas en avant de la communauté, elle descendit de voiture. Le père abbé, après l'avoir humblement saluée, marcha à côté d'elle jusqu'à la porte de l'église. Là, il offrit l'eau bénite à S. A. R., et la conduisit à son prie-dieu, placé devant le grand autel. Tous les religieux, vêtus de leurs robes blanches, marchant sur deux longues files, l'avaient suivie. Après un moment de silence, les voix fortes et sonores des trappistes, ces voix qui ne s'usent pas en paroles vaines, ces voix qui ne parlent qu'à Dieu, s'élevèrent vers le ciel, priant pour le roi et la famille royale.

Voici le discours que le père Antoine adressa à S. A. R. :

« Madame,

« La présence de V. A. R. nous comble de
« joie ; ce qui nous entoure la partage. La
« sévère austérité de nos règles fléchit elle-
« même devant vous; à votre voix, nos por-
« tes fermées pour toute autre s'ébranlent,
« et nos barrières s'entr'ouvrent pour offrir
« un libre passage à la fille des rois.

« Quand, autrefois, l'arche du Seigneur
« descendit dans la maison d'Obedédom, tous
« les biens y entrèrent avec elle ; c'est ainsi,
« Madame, que V. A. R. va devenir pour
« nous un gage de prospérité et de bon-
« heur.

« Auguste fille des Bourbons, épouse ma-

« gnanime autant qu'infortunée du meilleur
« prince, d'un prince ¹ que nous avons été
« dignes de pleurer avec vous; mère héroï-
« que de l'enfant du miracle, de l'illustre
« rejeton sur lequel reposent le bonheur et
« les destinées de la France; que de titres,
« Madame, vous cumulez à notre respect et
« à notre amour!

« V. A. R. en ajoutera aujourd'hui un
« nouveau, celui de notre protectrice. C'est
« sous vos auspices que cette communauté
« renaissante doit, comme les lis, fleurir et
« s'accroître; vous imiterez en cela tant d'il-
« lustres princesses auxquelles vous appar-
« tenez bien plus encore par l'éclat de vos
« vertus que par le sang qui coule dans vos
« veines : Blanche de Castille, Jeanne de
« Navarre, Anne de Bretagne, Anne d'Au-
« triche, et tant d'autres, qui ont regardé
« comme le plus bel apanage de leur gran-
« deur et le plus noble emploi de leur puis-
« sance de fonder, d'établir, de multiplier,

¹ Le révérend père abbé a prononcé à Nantes l'oraison funèbre de monseigneur le duc de Berry.

« de perpétuer ces monuments religieux, si
« nécessaires dans le siècle immoral où nous
« vivons, qui servent à la fois de retraite au
« repentir et d'asile à l'innocence; à l'ombre
« desquels les corbeaux, comme les timides
« colombes, viennent chercher et trouvent
« la tranquillité et la paix.

« Notre attachement sans nuages et sans
« ombre à la foi de nos pères, notre fidélité
« vierge à nos légitimes souverains, nous
« donnent quelques titres à votre haute pro-
« tection. Nous avons partagé l'exil et la
« proscription de nos Princes; nous avons
« acquis des droits à leur bienveillance et à
« leurs bontés : cette nouvelle faveur ne fera
« qu'augmenter, s'il est possible, l'ardeur
« avec laquelle nous ne cessons d'adresser
« nos vœux au ciel pour la personne sacrée
« du meilleur des rois, pour V. A. R., Ma-
« dame, pour toute votre auguste maison,
« qui a toujours pu nous compter, et qui
« nous trouvera toujours au nombre de ses
« sujets les plus fidèles, les plus soumis et
« les plus dévoués. »

Après ce discours, les portes de la communauté, toujours fermées aux femmes, et qui ne doivent s'ouvrir que pour les princesses du sang, s'ouvrirent devant S. A. R., et laissèrent entrer dans l'intérieur de l'abbaye *Madame* et cinq dames avec elle, madame la maréchale duchesse de Reggio, madame la marquise de Podenas, madame la baronne de Morel, madame la baronne de Vanssay, et madame la comtesse de Boispéan.

Beaucoup d'autres dames prétendaient aussi pénétrer, à la suite de *Madame*, dans l'intérieur de la maison ; mais un des frères, les regards modestement baissés, les bras étendus, était placé à la porte, comme jadis un ange à celle du jardin d'Éden, et refusait l'entrée à qui n'était pas de la suite de S. A. R.

Madame admit au déjeûner qui lui fut offert par le révérend père abbé, toutes les personnes qui étaient entrées avec elle. Toujours simple et bonne, S. A. R. trouva excellent tout ce qui lui était servi ; elle mangea gaiment et avec appétit des légumes cuits à l'eau. Après cette collation, *Madame* voulut tout voir, tout visiter; le réfectoire, la salle du chapitre, le dortoir, les jardins, les ateliers, les étables; partout elle montrait un esprit juste et observateur; elle saisissait les améliorations apportées à l'agriculture par ces bons pères, et promettait d'en faire l'essai à sa terre de Rosny.

Deux ou trois fois on fit observer à S. A. R. que la journée avançait, elle répondit : *Où me verra-t-on avec plus de bonheur qu'ici ? Ailleurs on a des plaisirs... des distractions... mais ici, rien de tout cela ; puisque je les rends heureux, je veux y rester encore... et puis, je m'y trouve bien.* Oh! oui, elle rendait heureux par sa présence ceux qui ne cherchent pas le bonheur ici-bas. Pour ces saints solitaires, c'était une grande consolation de voir tant de simplesse et de modestie unies à tant de grandeur et à un si haut rang... Ils l'avaient vue prier avec ferveur devant leurs autels, sourire à leurs travaux, s'intéresser à leur sort; ils la voyaient s'éloigner avec peine, car le moment du départ était venu.... Partout où *Madame* passera, elle laissera un long souvenir. Celui qu'elle a laissé à Melleray ne sera pas stérile : le souvenir des saints est une source de prières et de bénédictions.

S. A. R., arrivée à la petite ville de Nort, trouva, auprès du pont, une élégante flottille qui l'attendait. M. de Fourcroy, commissaire général, ordonnateur de la marine, avait fait transporter sur l'Erdre tout ce que la marine du port de Nantes avait de canots disponibles. Le ciel était sans nuages, la rivière sans vagues. *Madame* s'embarqua, et elle était déjà loin du rivage, qu'elle entendait encore les cris de *vive le roi! vive la mère du duc de Bordeaux!*

En voyageant sur la Loire, S. A. R. avait admiré la beauté du paysage. Dans le tableau qu'elle avait eu alors sous les yeux, tout était grand et imposant; les rives de l'Erdre lui offraient des scènes plus modestes et plus calmes. Cette rivière, ou plutôt ce lac, a quelque chose de gracieux et de mélancolique. A mesure que l'on s'éloigne de Nort, la rivière s'élargit et les bords s'embellissent. A une lieue et demie du point où *Madame* s'était embarquée, la petite flottille de S. A. R. entra dans le canal de Brest. Pendant que le canot royal glissait doucement sur les eaux, toute une population d'hommes, de femmes et d'enfants couraient de toutes leurs forces sur les rives pour voir plus long-temps la mère de notre Henri.

Madame, accompagnée de M. le baron de Vanssay, préfet du département, et de M. de Selguy, ingénieur en chef des Ponts et Chaussées, visita les travaux, et passa deux écluses. Après cette exploration, S. A. R. rentra dans l'Erdre. Cette jolie rivière n'avait plus son aspect ordinaire; on eût dit que la joie du pays l'avait gagnée. Les ombrages de ses bords étaient égayés par la foule qu'on y voyait : les tabliers blancs et rouges, les couleurs variées des habits du peuple, paraissaient en demi-teintes sous l'ombre des châtaigners, et se reflétaient dans les eaux ; les drapeaux flottaient sur les arbres, sur les rochers, aux fenêtres des châteaux et des chaumières, au haut des clochers et sur les vieilles ruines.

Devant l'antique château de la Gâcherie, qui a reçu jadis la reine de Navarre, et qui réunit parmi les noms de ses possesseurs les noms de Rohan et de Charette, *Madame* fut ravie de la beauté du paysage; il é'ait alors doré par les derniers rayons du soleil; les arbres, les eaux et le ciel s'étaient embellis de cette teinte rose du soir que les peintres aiment à saisir.

Avant d'arriver devant ce château, *Madame* était passée sous un arc de triomphe que les habitants de Sucé avaient élevé sur les ondes.

La Desnerie.

Les belles couleurs du soleil s'éteignaient; les ombres commençaient à s'étendre.... Au château de la Desnerie, toute la société de Nantes avait été invitée par M. le comte de Chasseloire, maréchal de camp, ancien officier de l'armée de Condé, et par le comte Humbert de Sesmaisons, pair de France; *Madame* avait daigné promettre qu'elle s'y arrêterait... Sous de beaux ombrages, sous des voûtes de verdure et de drapeaux blancs, au milieu de tous les enchantements d'une fête, on comptait les instants... Malgré les danses sur la pelouse, malgré la musique militaire et la musique des champs, la *véze* et le *bignou*, malgré le vin qui coulait pour le peuple, et les tables et les buffets qui se succédaient, on sentait que la fête était incomplète.

A chaque instant, au milieu des jeux et des danses, on regardait du côté du port, où *Madame* devait débarquer. Cet embarcadère, avancé dans la rivière, était pavoisé de drapeaux semés de fleurs de lis et d'hermine; des pavillons étrangers, avec leurs couleurs éclatantes et variées, s'agitaient au vent du soir. Près de ce pont, recouvert de tapis, une foule innombrable de petits canots, d'*yoles* et de gondoles, s'étaient réunis; pendant tout le jour, ces flottilles avaient manœuvré et croisé sur la rivière, et leurs voiles blanches, et leurs longues flammes amaranthes, vertes et jaunes; et leurs élégants équipages, et les chants des matelots, avaient répandu un grand air de fête sur toute la contrée; mais, à l'approche de la nuit, tout ce mouvement avait cessé : toutes ces barques semblaient se reposer sur les eaux endormies.

Tout à coup, une longue et étroite *yole*, jaune tachetée de noir, *la Girafe*, montée par huit rameurs vêtus de blanc, fend rapidement les eaux... Des voix s'en élèvent et crient : *Voilà Madame !*

A ce mot, tout s'agite.... Les rames sont saisies de nouveau, les bateaux se meuvent et se rangent pour faire place au canot royal qui approche; la foule, disposée sur les terrasses et les pelouses, a entendu le cri qui fait battre tous les cœurs : *la voilà ! la voilà !* répète-t-on de toutes parts; et tout le monde se précipite vers le rivage, où S. A. R. ne tarda pas à descendre.

M. le comte et Mme la comtesse de Sesmaisons, et toute leur famille, M. le comte de Chasseloire, étaient à l'embarcadère pour recevoir S. A. R. Comme partout, son accueil fut plein de grâce et de bonté; comme partout, sa présence fit éclater des transports d'enthousiasme. Pour se rendre au château, S. A. R. suivit une allée qui traversait le bois; des étendards, des trophées indiquaient et traçaient cette avenue de l'arrivée. Pour voir la Princesse, la foule y était accourue, et tous les détours, toutes les courbes de l'allée étaient dessinés par deux haies de femmes agitant leurs mouchoirs, et criant : *Vive Madame ! Vive le duc de Bordeaux !*

En arrivant sur la belle terrasse qui longe la façade du château, *Madame* reconnut le vicomte de Sesmaisons, lieutenant général; il venait au devant de S. A. R., appuyé sur le bras d'un de ses fils, le comte Rogatien de Sesmaisons, maréchal de camp. Elle lui adressa des paroles aimables, et tout à coup ralentit sa marche, pour que le vieillard n'eût point à hâter le pas... Un autre vieux serviteur du Roi marchait aux côtés de la veuve du duc de Berry, le comte de Chasseloire, ancien officier de l'armée de Condé, colonel de la légion de Mirabeau. La carrière de tous les deux avait été entièrement consacrée au service du Roi ; la fille des rois venait honorer leur demeure.

Madame était attendue chez madame la comtesse de Charette ; elle devait y dîner, mais elle ne voulut pas quitter si vite la Desnerie ; elle s'assit quelques instants à une élégante collation, et mangea quelques fruits ; trente dames et quelques officiers vendéens furent admis à l'honneur de prendre place à la table de S. A. R...

Sous les fenêtres du château, des danses étaient formées ; à quelque distance, sur la pelouse, brûlait un immense feu de joie ; sa lueur éclairait toute cette foule agitée, *Madame* s'étant levée de table vint voir les paludiers et les paludières du bourg de Batz, et de Guerande, qui dansaient des bretonnes : ces paludiers ont une origine saxonne ; leur beau sang, leur haute taille, les fait distinguer de la race bretonne ; ils se marient presque toujours entre eux, et ont conservé des mœurs particulières et différentes de celles du peuple qui les entoure... Leur costume, surtout celui des femmes, est très-remarquable ; leur coiffure rappelle celle du sphinx ; deux barbes de mousseline tombent de chaque côté du visage, et viennent se rattacher sous le menton ; un bandeau ceint le front et est surmonté d'une torsade de cheveux et de bandelettes blanches ; toute cette coiffure est retenue par une guirlande de fleurs brillantes, faites avec des coquilles ; le devant des corsages droit et haut montant, est orné d'or ; les jupons, très-courts, laissent voir des bas rouges et des souliers à boucles d'argent.

Les hommes portent un manteau semblable à celui de nos anciens chevaliers ; leur col est nu, et leurs cheveux sont longs : ces manteaux ne se prennent que dans les grandes occasions, aux mariages, aux enterrements, et quand il y a des députations solennelles.

Madame examina avec grande attention et accueillit avec une extrême bonté cette députation du pays de Guerande ; elle chargea M. Louis de Couëssin, maire, de remercier ces braves gens d'être venus de si loin pour la voir, et elle daigna remettre à chacune des paludières une petite médaille en argent à l'effigie du duc de Bordeaux et de sa mère.

La nuit était tout-à-fait venue ; *Madame* traversa la foule pour remonter dans son canot et se rendre chez madame la comtesse de Charette... De distance en distance, sur les bords de la rivière, on allumait des feux pour éclairer la navigation ; leur effet était admirable dans les eaux et sur la verdure. En passant devant les ruines du château de Barbe-Bleue, *Madame* aperçut un énorme gonfanon, placé sur les débris de la tour ; le feu de joie qui brûlait à l'Éraudière, chez le comte Rogatien de Sesmaisons, l'éclairait de son reflet rougeâtre, et la haute bannière, avec ses deux pointes agitées par la brise, se dessinait sur un ciel sombre.

Trémicinière.

Il était près de neuf heures quand S. A. R. débarqua à la Trémicinière, chez madame la comtesse de Charette; l'auguste Princesse, qui venait honorer la fidélité vendéenne, devait en quelque sorte commencer par là son noble pélerinage. Le nom de Charette rappelle tout, habileté, dévouement, malheur, gloire...

Madame la comtesse de Charette n'a pas vu tomber seulement son illustre beau-frère, mais son mari, un de ses fils, et plusieurs autres membres de cette famille dévouée. Rien ne manque à ce nom pour qu'il dure dans les siècles; les ennemis des rois ont connu sa puissance, les étrangers l'ont honorée, les soldats des armées catholiques et royales l'ont profondément gravée sur la pierre, et aujourd'hui celui qui le porte, le porte dignement... De la situation élevée où la bonté et la justice du Roi l'ont appelé, il ne perdra pas de vue le panache blanc de son oncle...

Pour recevoir S. A. R., le baron de Charette était arrivé de Paris, le 22, en grande hâte. *Madame* avait trouvé à Nantes, parmi les dames nommées pour l'accompagner, madame la baronne de Charette; tout le monde avait remarqué le bonheur que S. A. R. avait éprouvé à la revoir : un geste, un mot trahissent le cœur; celui de *Madame* à ce moment-là s'était révélé.

L'avenue de peupliers qui conduit à la Trémicinière était illuminée; *Madame*, en y débarquant, trouva la famille Charette réunie, et tout entourée de Vendéens. Des cris de *vive le Roi! vive Madame! vivent les Bourbons!* saluèrent la mère du duc de Bordeaux. Il ne faut comparer ces cris-là à aucun autre; le Vendéen a un accent tout particulier quand il le profère; pour lui, ce n'est pas seulement un cri de joie et de fête, c'est un cri religieux; il l'a fait entendre dans ses batailles; son père l'a répété en mourant.

S. A. R. trouva chez madame la comtesse de Charette le général comte Despinois, commandant la division militaire; le vicomte de Cheffontaines, maréchal de camp, ancien aide de camp de l'infortuné duc d'Enghien, commandant le département; monseigneur l'évêque, monsieur le maire de Nantes, et plusieurs autres hauts fonctionnaires. M. le baron de Vanssay était arrivé dans le canot royal de S. A. R., qu'il avait accompagnée à Melleray.

A onze heures de la nuit, les danses continuaient encore à l'entour de la Trémicinière; elles ne cessèrent que lorsque S. A. R. se rembarqua pour retourner à Nantes. Des bateaux, remplis des personnes qui revenaient de la Desnerie, s'étaient arrêtés en face de la Trémicinière, et formèrent alors une escorte à *Madame* jusqu'au port de Barbin; à droite et à gauche de la rivière, les *blanchisseurs* qui habitent les rives avaient illuminé. Ces illuminations du pauvre n'éblouissaient pas les yeux, mais elles allaient au cœur; elles disaient : la joie et le bonheur sont pour tous.

Les courses de *Madame*, dans la journée du 30, s'étant prolongées beaucoup plus que S. A. R. n'avait prévu, elle n'a pu se rendre, comme on l'espérait, au spectacle, où elle était attendue, et où tout était encore disposé pour la recevoir. *Madame* daigna plusieurs fois témoigner ses regrets aux autorités de Nantes, qui se trouvaient auprès d'elle. Des Bretons l'attendaient, mais c'étaient aussi des Bretons qui l'avaient retenue... N'y aurait-il donc que les Princes qui ne pourraient quelquefois s'oublier avec leurs amis?

Le 1er juillet, à dix heures du matin, S. A. R. *Madame*, duchesse de Berry, a quitté notre ville, après avoir témoigné plusieurs fois à M. l'Évesque, maire de Nantes, qu'elle avait *été parfaitement contente de la réception qui lui avait été faite... qu'elle en garderait toujours le souvenir.* Elle lui remit, avec sa grâce accoutumée, une boîte en or ornée de son chiffre. La surveille, S. A. R. avait donné un charmant collier à mademoiselle l'Évesque, et une parure semblable à mademoiselle de Vanssay. M. de Couëtus, fils de cet ancien officier de Charette, qui aima mieux mourir que de racheter sa vie par un mensonge, reçut aussi, comme commandant de la garde d'honneur, une boîte en or, au chiffre de Marie-Caroline. Chaque garde d'honneur s'est vu récompensé par ce don fait à son chef, et, de plus, a reçu une belle médaille à l'effigie du duc de Bordeaux et de son illustre mère. M. le baron de Vanssay était une vieille connaissance pour S. A. R.; aussi a-t-il été traité comme tel, et son jeune fils, filleul de *Madame*, a reçu un charmant portrait d'elle.

On s'habitue si vite à aimer la bonté et la grâce, que le peuple de Nantes était profondément affligé de ce départ... Rien n'est triste comme le lendemain des fêtes; aussi, pour prolonger ces jours de bonheur, un grand nombre de Nantais étaient partis pour la Vendée.

Jusqu'à ce moment, l'illustre voyageuse avait suivi les grandes routes, et n'avait visité que des villes de facile abord... mais à dater du 1ᵉʳ juillet 1828, à dater de son entrée dans le *Bocage, Madame s'était faite Vendéenne.* Les mauvais chemins, les distances sans relais, les obstacles ne l'arrêteront plus; vêtue d'une *amazone* verte, coiffée d'un feutre gris, et d'un voile de gaze, la fille des rois laisse de côté tout l'éclat de la parure... Le paysan vendéen aime mieux la voir à cheval, que briller dans un bal; il l'admire, il pousse des cris d'enthousiasme et d'amour, quand il la voit galoper à travers champs, entre madame de La Rochejaquelein et madame de Charette... A Pont-Rousseau, le comte de Monti de Rézé complimenta S. A. R.; à la Jaunaye, aux Sorinières, MM. de Mélient et de la Biliais eurent le même honneur. La population de toutes ces communes y était réunie. A Aigrefeuille, *Madame* fut reçue sous un fort bel arc de triomphe, par M. Mispreuve, chevalier de Saint-Louis et maire. Elle y arriva à onze heures et demie; un détachement de cavalerie vendéenne, commandé par le marquis de Catuélan, la précédait. S. A. R. connaissait trop notre pays pour ne pas savoir ce qu'avait fait le marquis de Catuélan dans les moments d'épreuves et de dangers; elle savait qu'il avait toujours et partout montré un noble et actif dévouement; aussi daigna-t-elle lui témoigner tout le plaisir qu'elle avait à le voir près d'elle.

C'est par Maisdon que *Madame* entra dans la Vendée. La veuve du général Suzannet, avec son jeune fils, l'attendait auprès du tombeau de son époux. La veuve du duc de Berry vint prier près de cette modeste tombe. Elle avait été reçue dans l'église, avec tous les honneurs qui lui sont dus, par le vénérable curé, confident et ami du comte de Suzannet : monseigneur l'évêque de Nantes avait précédé S. A. R.

A un quart de lieue de Maisdon, *Madame* trouva, rangées en bataille, à la Lande de la Grenouillère, trois divisions de l'ancienne armée de Charette, connues, dans la campagne de 1815, sous la dénomination du troisième corps d'armée, et alors sous les ordres du général Suzannet. La division de Loroux, si fameuse dans les guerres contre la république, et dans laquelle Charette avait choisi ses grenadiers, était commandée par M. de la Vincendière et M. de La Haye, tous deux chevaliers de Saint-Louis. Les deux autres divisions étaient celles de La Chapelle Heulin et de Vallet : celle de La Chapelle se trouvait sous les ordres du comte de Bruc de Livernière ; celle de Vallet avait été commandée, du temps du général Charette, par l'aîné des deux frères de Bruc, en 1815 par Ludovic de Bruc son fils. Ces paysans soldats pouvaient être au nombre de deux mille. Ils avaient, pour cette revue, toute leur pompe militaire ; tous leurs drapeaux étaient déployés, tous leurs tambours battaient ; ils avaient des lanciers et des sapeurs.

M. le comte de Mornac devait commander ces trois divisions ; mais ses devoirs de député l'avaient rappelé à la chambre législative. Comme il ne s'agissait que d'une revue, il n'avait pas hésité à s'y rendre : la veille d'une bataille, l'obéissance lui eût été plus difficile. M. le colonel Bascher le remplaça : c'était lui qui, à la mort du général Suzannet, avait été chargé, avec MM. de Mornac, de Kersabiec et de la Villegille, de la conduite du troisième corps d'armée.

Madame parcourut tous les rangs, écouta toutes les réclamations, loua toutes les belles actions, et en récompensa plusieurs en distribuant, au nom du roi, des secours et des brevets de pensions à quelques-uns de ces nobles soldats que la fidélité a illustrés sans les enrichir, et qui ne pouvaient se lasser d'admirer l'affabilité de la Princesse ; c'était avec des larmes qu'ils la voyaient s'entretenir avec le jeune Suzannet. *Allons, disaient-ils, il faudra que cet enfant soit dévoué comme l'a été son père. Voyez comme elle est bonne pour lui! Toute une vie de peines ne serait pas trop pour un pareil accueil.*

Le Vendéen n'est pas difficile à récompenser; un mot de ses Princes lui suffit. Il sait (sa conscience le lui dit) qu'il a bien fait de défendre les autels de son Dieu, le trône de ses rois, et la chaumière de ses pères; qu'il sache qu'on l'approuve, et qu'on le remercie du sang qu'il a versé, il ne tendra pas la main pour de l'or. Tout étranger qui voyage dans la Vendée doit être frappé de cette fierté qu'a le paysan du Bocage, c'est la fierté d'une bonne conscience.

Madame, à Maisdon comme ailleurs, a fait cette remarque. *C'était ainsi que devaient être les anciens Croisés*.

S. A. R. a été pleine de grâce et de bonté pour le respectable curé dont le savoir et les douces vertus ont attiré un grand nombre de jeunes gens au sanctuaire. Ce n'était qu'avec des pleurs de reconnaissance que ce vénérable vieillard et madame la comtesse de Suzannet purent remercier *Madame* de l'honneur qui venait d'être accordé au pays et à celui qui y repose.

De Maisdon, S. A. R. partit à cheval pour se rendre à Vieillevigne et à Rocheservière. Les paysans qui étaient venus à la revue de Maisdon, la suivaient, quelques-uns à cheval, les autres à pied; dans les chemins creux, dans les champs, on rencontrait ces braves gens avec leurs vieux fusils, leurs longs sabres, et leurs larges cocardes blanches à leurs chapeaux ronds. La joie de leurs cœurs se lisait sur leurs visages épanouis; on entendait leurs joyeuses chansons; tous se donnaient rendez-vous, ou à *la Grange* pour le soir, ou à *Légé* pour le lendemain. Nous écoutâmes un vieillard qui disait: *Tant que mes jambes me porteront, je suivrai notre Princesse; sa vue me rajeunit. J'avons fait dix lieues pour sa sœur, j'en ferons autant pour celle-ci; et puis, tout mon sang pour le roi.*

Un officier, en prévenant les *gars* de sa division que l'auguste mère du duc de Bordeaux serait à Légé le 2 juillet, leur disait: Une centaine d'hommes suffira; vos travaux ont été retardés par le mauvais temps; il faut réparer le temps perdu; vous ne pouvez pas venir tous.

Plusieurs paysans lui répondirent: *Pendant les guerres nous quittions bien nos mois-*

sons pour aller nous battre... Au jour d'aujourd'hui nous les quitterons bien encore pour avoir notre récompense; notre récompense, à nous Vendéens, c'est de voir les Bourbons.

Tout en cheminant au milieu d'eux, *Madame* entendait cent propos pareils, et son cœur alors battait mieux qu'au milieu des plus brillantes fêtes.

Le 1ᵉʳ juillet, à trois heures de l'après-midi, S. A. R. *Madame*, duchesse de Berry, entra dans le *département de la Vendée*, par la commune de Saint-Hylaire de Louley; le département changeait, mais l'esprit, mais le dévouement restait le même : dans *la Vendée historique*, il n'y a qu'un sentiment, amour et fidélité aux Bourbons. *Vendée* veut dire *pays dévoué, pays fidèle*. Les étrangers même l'entendent ainsi, et nous avons vu un roi long-temps captif, lors de sa délivrance, fonder dans ses États *un ordre de la Vendée*. La croix de cet ordre n'était donnée qu'à ceux qui étaient dévoués, à la vie et à la mort, à sa dynastie.

A son arrivée à Saint-Hylaire, *Madame*

trouva à l'arc de triomphe, élevé sur les confins des deux départements, M. le marquis de Foresta, préfet de la Vendée ; M⁺ʳ l'évêque de Luçon, M. le marquis de Saint-Belin, maréchal de camp, commandant le département; et le colonel de gendarmerie, La Voyrie.

Le marquis de Foresta eut l'honneur de recevoir S. A. R. et de lui exprimer en peu de mots les sentiments de ses administrés.

« *Madame*, dit-il, n'aime pas les phra-
« ses, et la Vendée n'en fait pas : elle n'é-
« prouve qu'un sentiment, et n'a qu'un
« cri pour l'exprimer : *Vive le Roi! vive*
« *Madame! vivent à jamais les Bourbons!* »

Les acclamations unanimes dont ces paroles furent suivies, couvrant la voix de l'orateur, prouvèrent qu'il avait dignement rendu la pensée de tous les assistants.

Madame monta à cheval un peu au-delà de Montaigu, d'où elle alla coucher au château de la Grange, chez M. le marquis de Goulaine, en passant par Vieillevigne, où elle trouva une autre division vendéenne sous les drapeaux, commandée par son vaillant chef M. Maignan de L'Écorce.

Château de la Grange.

Malgré les réparations que l'on faisait au château, rien n'a manqué à la réception de l'auguste voyageuse ; il ne lui avait été offert qu'un *campement*, par les nobles hôtes de la Grange ; ils ont donné davantage : deux mots peignent bien cette réception, *noblesse* et *simplicité*.

Il était sept heures du soir lorsque la nouvelle vendéenne parut à l'extrémité d'une grande prairie qui s'étend en pente au-dessous du château ; depuis plusieurs heures, quatre ou cinq cents hommes y étaient rassemblés. A la vue de la Princesse, les tambours battirent au champ, et les deux longues haies de soldats, qui formaient comme une avenue au milieu de la prairie, présentèrent les armes. A l'entrée de ses domaines, le marquis de Goulaine, gentilhomme de la chambre du Roi, avait eu l'honneur de dire à S. A. R. : *Madame est chez elle ; je viens prendre ses ordres.*

Accompagnée de madame la marquise de Podenas, du comte de Mesnard, du général comte de La Rochejaquelein [1], de M. de Foresta, de Vanssay, de M. Baudry-d'Asson, et d'un détachement de gardes d'honneur de la Vendée et de la Loire-Inférieure, S. A. R. parut dans la prairie; son cheval, animé par les cris et le bruit des tambours, piaffait et bondissait ; la grâce et la hardiesse de la Princesse étaient admirables, et ravissaient de joie tous ces bons paysans. *Oh! la brave petite femme !...* disaient-ils, *elle n'a pas peur.*

Arrivé au milieu des Vendéens, elle mit pied à terre : *Je veux les voir de plus près,* dit-elle ; et elle passa devant les deux lon-

---

[1] M. le comte de La Rochejaquelein a suivi dans toute la Vendée S. A. R.

gues lignes qui formaient la haie. A mesure qu'elle avançait, chaque soldat criait : *Vive Madame !* mais avec une telle énergie, une telle expression, que *Madame* se retournant du côté de M. de Goulaine, lui dit : *Oh ! je vois bien, à leur figure, qu'ils pensent ce qu'ils crient ;* et touchée de tant d'amour, Marie-Caroline saluait d'un signe de tête chaque paysan.

Elle les remerciait avec son cœur, du bonheur qu'ils lui faisaient éprouver. Plus de cent jeunes garçons, et autant de jeunes filles, portant de ces blancs étendards que l'on voit dans nos campagnes aux premières communions, étaient placés sur deux rangs, entre les soldats et le château ; pour saluer l'auguste mère de Henri et de Louise, tous ces enfants agitaient, levaient et abaissaient leurs drapeaux de gaze et de mousseline ; c'était une voûte mouvante au-dessus de la Princesse.

Au perron de l'appartement de *Madame*, mesdemoiselles de Callac, nièces du marquis de Goulaine, lui offrirent des fleurs et des souhaits vendéens : à ces vœux nos Bourbons peuvent croire. Tout, dans le pays, atteste qu'ils sont vrais ; les ruines même, disent d'y ajouter foi.

Après quelques instants de repos passés dans ses appartements, *Madame* reparut : une robe bleu de ciel, et des fleurs de la même couleur, mêlées à sa blonde chevelure, avaient remplacé l'habit de cheval ; et nul, en la voyant ainsi, n'aurait pu croire que S. A. R. avait été exposée pendant toute la journée à la fatigue et aux ardeurs d'un soleil dévorant.

Madame daigna admettre à sa table,

Le marquis et la marquise de Goulaine.
M. et madame de Callac.
Le baron de Charette, pair de France.
Madame la baronne de Charette.
Le comte Humbert de Sesmaisons, pair de France.
Le baron de Vanssay, conseiller d'État, préfet de la Loire-Inférieure.
Le marquis de Foresta, maître des requêtes, préfet de la Vendée.

Le comte de La Rochejaquelein, maréchal de camp.

Le comte Gabriel de Sesmaisons, gentilhomme de la chambre du Roi.

Le curé de Saint-Étienne de Corcoué.

M. Dubois de la Patellière, chef de division de Machecoul.

M. Beaudry d'Asson,
M. le Magnau,
M. de Tinguy,
M. de La Roche Saint-André,
M. Louis de Cornullier,
} officiers vendéens.

Le marquis de Catuélan.

Le marquis de Regnon.

Georges Vardon, vice-consul d'Angleterre.

M. de La Roche-Macé.

Le vicomte Walsh.

Madame la maréchale duchesse de Reggio, M. le comte de Mesnard et madame la marquise de Podenas, firent les honneurs du dîner; pendant toute sa durée S. A. R. fut d'une gaîté charmante. Cette gaîté, sans nuire au respect, se répandit parmi les personnes admises à la table de la Princesse. Elle souriait; et l'on sait que le sourire d'un prince est comme un rayon de soleil; il anime tout....

Pendant le dîner les paysans vendéens, leurs femmes et leurs petits enfants, furent admis à entrer dans la salle; on voulait les faire circuler; mais une fois arrivés, ils s'arrêtaient en face de *Madame...;* et quand les gardes d'honneur leur disaient de faire place à d'autres, ils répondaient : *Oh ! laissez-nous la voir encore ; elle a l'air si avenant et si bon ! Quel dommage qu'elle n'ait pas amené son cher fils !*

Madame portait ce jour-là une parure de *diamants vendéens, de pierres de Chambreteau;* elle eut la bonté de détacher son collier et de le faire circuler de mains en mains...; elle disait aux paysans : *Ce sont des diamants de votre pays, mes amis; vous le voyez, tout est beau et bon chez vous.*

Pendant le dîner, la nuit était venue; et lorsque *Madame* retourna dans ses appartements, elle vit une illumination générale tout à l'entour de *la Grange.* Les cours, la prairie, se dessinaient en longues lignes de feu ; les *rondes poitevines* se dansaient sur la pelouse, où l'on buvait, en chantant, le vin du pays ; et sur les hauteurs environnantes, à une grande distance, on apercevait des feux de joie. Il y en eut un dont l'effet fut remarquable : il avait été allumé sur un coteau tout à côté d'une haute croix de mission, à la Garde, chez M. de La Roche Saint-André ; ses longues flammes ondulantes, ses gros nuages de fumée entouraient et éclairaient le signe rédempteur au milieu de la nuit. La croix semblait ainsi apparaître dans le ciel pour consacrer la joie des Vendéens, comme elle avait jadis consacré leurs malheurs.

Après un feu d'artifice, S. A. R. rentra dans son salon ; elle y admit toutes les personnes qui se trouvaient chez la marquise de Goulaine. L'affabilité de la Princesse faisait, de cette soirée, une agréable soirée de château. On racontait les événements de la journée ; on redisait les bons mots des paysans : un de ces mots amusa beaucoup *Madame*.

A son arrivée à *la Grange*, alors que les cris de *vive Madame*, le bruit des tambours et le mouvement des drapeaux, pouvaient effrayer les chevaux, un cavalier de Charette voyant la jeune Princesse parfaitement tranquille et tout-à-fait à l'aise sur son cheval bondissant, dit à son camarade : *Vois donc, elle n'a pas peur !*

Peur ! répondit son compagnon ; *je le crois bien qu'elle n'a pas peur ! Oh ! elle nous a bien prouvé qu'elle avait du courage quand elle nous a donné le petit duc de Bordeaux ; elle est accouchée comme un homme.*

Un jeune paysan, au milieu de toute la joie de la fête, s'écriait : *Je n'ai jamais tant regretté mon vieux père qu'aujourd'hui ; une journée comme celle-ci lui aurait payé toutes ses misères passées.*

Des femmes, ne sachant comment témoigner leur respect et prouver leur amour, restaient immobiles à la porte de leur chaumière ; et, tenant à la main leur chapelet, priaient pour la fille des Bourbons qui traversait le village.

A onze heures *Madame* se retira... Quand on sut que S. A. R. allait se livrer au repos, les danses et les chants cessèrent dans les cours et dans la prairie..... Tout le joyeux tumulte avait cessé à l'entour du château ; dans l'éloignement on entendait seulement des cris de *vive le roi*..... ; mais, comme dans les autres fêtes vendéennes, on ne tirait point de coups de fusils ; on aurait craint de réveiller la mère du duc de Bordeaux.

En entrant dans sa chambre à coucher, S. A. R. trouva près de son lit une veilleuse en porcelaine avec cette devise :

REPOSEZ TRANQUILLE, LA VENDÉE VEILLE.

Oh oui ! la Vendée veillait !.... et jamais garde ne fut montée avec tant de vigilance et de bonheur ; plusieurs gardes d'honneur de Nantes et de Bourbon se trouvaient à *la Grange*. Mais les soldats de Charette étaient leurs anciens et d'âge et de dévouement, et le pas leur fut cédé.

Le lendemain, 2 juillet, l'infatigable voyageuse était levée de bonne heure... ; en sortant de sa chambre nous la vîmes les mains pleines de pétitions auxquelles elle venait de répondre, aidée du comte de Mesnard, du baron de Charette, du baron de Vanssay et du marquis de Goulaine; elle classa les brevets des secours et des pensions qu'elle avait à accorder. On nomma devant elle un soldat blessé qui ne pouvait plus travailler à force de batailles, et qui n'avait rien obtenu parce qu'il n'avait rien voulu demander, disant qu'il ne s'était pas battu pour avoir de l'argent.... *Ah! je sais qui il est*, s'écria Madame, *j'ai pris son nom; il n'aura pas le chagrin de demander.*

Après avoir achevé son travail comme quelqu'un qui connaît déjà le pays, *Madame* se rendit à un élégant déjeûner où elle daigna admettre une grande partie des personnes qui avaient couché au château.... Plusieurs fois elle répéta à M. et à madame de Goulaine de gracieux remercîments, en caressant leur fils aîné; elle remarqua *qu'il avait l'air bien décidé*. M. de Goulaine répondit : *Je tâche qu'il le soit et qu'il n'hé-*

site jamais entre le bien et le mal. Oh! là-dessus je suis bien rassurée, répliqua S. A. R.; *ici rien n'est incertain.*

Comme *Madame* passait au milieu des soldats de la division de Légé, plusieurs d'entre eux mêlèrent aux cris de *vive le Roi, vive Madame*, le cri de *vive M. le marquis de Goulaine!* M. de Goulaine leur dit : *Mes amis, ne criez pas ainsi; je ne suis comme vous qu'un serviteur du Roi.* S. A. R. l'entendit, et ajouta : *Laissez-les crier ce qu'ils veulent; ils ont mis leur confiance en vous, et ils ont bien fait.*

Le monument élevé à la mémoire du général Charette, ce monument dont S. A. R. *Madame* la Dauphine, représentée par madame de Charette, avait bien voulu poser la première pierre; cette statue que l'excellent et très-regretté duc de Rivière était venu inaugurer au nom du Roi, deux ans auparavant, excitait vivement l'intérêt de l'auguste mère du duc de Bordeaux. De la Grange à Légé il n'y a que deux lieues et demie. Accompagnée du marquis et de la marquise de Goulaine, du baron et de la baronne de Charette, du général de La Rochejaquelein et des personnes de sa suite, *Madame* quitta le château de la Grange, vers les dix heures du matin; jusqu'à Saint-Étienne de Corcoué, S. A. R. fit le trajet dans la calèche de M. Baudry d'Asson dont le nom est cher au pays. Arrivée à Saint-Étienne, *Madame* entra dans l'église et y fit sa prière pendant que l'on chantait l'*Exaudiat*....

Un arc de triomphe avait été élevé un peu en avant du bourg. M. Menu, ancien officier des armées royales, et M. du Temple, en avaient été les principaux architectes. En sortant de l'église, la jeune mère de notre Henri passa tout à côté du tombeau du vieux comte de Goulaine, de ce chevalier d'autrefois, modèle de foi, de simplesse et d'honneur. Oh! s'il avait pu se réveiller de son sommeil, se lever de sa tombe! dans tous les jours qui lui avaient été donnés, il n'en avait pas eu un pareil.... S. A. R. avait quitté sa voiture et voulait arriver à Légé à cheval, un noble état-major l'entourait, de jolies femmes en amazones, et de bons paysans en habit de bure, de jeunes gardes d'honneur avec leurs hauts plumets blancs; des généraux et des préfets, tout resplendissants de broderies d'or et d'argent; des colonels, des officiers de la ligne et de la gendarmerie royale; tous accompagnaient la royale Vendéenne.... Sur la route, en plein midi, c'était une longue suite de feux de joie. Nous nous rappelons avoir vu sur ce chemin un vieillard qui avait fait traîner son lit à la porte de sa pauvre cabane; il allait mourir et ne pouvait plus marcher; mais il avait voulu voir la mère du duc de Bordeaux..... Du pied du monument de Charette, c'était une belle chose que de voir dans le lointain le cortége avancer; à travers la poussière on apercevait briller les sabres, les casques et les broderies; plus les nuages de fumée se rapprochaient de Légé, et plus l'émotion augmentait. *Madame* allait arriver; la croix d'argent, la bannière de pourpre, les étendards de mousseline portés par les enfants, les drapeaux noircis et déchirés portés par les vétérans de l'armée catholique, descendaient ensemble du plateau où est situé le monument pour aller au devant de S. A. R. qui venait de mettre pied à terre à l'entrée de la ville....

Le lieutenant général comte Despinois, le maréchal de camp vicomte de Cheffontaine, M. de La Lande, colonel du 7me léger, le chevalier Blin, lieutenant colonel du 15me, plusieurs officiers, les préfets de la Loire-Inférieure et de la Vendée, le maire de Nantes et ses adjoints, le procureur du Roi, s'étaient rendus à Légé..... C'était de là que S. A. R. devait quitter le département de la Loire-Inférieure, pendant quelques jours ; car elle devait encore nous apparaître un instant à Clisson...

En montant vers le monument, *Madame* donnait le bras à son premier écuyer. Le neveu du héros dont elle venait honorer la mémoire, le baron de Charette marchait à quelques pas derrière elle ; quand elle fut à cent pas en avant de la statue, elle quitta le bras du comte de Mesnard, et prit celui du baron de Charette... Appuyée ainsi sur le bras du neveu de l'illustre général, elle avança vers le monument.... Oh! quel discours aurait pu en dire autant que cette simple action ?.. Aussi, quels cris de *vive Madame!* quel enthousiasme autour d'elle!.. Tous les vieux soldats de Charette pleuraient de joie en voyant la fille des Bourbons, soutenue par un autre Charette.... Toute la foule disait : Comme elle honore bien les morts en consolant les vivants !... Parvenue au pied de la statue, *Madame* s'arrêta et la considéra avec attention; on voyait dans ses traits ce qui ce passait dans son cœur : il y eut alors un grand silence; elle le rompit la première en disant à M. Dominique Molchenetz : *C'est fort beau, monsieur; c'est un ouvrage qui vous fait honneur.*

La commission pour l'érection du monument, ayant en tête son vice-président, M. de Couëtus, invita alors S. A. R. a entrer dans la chapelle qui s'élève à quelques pas en arrière de la statue, et dont le style gothique rappelle la vieille France que Charette sut si vaillamment défendre.

Cette chapelle est élevée à la hauteur de la voûte; elle sera bientôt achevée, mais il faut le dire ici, les monuments de tel général de Bonaparte, de tel député et de tel acteur, seront probablement terminés avant celui du défenseur de l'autel et du trône. Ce qui va le plus vite dans ce monde, ce n'est pas le bien; ce qui est le plus riche dans notre société, ce n'est pas la vertu.

Au pied de la statue de son oncle, le baron de Charette remercia, au nom de sa famille, au nom de la Vendée, S. A. R. d'être venue honorer la mémoire de celui qui fit trembler cette république française qui faisait trembler le monde. Pendant que le jeune pair de France parlait à cette noble tribune, on pouvait voir sur le visage de *Madame* toute son approbation et toute sa bienveillance pour l'orateur : madame de Charette était auprès de S. A. R.; c'était un beau moment pour elle.

M. de Couëtus, vice-président, M. le comte de Sesmaisons, M. le colonel Bascher, M. le marquis de Regnon, M. Roger de la Mouchetière, M. Reveillé de Beauregard, M. le marquis de Goulaine, et autres membres de la commission, eurent, après le discours du baron de Charette, l'honneur de recevoir *Madame* dans l'intérieur de la chapelle; là, ils furent admis à présenter à S. A. R. l'architecte M. Chagniau, et le statuaire M. Molchenetz.

Le plan général du monument, avec une vue perspective de la statue et de l'oratoire gothique dessinée et lithographiée par M. Donné, fut offert à *Madame*, qui daigna l'examiner en détail, et l'honorer de son approbation.

M. Roger de la Mouchetière, ancien Vendéen, présenta à S. A. R. *Madame* une vue lithographiée de la chapelle, et M. de Couëtus expliqua à S. A. R. que quatorze tables de marbre noir devaient être incrustées dans les murs, sous des ogives, et que sur ces tables seraient inscrits les noms des paysans des quatorze divisions de l'armée de Charette, morts en combattant pour Dieu et le Roi.

Après avoir tout examiné et tout approuvé, S. A. R. se rendit à l'église de Légé ; le clergé marchait en tête, les Vendéens en armes formaient la haie, et toutes les autorités, toutes les notabilités du pays, composaient le cortége de la Princesse. Après la messe, S. A. R. se rendit chez le curé, vétéran des armées catholiques et royales, et dont le courage est attesté par des blessures, comme la vertu par de bonnes œuvres ; chez ce respectable prêtre, *Madame* s'arrêta quelques instants, et y prit quelques rafraîchissements; ensuite elle remonta en voiture, et les vœux et les regrets et les bénédictions se mêlèrent aux cris de *vive le Roi! vive Madame!*

Sous les arceaux de verdure, sous les guirlandes de fleurs qui ornaient la petite ville de Légé, au milieu de toute cette foule dans le délire de la joie.... je me pris à penser malgré moi, qu'il y a trente-cinq ans, pas un être vivant n'existait à Légé;

cette ville, si souvent prise et reprise par les différents partis, avait fini par devenir un désert de ruines; personne n'osait s'y arrêter : un voyageur cependant la traversant un jour y vit une femme, elle était pâle comme quelqu'un qui va mourir; assise sur des débris entre des poutres noircies par le feu, à côté de cadavres qui n'avaient pas eu de sépulture, cette femme chantait et riait aux éclats; c'était une folle.... Peut-être était-ce une mère dont le fils avait péri à Légé, et à laquelle la douleur avait ôté la raison....

Une habitante de Légé qui a beaucoup souffert pour la cause royale, qui a guerroyé pendant de longues années, qui a sauvé bien des prêtres et bien des émigrés, et dont le mari repose près de l'église avec cette inscription sur sa tombe,

QUI SERT BIEN SON PAYS N'A PAS BESOIN D'AÏEUX.

Madame Lecouvreur, aubergiste, fut présentée à S. A. R., qui lui prouva bien, par son accueil, qu'elle savait tout ce que valait cette franche et noble Vendéenne.

On aurait pu croire que, d'après le rassemblement qu'il y avait eu à Légé, les autres endroits par lesquels S. A. R. passerait offriraient moins de foule; on se serait trompé : à Palluan, elle trouva encore une réunion considérable de Vendéens, et une autre non moins nombreuse à Saint-Christophe de Ligneron. La Vendée se levait tout entière pour voir la veuve du duc de Berry, elle se levait comme s'il avait fallu courir à de nouvelles batailles pour le Roi...

Le Verger.

Le 2, à six heures du soir, par un temps doux et serein, *Madame* arriva au château du Verger, chez M. et madame de Mauclerc... S. A. R. avait promis de s'y reposer et d'y passer la nuit : la nouvelle s'était répandue dans le pays, et là encore, il y avait toute une multitude empressée de la voir. La chaleur avait été accablante pendant tout le jour. *Madame* ayant été obligée de faire une partie de la route à cheval, était fatiguée; on la pressait de se reposer, mais elle avait promis au curé d'aller visiter son église; et *pensant* à la peine qu'elle ferait au vénérable pasteur, elle *oublia* sa fatigue, et dit : *Allons voir l'église ; ce bon prêtre serait trop chagrin si je lui manquais de parole....* Voilà un des traits du caractère de Marie-Caroline; elle ne sait pas refuser, quand son refus peut donner un instant de chagrin; *s'oublier* est dans ses habitudes, comme l'égoïsme est dans les mœurs du siècle ; à cet égard seulement, elle est fort en arrière de lui.

On vante beaucoup les inventions de l'esprit humain et les richesses de nos *imaginations françaises ;* comment se fait-il donc que nous n'inventions rien de neuf pour nos fêtes ?... Ce sont toujours des arcs de triomphe, des fleurs offertes par de jeunes personnes, et quand vient la nuit, des illuminations. Celui qui veut redire ces fêtes est obligé d'employer toujours les mêmes mots, car il a toujours à peindre les mêmes choses, le même sentiment ; partout c'était de l'amour... partout il s'est répété!

Au château du Verger, comme au château de la Grange, il y a donc eu des arcs de triomphe, des rassemblements de paysans dévoués, des drapeaux blancs et des cris de *vive Madame !*

A la table de S. A. R. furent admis :

> M. le marquis de Foresta, préfet de la Vendée.
> M. le comte de Verdel, officier des gardes.
> M. de La Voyrie, colonel de gendarmerie, ancien Vendéen.
> M. le marquis de Goulaine, gentilhomme de la chambre du Roi.
> M. de La Rochefoucauld.
> MM. Alexandre et Auguste de Mauclerc.
> M. de la Grossetière.
> M. de la Choltière.
> M. Billon de la Poirière.
> M. Hymen, commandant du détachement de gardes d'honneur.
> Madame de Mauclerc.

Madame de la Grossetière.
Madame de Latre.
Madame de la Choltière.
Madame Boux de la Verrie.
Mademoiselle des Ursins.
Mademoiselle de la Choltière.

Encore comme à la Grange, le peuple entra dans la salle à manger.... Il était curieux d'observer sur les naïves figures des paysans, tout l'*émerveillement* de ces braves gens, *de se trouver dans la même chambre qu'une princesse du sang royal !* Pour tous c'était un honneur qu'ils n'auraient jamais osé rêver. Parmi eux il y en avait cependant beaucoup tout couverts de cicatrices reçues pour le Roi.

La Vendée n'a pas seulement ses chevaliers, elle a aussi ses bardes ;... dans les guerres contre la République, parmi les soldats laboureurs, il se trouvait des paysans qui chantaient leurs victoires et les défaites du drapeau tricolore ; ils ne savaient pas écrire leurs vers, mais en combattant ils savaient les chanter.... Un de ces vieux troubadours de village demanda à S. A. R. de lui faire entendre une chanson vendéenne. *Madame*, avec sa bonté ordinaire, accorda cette permission, et elle s'en applaudit; car le chant du villageois la fit tour à tour et sourire et pleurer.

Le lendemain 3, à déjeûner, S. A. R. fit apporter un portrait de Monseigneur le duc de Bordeaux; elle eut la bonté de le faire circuler autour de la table, et chacun eut le bonheur de contempler les traits de l'enfant de la France.... Mais à madame de Mauclerc, à la châtelaine hospitalière, S. A. R. réservait une autre faveur; avant de partir, elle daigna lui donner son propre portrait....

Des brevets de pensions furent aussi distribués aux vétérans blessés, et des aumônes remises au curé pour les plus malheureux de ses paroissiens.

Champ des Mattes.

En partant de chez madame de Mauclerc S. A. R. se dirigea vers le champ des Mattes; c'était changer de contrée. Le paysage n'était plus le même.... plus on s'approchait de la mer, et plus la route devenait fatigante. *Madame* était à cheval, toujours escortée de cet état-major fidèle dont nous avons parlé.... On commençait à entrer dans les sables; la chaleur devenait étouffante; on parlait moins; quelque chose de triste comme le pays et comme le champ qu'on allait visiter s'était emparé des esprits.... Après une course longue et pénible, la petite caravane parvint au pied d'un monticule sablonneux.... Là, une simple croix, une pierre grossièrement taillée, marquent l'endroit même où le sang de Louis de La Rochejaquelein a coulé. Sous cette pierre il a reposé pendant quelques jours; l'amour de sa veuve, l'amitié de son frère, l'ont enlevé à cette tombe du désert.... Il va dormir sous le triple monument de sa famille.

En approchant de la croix, *Madame* s'agenouilla sur le sable et pria... Rien ne troublait sa prière ; la foule était muette, on entendait seulement le vent qui venait de la mer et qui soufflait lugubrement dans le peu d'arbres qui croissent à regret dans ce lieu aride et désolé.

Au milieu de ces sables, comme sous les ombres du Bocage, une multitude de Vendéens était encore accourue ; là se trouvaient la population de Saint-Jean-de-Mont, de Saint-Gilles, de Soulans, de Riez, de Beauvoir, du Perrier, des îles de Bouin et de Noirmoutiers, la plupart en armes et rangés par paroisse et par division sous le drapeau blanc.... L'illustre veuve du duc de Berry parcourut tous les rangs, et remit au nom de Charles X les faveurs qu'il l'avait chargée de répandre parmi les anciens soldats de la croix et des fleurs de lis.

Un élégant pavillon, orné de trophées, de devises et de banderolles, avait été dressé par les soins de M. le marquis de Foresta, dans une prairie entourée de saules et qui semblait une verte *oasis* dans la sécheresse et les terrains sablonneux du pays.

Là se trouvait une table de vingt couverts où *Madame* voulut bien s'asseoir; elle y daigna admettre avec sa suite le préfet, le sous-préfet de l'arrondissement, M. le baron de Charette, M. le comte de La Rochejaquelein, le curé cantonal, M. Benjamin de Maynard, commandant la division du Marais, et le brave Fortin, commandant de paroisse. S. A. R. avait bien voulu affranchir les convives de la rigueur de l'étiquette, et souriait à la respectueuse familiarité des bons habitants du Marais.

Les bourgs de Riez, de Commequiers, de Maché, et d'Aizenay, où le sang d'un autre Charette a coulé, en 1815, et où M. Guéry de Beauregard, beau-frère des La Rochejaquelein, a été blessé et ensuite massacré en criant *vive le Roi*, à l'âge de soixante ans, laissant sa veuve avec sept enfants, se trouvant sur la route de Bourbon, *Madame* les traversa au milieu des flots d'une multitude empressée de la voir. Ce besoin d'approcher de la jeune mère du duc de Bordeaux était général ; il n'y avait plus de nuances différentes !... La magie de la grâce et de la bonté avait exercé son charme sur tous les esprits...

Bourbon-Vendée.

La ville de Bourbon comptait les heures ; *Madame* devait y arriver vers les sept heures du soir ;.... mais divers incidents avaient retardé la marche de S. A. R. Quand on voyage dans un pays ami, on ne va jamais très-vite... Si j'osais, je dirais que l'amour *met des bâtons dans les roues* pour ralentir la marche de la personne aimée....

Il était onze heures et demie lorsque S. A. R. fut reçue par le conseil municipal sous un arc de triomphe... L'impatience de voir *Madame* avait tenu le peuple éveillé, et comme en plein jour, les acclamations retentirent sur tout son passage et la saluèrent quand elle descendit à l'hôtel de la préfecture.

M. le marquis de Foresta qui avait accompagné S. A. R. pendant toutes ses courses de la journée, qui ne l'avait pas quittée depuis son entrée dans le département de la Vendée, avait trouvé le moyen de la devancer et d'arriver à la préfecture à temps pour y recevoir *Madame*.

Malgré toute la force que donne l'énergie, l'auguste voyageuse était fatiguée, et se retira tout de suite dans ses appartements, après avoir adressé quelques paroles pleines de bienveillance à la marquise de Foresta.

Madame la maréchale duchesse de Reggio fit les honneurs d'un dîner de vingt-cinq couverts, où plusieurs hauts fonctionnaires et officiers généraux furent admis ; entre autres Mgr l'évêque de Luçon, le lieutenant général comte Despinois, le préfet, la marquise de Foresta; le maréchal de camp marquis de Saint-Belin, commandant le département; le chevalier Duchesne de Denans, maire de Bourbon; le colonel de gendarmerie royale de La Voyrie, le maréchal de camp de Chantreau; MM. Desplantys, secrétaire général de la préfecture; Auvynet, président du tribunal; Bourbon, doyen du conseil de préfecture, et Maynard de la Claye, membre du conseil général.

Ce n'était pas seulement pour se livrer au repos que *Madame* s'était retirée chez elle en arrivant à la préfecture; le lendemain, quand elle sortit de ses appartements, elle avait déjà examiné les placets qui lui avaient été remis au champ des Mattes, et son premier soin fut de prendre, de qui de droit, les informations dont elle avait besoin pour ne commettre aucune injustice, pour ne laisser sans secours aucune honorable misère.

La journée du 4 juillet, accordée tout entière aux habitants de Bourbon, restera à jamais gravée dans leurs souvenirs : le peuple a aussi ses archives; c'est avec son cœur qu'il garde la mémoire des bons princes.

Dans nos hameaux, les petits enfants savent aujourd'hui les détails du voyage que S. A. R. *Madame duchesse d'Angoulême* fit il y a cinq ans dans la Vendée. *C'est ici*, que la Princesse nous a passés en revue, disent les vieux soldats.

C'est ici, qu'elle a prié comme une sainte, répètent les curés à leurs paroissiens.

C'est ici, qu'elle nous a secourus, s'écrient les pauvres.

A ces souvenirs ils en joindront d'autres maintenant; ils confondront dans le même amour les deux sœurs... et si le Roi vient!... Le Roi viendra. Il y a une vieille dette de la royauté envers la Vendée. Charles X l'acquittera...

Madame commença la journée du 4 juillet par accorder quelques audiences particulières, remit à M. l'abbé de Chantreau la croix du chapitre de Saint-Denis, et annonça au préfet que Sa Majesté venait d'accorder son portrait à la ville de Bourbon.

À midi, vingt-cinq jeunes personnes, à la tête desquelles se trouvait mademoiselle de Bessay, furent admises à lui présenter une corbeille de fleurs...

Les différentes autorités, le clergé et les officiers de la garnison, eurent ensuite l'honneur d'offrir leurs respectueux hommages à S. A. R.

Bourbon, ville toute nouvelle, offrait peu d'établissements à visiter. *Madame* monta en calèche découverte, et alla visiter l'église en construction, l'ancienne paroisse de la Roche-sur-Yon, l'école des frères de la doctrine chrétienne, l'hospice départemental, le collége, et le couvent des Ursulines..... Les distractions de nos princes seraient nos bonnes actions; quelle occupation plus sainte en effet, que de visiter des églises, des écoles et des hopitaux! c'est à la fois honorer Dieu, encourager l'enfance dans le bien, et visiter les pauvres dans leurs souffrances.

Rentrée à la préfecture, après avoir parcouru cette ville que Bonaparte a voulu fonder, pour qu'un autre nom que celui de nos anciens rois fût prononcé dans la Vendée, *Madame* dîna à six heures du soir, et admit à sa table, outre les personnes de sa maison,

- Le marquis et la marquise de Foresta.
- Le lieutenant général comte Despinois.
- Monseigneur l'évêque de Luçon.
- Le marquis de Saint-Belin.
- Le comte de La Rochejaquelein.
- Le baron et la baronne de Charette.
- Le baron de Vanssay.
- Le maréchal de camp de Saint-Hubert.
- Le colonel de La Voyrie.
- M. de La Bastière, commandant de la garde d'honneur.
- Les anciens chefs des divisions vendéennes, Caillaud et des Abbayes.
- M. Bernard, sous-préfet de Fontenay.
- MM. de Lepinay et Amédée de Béjarry, membres du conseil général.
- Le chevalier Duchesne de Denans, maire de Bourbon.
- L'abbé Roy, curé de la paroisse.

Immédiatement après son dîner, *Madame* alla passer en revue les débris de plusieurs anciennes divisions des armées royales, réunis au nombre de plus de trois mille hommes rangés en bataille sur l'un des deux cours qui forment l'enceinte extérieure des jardins de la préfecture.

Bonaparte avait dit dans toute sa puissance : Il y a un pays habité par *un peuple de géants ;* ce peuple a fait la guerre comme les *anciens chevaliers ;* ses soldats n'étaient payés que par l'honneur et la gloire : je veux que mon nom vive au milieu de ces héroïques provinces; j'y veux fonder une ville : là où l'on s'est battu pour les Bourbons, je veux que *Napoléon* existe.... Il a dit, et des architectes et des ingénieurs, et toute une nation d'ouvriers sont venus à la Roche-sur-Yon; des grandes routes ont été tracées et exécutées à travers le *Bocage*, des casernes, des prisons, un hôtel de préfecture, d'autres hôtels pour les fonctionnaires impériaux se sont élevés à sa voix, une église aussi est lentement sortie de terre....

Mais la pensée de l'homme tout puissant n'a pas été créatrice, l'œuvre n'a pas été achevée, la ville est restée incomplète, et cette ville qui dans la Vendée devait faire prononcer le nom de *Napoléon* s'appelle *Bourbon!!!* Et sur ces places d'armes où les soldats de l'empire devaient venir manœuvrer avec leurs aigles, voilà des soldats des anciennes armées catholiques et royales, avec leurs rustiques habits et les drapeaux de la vieille France, et une fille de ces Bourbons de Naples que notre révolution avait rendue pauvre et fugitive, vient avec éclat passer en revue les soldats de la légitimité...

Voyez-la cette fille des rois, elle a connu le malheur dès ses premières années; comme elle écoute les réclamations de tous ces vieillards armés ! en parcourant les rangs, elle s'arrête presque à chaque homme ; quand elle aperçoit de nobles balafres et de larges blessures, avec quel touchant intérêt elle s'enquiert des batailles où ces blessures ont été reçues, et si des pensions ou des secours ont été accordés à qui les a si bien mérités!...

Enhardis par tant de bonté, les naïfs paysans racontent parfois un peu longuement leurs faits d'armes, et les détails des combats où ils ont été blessés; *Madame* n'a pas l'air de trouver leurs récits trop longs; elle écoute tout et distribue, avec des paroles aussi douces que les bienfaits, des brevets de pensions sur la liste civile, à ceux qui ont le plus souffert et le plus mérité.

A la suite de cette distribution, ces trois mille hommes en armes, tambours battants et drapeaux déployés, défilèrent devant *Madame;* c'est ici qu'il me faudrait d'autres paroles pour redire l'enthousiasme de ces vieilles bandes fidèles... Oh! que celui qui aurait remarqué alors que ces Vendéens n'avaient pas de beaux uniformes, de tenue militaire et d'ensemble dans la marche, aurait eu le cœur froid!.. La gloire de leurs nobles combats ennoblissait leurs habits de bure; l'ombre de leurs drapeaux si souvent victorieux couvrait leur honorable pauvreté; s'ils ne marchaient pas mécaniquement au pas, n'avaient-ils pas bien couru à la charge?

Ces armes, ces canons, qui les leur avait donnés? N'était-ce pas leur propre vaillance? N'était-ce pas eux qui les avaient pris, alors qu'ils n'avaient que des bâtons? C'est avec ces idées qu'il faut voir une revue vendéenne : celui qui chercherait un autre éclat que celui de la vraie gloire, sourirait dédaigneusement à la vue des bataillons rustiques; mais que son sourire serait digne de pitié !.... et quelle idée il donnerait de son cœur !....

Comme S. A. R. rentrait au palais, des paysannes vinrent à elle; parmi ces femmes il y avait des mères, des veuves : oh! ce n'est pas elle qui n'écouterait pas les veuves.... Ces Vendéennes ne venaient rien demander; elles accouraient de près pour voir de près la mère de Mademoiselle et de Monseigneur le duc de Bordeaux.

Cette belle journée devait se terminer par un bal; S. A. R. s'y rendit à dix heures et demie; ce bal était offert à *Madame* par le corps municipal et avait lieu à l'hôtel de ville. Le premier quadrille était ainsi composé :

S. A. R. *MADAME* avec M. Duplantys, secrétaire général de la préfecture;

Mme la baronne de Charette;

Mme de La Basselière,

Mme de La Roche Saint-André.

M. de Charette,

M. de Goulaine,

M. de Chantreau.

Deuxième quadrille.

S. A. R. *MADAME* avec le comte de La Roche-Jaquelein;

Mme la marquise de Goulaine,

Mme de La Voyrie,

Mme de Saint-Denis.

M. de Vanssay,

M. de La Voyrie,

M. de Bessay.

La journée avait commencé par les cris de *vive le Roi! vive Madame!* elle se termina aux mêmes acclamations; S. A. R., rentrée chez elle, entendait encore les vœux que la foule faisait pour elle et son auguste famille. Il doit être doux de s'endormir ainsi à la voix de tout un peuple qui vous bénit.

Dès l'instant où les habitants de la Vendée avaient pu concevoir l'espérance de posséder S. A. R., une garde d'honneur s'était formée spontanément ; l'élite de la jeunesse du pays était venue s'offrir. Cette garde a fait son service avec un zèle, une vigilance, une ponctualité dignes des troupes les mieux disciplinées. Dans toutes les courses de S. A. R., la garde de Bourbon l'a accompagnée, et partout elle a été vue avec plaisir par *Madame*, qui à la sortie du département a fait distribuer des médailles frappées à son effigie, à chacun de ses membres ; elle remit à M. de la Basselière leur colonel, un précieux témoignage de sa satisfaction.

Le 5, vers huit heures du matin, S. A. R. partit de Bourbon pour se rendre au château de Mesnard.

Les Quatre Chemins.

Arrivée aux Quatre Chemins, lieu célèbre dans les fastes de la Vendée, *Madame* posa la première pierre d'un monument destiné à perpétuer le souvenir des victoires qui tant de fois signalèrent la valeur des armées catholiques et royales.

Là, s'élèvera bientôt un simple oratoire quadrangulaire, de style gothique et de forme élancée. Quatre arcs en ogives, liés par un entablement, surmontés de petits frontons, formeront une espèce de baldaquin, au-dessous duquel s'élèvera une croix de pierre fleurdelisée, avec cette inscription gravée sur la principale face du piédestal :

IN HOC SIGNO VINCES.

Sur les trois autres faces du même piédestal, des inscriptions rappelleront les victoires remportées dans ce lieu, le voyage de S. A. R., et l'érection par elle ordonnée de ce trophée tout chrétien.

Tout le bon goût, tout le bon esprit de M. de Foresta se trouvent dans ce projet. Nulle part un monument ne pouvait être mieux placé qu'au croisé des *Quatre Chemins*, en perspective des routes de Nantes, de Bourbon, de Saumur et de la Rochelle.

Là, les fils des Vendéens viendront prier pour leurs pères; en pensant à eux, ils se souviendront d'avoir vu la fille des rois venir honorer leur mémoire; des veuves prieront aussi devant la croix des fleurs de lis. Pauvres paysannes du pays fidèle, vous êtes isolées sur vos vieux jours! vos époux ont péri sur des champs de bataille! ah! ne murmurez pas! Il y a eu des pertes plus cruelles que les vôtres! celles que vous appelez heureuses ont encore été plus à plaindre que vous!

Château de Mesnard.

Il était juste que le compagnon d'exil, que l'ami de cœur de Monseigneur le duc de Berry, que celui qui lui avait voué sa vie entière, que le comte de Mesnard obtînt de *Madame*, l'honneur qu'il avait sollicité et obtenu pour bien d'autres royalistes, celui de recevoir S. A. R.

Pour cette réception, les ruines du château de Mesnard, vieux et noble manoir, situé dans une jolie position, avaient pris un air de fête; tout ce que le pays avait de plus distingué y était accouru; on voulait avant tout voir et revoir l'illustre voyageuse, mais on voulait aussi remercier le premier écuyer d'avoir si bien tracé l'itinéraire du voyage. Tout autre qui aurait moins connu l'énergie infatigable de la Princesse, aurait craint de lui faire faire tant de pas à travers tant de mauvais chemins; mais le comte de Mesnard avait conçu toute la pensée de *Madame* : *elle voulait connaître la Vendée*, et il n'a rien redouté pour elle ; il s'est dit, le bonheur qu'elle donnera, qu'elle aura dans cet excellent pays, lui sera plus doux que le repos.... Nous avons été à même de voir avec quelle obligeance, quel empressement le premier écuyer mettait sous les yeux de S. A. R. les espérances, les demandes des royalistes dont les châteaux se trouvaient sur la route de *Madame* : tout le monde aspirait à un honneur qui a été accordé à beaucoup, et dont nul ne perdra le souvenir.

Le curé et des sœurs de charité ont reçu S. A. R. à son arrivée. M. et madame de Mesnard les ont établies dans le pays pour l'instruction des jeunes filles du bourg et des environs. Le château ayant été brûlé pendant la guerre, le comte de Mesnard a arrangé dans les anciennes écuries, une maison propre et très-logeable : c'est là que *Madame* a déjeûné. Toutes les personnes qui s'étaient attachées à ses pas, depuis son entrée dans la

Vendée, étaient venues à sa suite, avec un grand nombre de paysans; ces braves gens ont bien bu, mangé, dansé, tiré des coups de fusil, et paraissaient au comble du bonheur. On voit que le bien que font les nobles propriétaires *des Ruines* n'est pas perdu; ils sont aimés de tout ce qu'il y a de bon dans la contrée.

S. A. R. a remarqué la chapelle, qui est gothique et charmante. Comme nous l'avons dit ailleurs, dans la Vendée il n'y a pas de fêtes sans feux de joie et sans étendards; c'est le luxe du pays : un énorme feu brûlait en face du château, et sur les débris de la demeure du serviteur fidèle flottait ce drapeau blanc, qu'il avait suivi avec un fils de France sur la terre d'exil. . . . . Madame la comtesse de Mesnard avait été retenue à Paris pour les couches de sa fille, et fut ainsi privée de l'honneur de recevoir S. A. R.

A peu de distance de Mesnard *Madame* trouva une partie de chasse tout organisée par MM. de Chabot, officiers vendéens.

S. A. R. chassa pendant quelque temps; mais la chasse fut sans résultat.

Landebaudière.

Du château de Mesnard, S. A. R. traversa le bourg des Herbiers (célèbre dans les annales vendéennes) pour se rendre au château de Landebaudière, appartenant au comte Auguste de La Rochejaquelein.

Dans ce pays tout historique, le plus petit hameau était vu avec intérêt par la noble voyageuse; elle ne s'enquérait pas seulement de l'histoire des châteaux, elle demandait aussi celle des chaumières; la gloire et le malheur se sont étendus partout.... La gloire et le malheur désignaient à *Madame* la demeure du frère de Henri et de Louis de La Rochejaquelein; les échos de Saumur et du Champ des Mattes lui avaient répété ces deux noms. Un autre nom illustre, celui de la Trémouille, s'attache encore au château de Landebaudière : S. A. R. y arriva le 5 au soir; les Vendéens y étaient en foule. Auguste de La Rochejaquelein *est leur homme ;* ils disent, en parlant de lui : *Il est bien le frère de ses frères ! si jamais il le fallait, c'en est un que nous suivrions encore !*

Pendant que le frère de Henri et de Louis avait l'honneur de recevoir chez lui la fille de France, son neveu Henri, se souvenant de son père, se distinguait avec d'autres jeunes et nobles Français, MM. de Crussol et de La Ferronnays, sous les yeux de l'empereur de Russie, et obtenait de ce bon juge de vaillance et d'honneur, des paroles flatteuses.

Le ciel devait quelques consolations à la veuve de Lescure, et de Louis de la Rochejaquelein.

Les avenues du château étaient bordées, dans toute leur longueur, de paysans en armes, et de jeunes filles parées de fleurs; les gentilshommes du pays étaient venus de loin à ce rendez-vous de bonheur;

l'hospitalité y fut, comme aux anciens jours, franche et noble ; c'est le caractère de l'hospitalité poitevine. Une partie de la soirée fut consacrée à la danse : gaie et heureuse, *Madame* y prit part et enchanta tout le monde par son affabilité. Madame la comtesse de La Rochejaquelein, qui est si bien faite pour être *vendéenne*, et qui connait si bien le pays qu'elle habite, présenta à S. A. R. les dames qui se trouvaient en grand nombre chez elle.

Pendant le souper, les danses des paysans cessèrent, ils furent admis à circuler dans la salle. Voir de si près la *Princesse*, était pour eux le comble du bonheur ! Ils s'étaient battus pendant de longues années pour les Bourbons ; en voir un leur sourire, c'était leur récompense, et ils s'en allaient en disant : *Nous avons bien employé notre sang.*

Madame prolongea la soirée, et se retira tard dans ses appartements.

Les anciens chevaliers, qui se battaient si bien, se gardaient mal ; ils mettaient une espèce d'amour-propre à ne pas éloigner d'eux le danger d'une attaque : les soldats vendéens ont un peu de ce caractère, de cette insouciance du péril ; dans leurs guerres on les a vus souvent négliger de se garder... Mais confiez leur un Bourbon, et vous verrez leur soin et leur vigilance... Rien ne veille aussi bien que l'amour.

Tiffauges.

Le lendemain 6 juillet, S. A. R. partit de bonne heure de Landebaudière ; avant neuf heures du matin elle traversait la petite ville de Tiffauges, et passait sous les antiques murailles du château, dont la fondation remonte aux Romains. Au milieu du pont jeté sur la Sèvre qui sépare les deux départements de la Vendée et de Maine-et-Loire, un arc de triomphe avait été élevé par les habitants de la vallée de Tiffauges ; on y lisait :

A LA MÈRE DE NOTRE HENRI,
LA VENDÉE RECONNAISSANTE.

Madame a suivi les bords si pittoresques de la Sèvre, dont les charmants aspects n'ont pas échappé à ses regards observateurs, et à son goût pour les beaux paysages. Elle et le groupe qui l'accompagnait, embellissaient beaucoup ces délicieuses campagnes ; tantôt on la voyait sur les hauteurs des coteaux, tantôt elle s'enfonçait sous l'épaisseur des ombrages ; puis la petite troupe reparaissait sur un pont ou sur une chaussée : on eût dit une de nos reines, *chevauchant* et par monts et par vaux entourée de paladins.

En effet, c'était une fille et une mère de Roi, et ceux qui l'escortaient étaient les chevaliers de nos temps modernes.

Torfou.

Château du Couboureau.

Après avoir passé sous une arcade de verdure, au hameau de Foulon, et avoir gravi une côte assez escarpée, S. A. R. est arrivée à une allée de tilleuls, où elle a trouvé rangés en haie deux mille soldats des armées catholiques et royales, qui l'ont saluée de ces fortes acclamations qui partent du cœur; c'était l'ancienne division de Montfaucon, que le marquis de la Bretesche avait appelée à jouir des précieux instants que *Madame* venait donner aux glorieux champs de Torfou; la double haie se prolongeait jusqu'à l'entrée de la cour du Couboureau, où l'attendait madame de la Bretesche, avec beaucoup d'autres dames et soixante jeunes filles vêtues de blancs; une d'elles, au nom de ses compagnes, lui a présenté des fleurs en lui disant :

Madame,

« Permettez aux filles des Vendéens de vous offrir le modeste tribut de leurs hommages : nos pères cueillirent de sanglants lauriers dans ces champs de Torfou, alors si désolés ; nos triomphes aujourd'hui sont plus doux ; nous y répandons des fleurs sous les pas de la fille des rois, qui vient les visiter. »

« Honneur et amour à cette jeune et féconde tige qui apparaît parmi nous ; sa présence nous comble de bonheur ! »

Les deux plus jeunes filles du comte de la Bretesche et de M. de La Blotais, âgées de quatre ans, ont aussi fait à S. A. R., leur offrande d'une corbeille de fleurs ; les caresses les plus douces pour les petites filles et pour le cœur des mères en ont été le prix.

Aussitôt entrée dans le salon, *Madame* a demandé que la marquise de la Bretesche lui nommât toutes les personnes présentes. Le marquis de la Bretesche a présenté ensuite à S. A. R. le corps d'officiers d'état-major de la division de Montfaucon ; l'un d'eux, remarquant que *Madame* avait une amazone verte, lui a dit : Nous étions bien attachés à notre uniforme, mais nous le chérissons plus que jamais, puisque nous voyons aujourd'hui que nous portons les couleurs de *Madame*.

Messieurs, j'ai pris votre uniforme, répondit la Princesse ; et ce peu de mots alla au cœur de tous les officiers vendéens qui eurent le bonheur de les entendre.

Une petite orpheline d'un officier de Montfaucon a été accueillie par la jeune mère de *Mademoiselle*, avec une grande bonté ; quand elle a entendu prononcer le nom de Guignard (nom historique dans la Vendée), elle a prouvé par une exclamation de sensibilité que les gloires comme les infortunes vendéennes étaient bien présentes à sa mémoire.

Après quelques instants de repos, *Madame* s'est rendue à la chapelle qui est dans le parc, à l'extrémité d'une longue et sombre allée de maronniers, dont l'entrée était décorée d'une arcade en *mosaïque de fleurs* (travail charmant, et qui n'est connu, je crois, que dans nos campagnes); tous les vieux arbres étaient liés entre eux par des guirlandes, et comme rajeunis par des couronnes de roses ; la troupe vendéenne faisait encore haie sur le passage.

Un roulement de tous les tambours de la division annonça aux soldats des armées catholiques que la messe commençait; le silence régna aussitôt parmi eux.

C'était un ancien soldat vendéen, M. Foyer, curé de Torfou, qui disait la messe, assisté par deux chanoines de Nantes, M. Audrain, curé de la cathédrale, et M. Angebault, secrétaire de l'évêque. Toute la pompe militaire qui entourait l'autel et la chapelle ne détournait pas les pensées du saint sacrifice; le Dieu qui allait descendre était le Dieu des armées, et les soldats qui se prosternaient étaient bien les soldats de Dieu, car ils n'avaient combattu que pour défendre ses autels.

Plus de quatre mille personnes étaient rassemblées autour de cet oratoire, et pas le plus léger bruit n'était entendu, tant le recueillement de ce peuple religieux était grand... Mais avec quelle force et quelle énergie ce silence fut rompu quand le prêtre entonna le *Domine salvum fac regem !* Les échos de la Sèvre répétèrent la prière, et de ce sol sanctifié par le sang des martyrs, elle monta au Dieu de saint Louis et de Louis XVI, et du duc de Berry.

Madame a remarqué à un des coins de l'autel un vieux Vendéen, dont la figure était traversée par une profonde balafre ; il avait à la main un sabre d'honneur, et se tenait fièrement sur la jambe que la guerre ne lui a pas raccourcie : c'était le brave Mérand. Quand, après la messe, *Madame* a appris son nom, elle s'est écriée avec l'accent d'un vif intérêt : *Monsieur de Mesnard ! c'est Mérand le balafré, dont il est question dans les Lettres vendéennes !*

Pendant que S. A. R. rentrait au château, la troupe s'était portée rapidement dans une vaste prairie, à laquelle avait été donnée l'apparence d'un camp; à l'entrée de cette prairie était élevé un grand arc de triomphe, on y lisait :

A *MADAME*,
AMOUR, RECONNAISSANCE.

Sur l'autre face regardant le camp,

GLOIRE, BONHEUR.

Et au-dessous, 19 *septembre* 1793, jour de la bataille de Torfou, et 6 *juillet* 1828, jour où les Vendéens de la division de Montfaucon ont eu le bonheur de posséder *Madame*.

Quatre trophées du meilleur goût, ornés de couronnes de laurier, et surmontés de faisceaux de drapeaux, rappelaient que les quatre corps d'armée de la Vendée avaient pris part à la mémorable victoire de Torfou; au milieu de l'allée, entre ces quatre obélisques de gloire, était un piédestal portant une immense corbeille de lis; sur les quatre faces on lisait :

LA VUE D'UN LIS DANS LA VENDÉE FAIT BATTRE
TOUS LES CŒURS.

LE SOL VENDÉEN EST FAIT POUR LES LIS.
LES VENTS NI LES TEMPÊTES N'ONT PU LES DÉRACINER.
NOUS EN CHÉRISSONS LA TIGE, LES FLEURS
ET LES BOUTONS.

Un peu avant l'arrivée de *Madame*, je vis placer cette grande corbeille ; c'était un jeune officier et un jeune prêtre qui l'apportaient du château; et je m'écriai : *Voilà bien le meilleur soutien du trône des lis*, la religion *et* l'honneur !

Au bout d'une longue et large allée tracée par les obélisques, et la foule qui était contenue par une longue ligne de guirlandes, s'élevait une grande tente élégamment ornée de draperies vertes et blanches ; un fronton au-dessus de l'entrée principale présentait les armes de France et de Sicile, dans une auréole dessinée en verdure. C'était là que le déjeûner de S. A. R. était préparé ; à droite et à gauche de cette tente, il y en avait deux autres moins vastes, où d'autres tables encore étaient dressées.

Lorsque l'auguste mère du duc de Bordeaux s'est rendue au déjeûner, elle a trouvé les troupes des vingt paroisses de la division déjà sur le terrain et faisant haie, en laissant un espace de cent pieds entièrement libre; grâce à cette disposition, *Madame*, de sa place à table, pouvait voir à la fois tous les Vendéens sous les armes, et ceux-ci ont pu jouir du bonheur de la contempler, pendant tout le temps qu'elle est restée dans le camp; à son passage devant le front de chaque paroisse, le drapeau s'inclinait et les cris d'amour redoublaient pour la fille de France; les tambours, au nombre de quarante, battaient au champ; enfin, une population de plus de quatre mille personnes venues de toutes les paroisses voisines répandues dans la prairie, joignant leurs acclamations à celles des anciens soldats; cet instant a été vraiment enchanteur.

Madame, arrivée sous la tente, a pris place à une table de soixante couverts à laquelle elle a daigné admettre les dames invitées au Couboureau, les officiers vendéens, le marquis de Foresta et le baron de Vanssay : sous une autre tente il y avait une autre table pour ceux qui n'avaient pu trouver place à la première ; cent personnes ont déjeûné en même temps que la Princesse ; au dessert, un officier vendéen, M. Moricet, a chanté avec un sentiment qu'il a su rendre communicatif, les couplets suivants, que *Madame* a écoutés avec une bienveillance visible, et qui ont valu à l'auteur les paroles les plus flatteuses.

PREMIER COUPLET.

Madame aura sur son passage,
Trouvé plus d'éclat qu'en ces lieux ;
Elle a vu souvent l'étalage
De tout ce qui flatte les yeux.
Partout où sa marche est guidée,
Mêmes soins, pour fêter ses pas ;......
Mais plus d'amour qu'en la Vendée,
Madame n'en trouvera pas.

DEUXIÈME COUPLET.

Là..... sont morts des héros célèbres
Parmi tous les héros d'Anjou.
Aimez vos demeures funèbres,
Mânes des braves de Torfou.
Vous recevez la récompense,
En ce jour, de tous vos travaux ;
De Caroline la présence
Vient de consacrer vos tombeaux.

TROISIÈME COUPLET.

Si jamais gronde la tempête ;
Si de l'enfer les noirs complots
Amoncelaient sur notre tête,
Un ciel tout chargé de fléaux ;
Si la France était inondée
D'un second déluge de maux,
Consolons-nous, car la Vendée
Vaincrait sous le jeune Bordeaux !

QUATRIÈME COUPLET.

Mais goûtons un plus doux présage,
Le Dieu de clémence a souri ;
Il fait briller dans le nuage
L'étoile de notre Henri.
La vie enfin sera légère
Aux princes que nous chérissons,
Et l'on verra la France entière
Faire le bonheur des Bourbons.

Après cette chanson, un paysan est venu demander à *Madame* de lui chanter des couplets composés par lui. *Faits par vous ?* a dit S. A. R. ; *oh! oui, bien certainement je les entendrai avec plaisir.* Et le troubadour soldat, conservant l'immobilité d'un militaire et présentant les armes, a chanté d'une voix forte et sonore :

Vous qu'appelaient tous nos désirs,
Caroline bien-aimée,
Avec la paix et les plaisirs
Régnez au sein de la Vendée.
De Caroline chantons à jamais
Les bienfaits,
La bonté, la clémence;
Car elle fait notre bonheur
Par sa douce présence.

Ce chant rustique, l'air profondément ému du paysan, ont vivement intéressé la Princesse, qui a désiré emporter l'œuvre du poète de Torfou.

Les cris de *vive le Roi! vive Madame!* ont éclaté de nouveau et ont couru avec la rapidité du feu électrique jusqu'aux extrémités de la double ligne des soldats.

A son arrivée au château de Coubonreau, S. A. R., en descendant de cheval, était toute couverte de sueur et de poussière; M. le comte de La Roche-Saint-André, ancien officier supérieur des armées royales, osa lui dire: *Que de reconnaissance la Vendée ne doit-elle pas à* Madame, *qui prend tant de peines et de fatigues pour la visiter!* — *Il est bien juste*, répliqua l'augutse mère du duc de Bordeaux, *que je prenne un peu de peine pour connaître ceux qui ont répandu leur sang pour nous.*

S. A. R., après le déjeûner, a voulu se promener dans le parc, dont l'heureuse situation sur les bords de la Sèvre offre des aspects charmants ; elle a surtout remarqué un petit vallon qui rappelle un peu les vallées de la Suisse. Pour mieux voir la cascade du moulin qui bouillonnait dans le fond du paysage et pour apercevoir les ruines du château de Tiffauges qui couronnaient le coteau, la jeune Princesse escalada légèrement un groupe de rochers qui désormais s'appelleront *rochers Caroline.*

Pendant les heures trop rapides que S. A. R. *Madame* a accordées au Couboureau, elle a constamment montré bonté, gaîté, bienveillance, et on l'a entendue calculer avec le comte de Mesnard si elle ne pourrait pas borner la course de la journée à Clisson, et donner ainsi plus de temps au Couboureau... Mais d'autres Vendéens affamés aussi de la voir la réclamaient à Beaupréau où elle était annoncée. Elle est donc montée en calèche découverte avec mesdames de Suzannet et de Charette. Arrivée au bout de la longue avenue qui se termine au rond point de quatre grandes routes, elle a admiré le monument qu'y a fait élever à ses frais le marquis de la Bretesche. Ce monument, tout en granit, est d'un style noble et simple; quatre couronnes en bronze entourent les noms de *Charette*, de *Bonchamps*, de *Lescure* et de *d'Elbée*, et tranchent sur l'obélisque; ces noms font face aux quatre points par lesquels sont accourus sur le champ de bataille de Torfou ces chefs intrépides. A cette grande bataille de Torfou, les femmes même contribuèrent à répandre l'épouvante parmi les républicains. Chassées de leurs chaumières que ceux-ci venaient d'incendier, elles se jetèrent en avant de quelques jeunes soldats encore peu aguerris et qui voulaient fuir. —*Retournez, retournez vous battre, ou vous mourrez de notre main*, crièrent-elles. Et ces jeunes gens rougissant d'un instant de faiblesse, redevinrent Français et se battirent avec courage. Parmi les femmes qui regardaient la mère du duc de Bordeaux au pied du monument de Torfou, il y avait peut-être encore quelques-unes de ces Vendéennes, mais maintenant l'âge les aura courbées et rendues infirmes, et peut-être restent-elles isolées ; elles ont enseigné la vaillance à leurs fils, et d'autres combats auront enlevé ceux qui devaient aider et soutenir leur vieillesse. Si elles habitent près du Couboureau, je les plains moins; les maîtres du château n'ont élevé un monument à la gloire qu'après avoir relevé les chaumières. La voix du pays avait dit toutes ces choses à *Madame;* aussi fut-elle pleine de grâce et de bonté pour le marquis et la marquise de la Bretesche et pour toute leur famille réunie.

Plusieurs arcs de triomphe ornaient encore la route jusqu'à Torfou, où S. A. R. a reçu les hommages du curé et du maire, et elle poursuivit sa route vers Clisson, autre lieu de souvenir! Sur les chemins de la Vendée, on aimait à voir l'illustre veuve du duc de Berry dans la même voiture que mesdames de Charette et de Suzannet. Dans le trajet entre Torfou et Clisson, *Madame* remarqua que la comtesse de Suzannet avait les yeux fixés sur une vieille montre qu'elle portait suspendue à une chaîne. — *Vous regardez cette montre*, dit S. A. R.; *vous la trouvez bien laide.*

Je la trouve peu à la mode, répondit madame de Suzannet.

Vous concevrez mon goût pour elle, ajouta Madame, *quand vous saurez qu'elle a appartenu à Marie-Thérèse.*

Oh! oui, répliqua madame de Suzannet, *elle est à merveille; elle est tout-à-fait à sa place sur le cœur de Votre Altesse Royale.*

Clisson.

Il était près de deux heures de l'après-midi lorsque la noble voyageuse parvint sur les hauteurs qui dominent la jolie ville de Clisson. Avant d'y arriver on aperçoit de loin les tours du château; toute la ville reste cachée au fond de la vallée, mais les tourelles de l'antique manoir dépassent les coteaux comme une pensée de gloire s'élève au-dessus des choses ordinaires de la vie. Le dimanche, 6 juillet 1828, sur la plus haute tour du château on avait arboré le drapeau des fleurs de lis; la veille au soir on y avait placé un énorme gonfanon aux armes des sires de Clisson. Mais les paysans vendéens ne connaissant rien aux couleurs du blason, ayant aperçu *du rouge* et *du bleu*, crurent voir un drapeau tricolore, et déjà leur mécontentement éclatait; il fallut enlever l'antique bannière, pendant la nuit, et le drapeau glorieux de nos pères, le drapeau de nos fils remplaça le gonfanon azur.

On est tout près de la ville de Clisson, que l'on s'en croit encore éloigné : ce qui fit voir à S. A. R. qu'elle approchait de ce lieu renommé, ce fut la foule immense qui s'était portée au devant de ses pas. C'était un dimanche ; la population des campagnes était venue de loin, et à ce concours se joignait un grand nombre d'habitants de Nantes, qui avaient voulu revoir celle qui apparaissait encore un instant dans le département de la Loire-Inférieure.

A son arrivée sur les hauteurs de la Garenne auprès du château de M. Lemot, *Madame* trouva des détachements de Vendéens en armes, commandés par le brave général Douillard; un peu plus bas elle passa sous un arc de triomphe où M. le baron de Vanssay, préfet du département (qui l'avait devancée de quelques heures), le maire et les autorités de Clisson, étaient rassemblés. Cet arc de triomphe, comme tout ce qui se construit aujourd'hui dans cette petite ville, était d'un goût parfait : le style italien a été implanté à Clisson par MM. Cacault et Lemot. Touchant à ce portique orné de fleurs, se trouvait l'hôpital; c'était là comme dans la vie, la douleur auprès du plaisir : *Madame* voulut le visiter; elle y entra, nous la suivîmes. Il était touchant de voir ces malades se soulever sur leurs lits, ou se traîner lentement dans les salles pour contempler les traits de la fille de saint Louis. Toutes ces figures pâles et souffrantes montraient de la joie, mais cette joie avait quelque chose de triste ; elle ressemblait aux faibles rayons d'un soleil d'hiver. Les sœurs qui desservent cet hospice redirent, avec tout le zèle de la charité, les besoins des pauvres, et *Madame* ne les entendit pas en vain.

Château de la Garenne.

Le parc de la Garenne, appartenant à M. le baron Lemot, est à deux pas de cet hôpital, situé dans une riante position, sur les bords de la Sèvre.... *Madame* était empressée de voir ces charmants aspects ; ils sont cités en France, et méritent de l'être ; la nature les a faits pittoresques, et le bon goût de notre célèbre statuaire les a embellis encore.

Pendant quelques instants, la fille de Sicile se promena sous des *treilles italiennes*, puis sous des ombrages de cèdres, de chênes et d'ormeaux, et bientôt entre de hauts rochers et les eaux tranquilles de la Sèvre.... Tout à coup l'espace s'élargit, et arrivée à une vaste pelouse, *Madame* aperçut tout un peuple de bergers et de bergères, vêtus de blanc et de vert, et venant en dansant au devant d'elle. A Maisdon, à Légé, à Bourbon, à Landebaudière, au Couboureau, elle avait vu des armes glorieuses; ici c'étaient des houlettes ornées de fleurs et de rubans, après des scènes guerrières une scène d'Arcadie... Aucun site ne pouvait convenir davantage à ce genre de fête; les beaux rochers qui bordent la Sèvre formaient là un large amphithéâtre;... la pelouse s'étendait, de leurs bases, jusqu'à la rivière;.... seulement quelques chênes centenaires perçaient le gazon de cette vaste prairie sans gêner le déploiement des danses des bergers. La foule, pour mieux voir les jeux, s'était groupée sur les rochers du cirque, et sur le bord opposé de la Sèvre.... Au-dessus des ombrages, et par delà les eaux, à une grande hauteur, se dessinant sur l'azur du ciel, ou sur la verdure du bocage, on voyait un temple grec, des statues et un tombeau. Poussin n'a rien inventé de plus beau et de plus gracieux que le tableau qui s'offrait alors à *Madame*. Dès son enfance, Marie-Caroline a marché sur une terre enchantée et fleurie : la baie de Naples, les champs de Sicile ont vu ses premiers pas... Elle a droit d'être difficile en paysages... ceux de Clisson l'ont frappée. Pendant quelques instants S. A. R. contempla la scène joyeuse et agitée qui se déployait devant elle; de petits bergers et de petites bergères vinrent au nom de tous lui offrir des vœux et des bouquets; elle les accueillit avec un sourire de mère. Traçant à la noble voyageuse les routes qu'elle devait suivre, les pasteurs et les pastourelles la précédaient en dansant; ils s'enfoncèrent sous les bosquets qui revêtent le coteau, et gravirent l'escarpement pour arriver au temple de Vesta. *Madame* s'arrêtait de temps en temps pour jouir de tous les différents points de vue de cette délicieuse contrée ; elle vit de nouveau le château du baron Lemot, qui, par sa belle position, son architecture et ses terrasses, rappelle les *villa* d'Italie... En face de cette demeure des beaux-arts, est celle de la gloire, le vieux manoir des chevaliers. La fille des rois était empressée de s'y rendre ; les bergers la guidaient toujours ; c'était par les plus jolis sentiers, mais ce n'était pas par le chemin le plus court ; ils auraient presque voulu l'égarer, pour qu'elle ne retrouvât plus la route du départ. Ils se disaient : Ici, sous ces riants ombrages, ces grottes, ces rochers, nos simples hommages peuvent lui plaire ; mais quand la fille des *chevaliers couronnés* aura passé les eaux paisibles, quand elle sera dans la *prairie des chevaliers*, sous les murs du château du connétable, nos jeux lui paraîtront fades et sans attraits ; la mère du duc de Bordeaux aime la gloire avant tout.

Par des allées ombragées, *Madame* arriva au *temple de Vesta*, charmante fabrique du parc, bâtie sur un immense amas de rochers ; S. A. R. y trouva madame la baronne Lemot et sa fille ; leur deuil les avait privées de l'honneur de recevoir *Madame* en public. A cette rotonde, d'où la vue est ravissante, elles avaient préparé une élégante collation et des rafraîchissements ; S. A. R. daigna en accepter, et se reposa quelque temps... appuyée sur la galerie de la colonnade qui entoure le temple ; elle voyait au-dessous d'elle, à une grande profondeur, la foule animant de toutes parts le parc de la Garenne, et les bords opposés de la Sèvre. Pendant qu'elle attachait ses regards sur cette scène digne de l'Italie, des musiciens, cachés sous l'épaisseur du bois, faisaient entendre des airs napolitains... C'était comme une vision de sa première patrie... Mais les cris de *vive la mère du duc de Bordeaux !* la rappelaient et la rattachaient à la France.

Au-dessous du temple, sur les eaux tranquilles de la Sèvre, une petite flottille attendait S. A. R... *Madame* descendit le coteau et engagea madame et mademoiselle Lemot à prendre place dans le canot qui lui était destiné ; dix autres bateaux suivaient celui de la Princesse, dont le *pilote d'honneur* était M. Gautret, juge de paix. Ceux qui ne connaissent pas Clisson ne pourront concevoir tout ce que ce moment de la fête a eu de charmes. La chaleur du jour avait été excessive, et maintenant la fraîcheur régnait sur la rivière ; à peine si quelques rayons de soleil faisaient briller ses ondes, tant les ombrages de ses bords sont élevés et touffus. L'idée de voir quelques instants de repos à la jeune voyageuse reposait tout le monde : assise sous un tentelet orné de panaches de verdure, *Madame* avait l'air de savourer ce calme, et plusieurs fois elle répéta aux rameurs : *Oh ! ne vous pressez pas ; on est si bien ici !*

Pendant que les barques glissaient sur les eaux, la foule qui bordait les rives faisait silence pour entendre les barcarolles que jouait la musique du 7me régiment ; quand elle venait à cesser, les cris de *vive le Roi!* remplaçaient l'harmonie, et ces cris avaient aussi leur douceur : il y a bien des siècles que les échos de Clisson les ont appris ; c'était le cri des chevaliers, et dans ces derniers temps, d'autres preux l'ont répété en combattant pour Dieu, le Roi, et leur pays.

Ainsi doucement portée sur les ondes, *Madame* put se convaincre que la réputation de Clisson n'était pas usurpée ; jamais ce beau lieu n'avait été aussi enchanteur. Malgré la lenteur des rameurs, le trajet était fini ; le canot de la princesse touchait à la *prairie des chevaliers ; Madame* y débarqua.

Château de Clisson.

De tous les points du pays, la foule était accourue au château de Clisson, dans cet espace étroit qui s'étend entre le château et la rivière... Comme Charles X, la mère du duc de Bordeaux avait dit *point de hallebardes*, et le peuple la pressait de si près, que S. A. R. eut de la peine à parvenir à un siége élevé qui lui avait été préparé en face du château. Quand elle y fut assise et qu'elle eut témoigné le désir de visiter la noble demeure, deux cors sonnèrent... Aussitôt du haut des tourelles un autre cor retentit, et les remparts se garnirent d'hommes d'armes avec la lance et l'armure du treizième siècle. Ainsi cela devait être, lorsqu'aux jours d'Olivier, quelque haut et puissant personnage venait demander l'hospitalité au très-redouté seigneur. Au-dessus des créneaux on apercevait briller les lances, les casques et les boucliers; dans les rondes des soldats on voyait flotter les bannières, et des paysans bretons chantaient en chœur, sous les murs de l'antique château :

Sonnez, sonnez, sonnez cors et musettes,
Sonnez, sonnez, sonnez cors et musettes.
 Tous les Bretons sont réunis;
 Car pour célébrer cette fête
 On ne trouve que des amis.

Sur l'Air : *Voici venir la bannière des chevaliers d'Avenel.*

(Des Vendéens apportant une bannière aux fleurs de lis et aux hermines.)

Chantous, chantons des refrains joyeux,
Chantons, chantons cette auguste mère.
 Voici venir sa bannière :
C'est l'étendard des Bretons et de leurs ayeux.
  Vive Madame,
  Vive Henri ;
  Tout à Madame,
  Tout à Henri
Chantons, chantons, etc.

BALLADE.

Air : *De la Ballade de la Dame Blanche.*

PREMIER COUPLET.

Quelle est cette main bienfaisante
Toujours ouverte aux malheureux ?
Cette protectrice puissante
Dont chaque mot fait un heureux ?
Vendéens, Bretons et soldats,
Ne la reconnaissez-vous pas ?
  C'est Madame,
  C'est Madame,
  C'est Madame,
  C'est Madame ;
Chantez, chantez, vive Madame,
De Madame suivez les pas.

DEUXIÈME COUPLET.

Le temps respecta la tourelle
De ce noble preux tant vanté ;
Et de Clisson, l'écho fidèle
Doit renaître à la royauté.
Je l'entends, il vient en ce jour
Répéter ce doux chant d'amour :
    « C'est Madame,
    « C'est Madame,
    « C'est Madame,
    « C'est Madame. »
Soyons fidèles à Madame
Comme l'écho du troubadour.

TROISIÈME COUPLET.

Astre qui répands la lumière,
Modère l'éclat de tes feux ;
Protége cette auguste mère
Qui va s'éloigner de ces lieux.
Calme l'orage et les autans ;
Seconde enfin nos vœux touchants
    Pour Madame,
    Pour Madame,
    Pour Madame,
    Pour Madame ;
« Qu'un jour pur rappelle à Madame
« Amour, souvenirs et serments. »

                    MOSNERON DE SAINT-PREUX,
Chevalier de l'ordre royal de la Légion-d'Honneur, directeur des contributions indirectes du département de la Loire-Inférieure.

Quelques vétérans de la Vendée vinrent, après ces chants, incliner devant la Princesse une bannière semée de fleurs de lis de France, d'hermines de Bretagne, et marchèrent devant elle pour lui faire place à travers la multitude toujours croissante qui affluait à la *prairie des chevaliers*... Avec beaucoup de peine, *Madame* parvint à la *première poterne*, qui n'avait pas dans le pays d'autre nom, que *porte d'enfer*. Au-dessus de l'ogive de la voûte, on avait écrit en vieilles lettres gothiques.

PORTE D'ENFER
PLUS NE SERAS,
MAIS BIEN DE PARADIS,
QUAND PAR TOI
UN ANGE PASSERA.

Longeant les hautes et belles murailles du château, S. A. R. arriva au-dessous du pont-levis de la principale entrée... Mais pour parvenir à ce pont, il fallait escalader un escalier tout en ruines, très à pic, et d'un abord difficile; quelques personnes furent effrayées de voir que *Madame* allait prendre ce chemin, et parlèrent de la conduire par un autre; elle les entendit et demanda en montrant *l'échelle* [1], au pied de laquelle elle se trouvait : *Celui-ci est-il le plus droit, le plus court ?* Oui, répondit quelqu'un.

Eh bien! c'est celui que je veux suivre; je n'aime pas les détours : et avec gaîté et légèreté, S. A. R. monta les marches délabrées et usées.

Au-dessus du grand porche, qui était fermé, on avait appendu un trophée d'armes, et sur le bouclier qui en formait le centre, on lisait :

TOUTE GLOIRE PLAIT A SON CŒUR.

Un des officiers de la fille de France *heurta* à la porte du noble manoir du seigneur breton... Aussitôt les deux battants roulèrent en criant sur leurs gonds rouillés, et voici venir au devant de *Madame*, un vieux concierge, vêtu comme au temps du con-

[1] Les habitants de Clisson appellent cet escalier *l'échelle*.

nétable Olivier. Dans un bassin d'argent, il présenta respectueusement à la Princesse les clefs du château ; d'autres vassaux lui offrirent des fleurs. Sur le pont intérieur, dans les cours, dans les chemins de rondes, on ne voyait que des soldats avec les armes et le costume du treizième siècle; des statues de chevaliers et de rois, de reines et de princesses, avaient été placées dans les niches, depuis si long-temps vides!!.. Sous le portique de la seconde cour, entre deux énormes ormeaux qui ont poussé parmi les ruines, en face de l'entrée, se présentait le connétable, avec sa camise de pourpre par-dessus son armure, le casque de fer en tête, et appuyé sur sa longue épée; le cadre de ce beau portrait authentique avait été caché sous le feuillage ; on ne voyait que la figure, qui se détachait dans le demi-jour, et qui avait l'air de sortir de sa demeure pour venir au devant de l'illustre voyageuse ; au-dessus de lui sa bannière se déployait, et montrait sa fière devise :

POUR CE QU'IL ME PLAIT.

Dans la principale cour, on avait placé, de distance en distance, des lances portant des couronnes de lis et de lauriers; dans chacune de ces couronnes se lisait le nom d'un des grands personnages qui avaient jadis visité le château. Le premier nom en entrant était celui de Blanche de Castille, mère de saint Louis; et le dernier, celui de Marie-Caroline de Sicile, mère du duc de Bordeaux; entre ces deux noms se trouvaient ceux de François I*er*, de Louis XII, de Henri IV, d'Yolande *au sein de lis*, de Jeanne de Belleville, de Jeanne de Navarre et d'Anne de Bretagne.

Madame parcourut les ruines et arriva à un bastion qui domine la ville; là, elle se reposa encore quelques instants : la foule ici ne la pressait pas; c'eût été là qu'on eût pu faire entendre des chants..... Mais on était trop près du puits des Vendéens!... et la personne qui avait été chargée des dispositions de la fête, n'avait pas cru devoir amener de la joie sur la tombe des victimes; on avait même cherché à masquer l'entrée de la cour où se voyait autrefois cette large et profonde citerne qui a été comblée.....

Mais éloignons de notre récit, comme nous avions éloigné de la fête, l'affreux souvenir que rappelle ce lieu.

En sortant du château, S. A. R. traversa à pied une partie de la ville, pour se rendre chez madame du Boueix, dont la maison est délicieusement située sur un des coteaux de la Sèvre. De la terrasse, où un élégant déjeûner était servi sous une tente ornée de draperies rouges, on voit tous les méandres gracieux de la rivière, le château de M. Lemot, le clocher italien de l'église, et les hautes tours d'Olivier. *Madame,* en entrant dans cette jolie demeure, dit à madame du Boueix : *Je suis fatiguée, pressée de partir pour arriver avant la nuit à Beaupréau; mais j'ai voulu vous dire que nous gardions tous le souvenir du service que M. Pelloutier* (alors consul général de Prusse à Nantes) *a rendu en 1815 au duc de Bourbon.*

Pour se bien souvenir, il n'y a rien de

tel que la mémoire du cœur; les Bourbons l'ont bien.

Madame ne put s'asseoir au déjeûner que M. et madame du Boueix avaient préparé pour elle, avec une recherche digne de Paris; elle ne fit que prendre quelques fruits, et remonta en voiture en suivant la route de Beaupréau. A l'instant où S. A. R. quittait Clisson, un ballon s'éleva dans les airs, pour annoncer son départ.

En passant devant la fabrique de MM. Armansin, l'auguste princesse fit arrêter sa voiture; elle venait d'apercevoir tous les préparatifs qu'on y avait faits pour la recevoir, elle fit appeler les propriétaires de cette belle usine, qui emploient un grand nombre de bras, et elle leur témoigna avec une touchante bonté tous ses regrets de ne pouvoir visiter leur établissement; elle ajouta : *J'en avais d'autant plus le désir, que je sais que vous faites beaucoup de bien au pays.*

Si l'itinéraire de l'illustre voyageuse avait dû être arrangé de manière à ce qu'elle eût couché à Clisson, *Madame* y aurait eu le soir un doux repos; la foule écoulée du parc de la Garenne, et des environs du château, lui aurait permis de voir tout, *bien mieux* qu'au milieu de la multitude et du grand jour; aux beautés de la nature, il faut du calme; aux vieilles ruines, les teintes du soir...... A cette heure mystérieuse, la fille des rois serait venue s'asseoir parmi les débris de la demeure des chevaliers; là, avec quelques personnes de sa suite, elle aurait prêté l'oreille à quelque ancienne tradition du pays..... Du haut des tours, des harpes, des cors se seraient fait entendre, accompagnant quelques ballades du vieux temps; peut-être, à la *nuit tombante*, aurait-elle vu ce *petit agneau blanc, qui apparaît souvent sur les ruines, et contre lequel les chiens de garde n'osent aboyer.*

Descendant du château, aux rayons de la lune, *Madame* aurait traversé la rivière, pour aller visiter la grotte d'Héloïse; là, d'autres chants seraient sortis du bocage, la voix de la gloire se serait tue, pour laisser soupirer celle de l'amour.

Les sites de Clisson sont toujours beaux à voir, mais quand vient le soleil couchant, ou lorsque la lune se lève, ils doublent de beauté ; nous ne pouvons taire nos regrets, que *Madame* ne les ait vus que par l'ardeur d'un soleil de midi.

Madame était partie dans la voiture de M. le comte de Bruc Livernière, qui était venu à Clisson avec un détachement de Vendéens ; elle comptait trouver à Vallet ses équipages ; ils n'y étaient pas encore rendus... Quoique harassée de fatigue et de chaleur, S. A. R. ne voulut pas refuser au curé d'aller à son église faire la pose d'une première pierre : l'amour et le dévouement ne sont pas toujours discrets ; on tient tant à avoir un regard, un souvenir de la personne aimée, que pour les obtenir on ne calcule pas toujours les peines que l'on coûte, et les pas qu'on fait faire. M. le baron de Vanssay avait constamment accompagné S. A. R.; un peu plus loin que Vallet, au pont de la Regrippière, il prit congé d'elle; *Madame* daigna, à plusieurs reprises, lui témoigner toute sa satisfaction : alors qu'il était préfet de la Seine-Inférieure, il avait eu plus d'une fois l'honneur de la recevoir; il était, ainsi que madame la baronne de Vanssay, devenu une vieille connaissance pour elle; aussi la bienveillance de l'auguste Princesse était envers lui toute particulière : et nous devons dire que M. de Vanssay ne s'est servi de cette bienveillance que pour faire valoir les droits de ses nouveaux administrés.

A son départ de Vallet, *Madame* n'avait plus avec elle que madame la baronne de Charette, un garde d'honneur de Nantes, M. de La Biliais, et un officier de gendarmerie, M. de La Roche : S. A. R. était à cheval, et supportait gaîment la fatigue de la route; la chaleur continuait à être accablante; pas une brise ne venait agiter le feuillage et rafraîchir l'auguste voyageuse. Un peu avant d'arriver aux limites du département de la Loire-Inférieure, elle mit pied à terre : *Voilà une ferme*, dit-elle ; *allons y frapper et demander du lait;* dans les champs, les portes sont rarement fermés. *Madame* entra dans la chaumière ; la fermière était absente ; il n'y avait dans la chambre qu'un tout petit enfant endormi et emmailloté dans un berceau ; pendant que quelques personnes de sa suite appelaient la maitresse de la cabane, la fille des rois s'assit sur une escabelle auprès du berceau, et à la mode du pays, se mit à bercer avec le pied le petit paysan..... Elle caressa ses joues fermes et vermeilles. La mère arrivant vit *une dame* penchée sur son enfant ; elle était loin de croire que ce fût la mère du duc de Bordeaux. On lui demanda du lait frais ; elle alla en quérir, en apporta dans un pot de grès, en versa dans un verre, et l'offrit *à la dame*... qui, à son tour, invita les personnes qui étaient avec elle à en boire... Quand la paysanne sut à qui elle venait d'apporter son lait, un tremblement de respect la saisit... mais bientôt la bonté de la Princesse la rassura... Près du berceau du petit Vendéen endormi, un vieux soldat des armées royales se tenait debout... Il venait de remettre une pétition à *Madame*... Elle la lisait; il pouvait espérer; ses services parlaient pour lui, et c'était à la mère de Henri-Dieudonné qu'il s'adressait, dans une chaumière vendéenne !

Dans le cours de mon récit, j'ai offert aux enfants des arts plusieurs sujets de tableaux; je leur ai offert tour à tour la fille de Louis XIV parmi les chevaliers de Saumur;

La veuve du duc de Berry au tombeau de Bonchamps;

La royale vendéenne devant la tombe de Savenay, honorant la cendre de pauvres paysans fidèles;

La jeune et gracieuse Princesse sur son trône de roses, présidant à la fête des fleurs;

La fille des preux aux champs de Ploërmel, au monument des Trente.

Maintenant j'indique à leur pinceaux la mère du duc de Bordeaux, assise dans une pauvre chaumière auprès d'un enfant endormi... Tout se trouverait réuni dans cette scène pour en faire un charmant tableau de genre : le vieux soldat appuyé sur son arme, debout auprès du berceau, ne serait pas oublié, ni l'étonnement de la paysanne, ni l'attendrissement de tous les assistants.

Entre Vallet et Gesté, S. A. R. traversa le ruisseau de la Sanguaise, dont l'étymologie (*sanguis Anglorum*) rappelle un fait d'armes glorieux : ce ruisseau sert de limite aux deux départements de la Loire-Inférieure et de Maine-et-Loire, comme il faisait autrefois la démarcation des provinces de Bretagne et d'Anjou. Un nombreux détachement de cavalerie vendéenne s'y trouva; c'est sous cette escorte, qui ne la quitta plus jusqu'à Beaupréau, que *Madame* entra dans le bourg de Gesté, célèbre dans les fastes vendéens; S. A. R. y fut reçue par M. de La Blottais, maire, et par le curé.

Après Gesté, qui s'était tout paré de guirlandes et de fleurs, *Madame* arriva à un magnifique arc de triomphe : ce n'était plus cette architecture rustique, ces arceaux de verdure, ces couronnes d'ifs et de buis ; mais un portique de bonnes proportions, et qui rappelait les modèles les plus purs ; il avait été élevé par le comte Dufou, en face de son château de la Brulaire, où l'illustre voyageuse daigna s'arrêter quelques instants. Les noms anciens, les services éclatants, les illustrations d'autrefois, celles d'aujourd'hui, étaient connues de S. A. R. ; elle savait que dans nos plus vieilles chroniques, le nom de Dufou occupe beaucoup de place ; et elle n'ignorait pas que, dans ces derniers temps, le comte Dufou, négociant et maire de Nantes, avait bien servi son Roi et son pays ; aussi avait-elle voulu s'arrêter chez lui, et visiter sa belle demeure et ses superbes jardins.

Au moment où S. A. R. prenait quelque repos, M. le marquis d'Elbée, maréchal des logis des gardes du corps, arrivant de Saint-Cloud, vint lui remettre une lettre de Monseigneur le duc de Bordeaux, et une boîte...... Bien empressée, la jeune mère fait ouvrir ce petit coffret envoyé par son fils...... Il contenait un bouquet qu'il lui offrait ; il l'avait cueilli lui-même sur la montagne du Trocadero.

Cet hommage alla au cœur de *Madame ;* et sur son sein qui battait d'émotion elle plaça les fleurs qui lui étaient chères.

Au bourg de la Chapelle-du-Genêt, des couplets lui furent chantés par des chœurs de Vendéens, et de jeunes filles ; sans s'en douter, nos campagnes ont gardé des mœurs et des usages de l'antiquité. Ces chants dialogués, ces coryphées qui commencent un air que tout un peuple répète, reportent l'esprit aux siècles héroïques. Le pasteur de ce petit village vint au milieu de son troupeau remercier l'auguste Princesse qui avait bien voulu, de concert avec *Madame la Dauphine,* accorder un secours pour la reconstruction de son église : ce prêtre desservant un petit hameau a prêché devant les grands de ce monde ; les chaires de Paris et de Nantes l'ont entendu ; plusieurs fois les Vendéens sont venus lui demander de redire dans de grandes occasions, les vertus de leurs chefs; à Saint-Florent et au Pin-en-Mauges, l'abbé Gourdon, fils d'un soldat des armées catholiques et royales, a prononcé les oraisons funèbres de Bonchamps et de Cathelineau : redescendu de ces nobles tribunes, l'orateur chrétien est revenu avec plaisir à son petit troupeau, et sa seule ambition est de sauver ceux que Dieu lui a confiés.

Beaupréau.

Madame, attendue à six heures à Beaupréau, n'y arriva qu'à neuf; la ville, bâtie toute en amphitéâtre, était illuminée; ces échelons de lumières formaient de loin un effet remarquable; une multitude de feux mouvants couvraient la rivière, ils suivaient doucement le courant, et projetaient, en coulant sur les ondes, une lueur éclatante sur la verdure des rives, et sur la belle prairie qui s'étend au-dessous du château ; là, un immense feu de joie était allumé.

Madame entra dans la ville au milieu des acclamations d'une nombreuse population, accourue des campagnes environnantes. S. A. R. fut reçue à la porte extérieure du château, par le marquis et madame la marquise de Civrac ; elle y trouva réunis un grand nombre de dames et d'officiers vendéens : dans la foule, elle reconnut madame la marquise de Bonchamps ; toutes les fois que S. A. R. se trouvait à côté de la veuve du héros de la Vendée, elle aimait à lui parler de ses étonnantes aventures, de ses malheurs : toutes les deux avaient souffert ; elles s'entendaient......

Au souper, *Madame* daigna admettre à sa table un grand nombre de personnes, parmi lesquelles on distinguait :

>M. le marquis et madame la marquise de Civrac et leur famille.
>
>M. le comte Frottier de Bagneux, préfet de Maine-et-Loire.

M. le sous-préfet de Beaupréau.
M. Desmé Delisle, conseiller de préfecture.
Le président du tribunal.
Le procureur du Roi.
Les chefs de divisions de l'armée d'Anjou, etc.

Les personnes qui ont eu l'insigne honneur de recevoir S. A. R. *Madame*, ont toutes demandé que le bonheur de la voir ne fût pas exclusivement pour elles ; elles ont voulu que le public fût admis à contempler les traits de celle qui répandait tant de joie au château de Beaupréau. Comme ailleurs, le peuple entra dans la salle à manger, et circula autour de la table ; derrière la mère de notre Henri, se tenaient debout vingt élèves du collége, uniformément vêtus, portant la lance, avec la flamme blanche, et apprenant ainsi, dès le jeune âge, le respect et le dévouement qu'on doit au sang des rois..... Pendant tout le séjour de S. A. R. à Beaupréau, ces *pages vendéens* la suivirent partout ; ils ne faisaient que commencer la vie ; ils n'y avaient encore trouvé que des beaux jours, mais ils étaient déjà tous prêts à se sacrifier, à mourir s'il le fallait, pour la haute et puissante Dame qu'ils étaient chargés d'accompagner.

Pendant le souper, un officier de l'ancien régiment de Walsh, et depuis officier vendéen, M. Tobin, auteur du beau chant de la Vendée, s'avança près de *Madame* et chanta les deux couplets suivants.

Air *du Chant du Midi.*

PREMIER COUPLET.

La fidèle Vendée a reçu son salaire,
Elle obtient un regard de la fille des rois.
Des braves dont le sang a coulé tant de fois
La mère de Henri vient visiter la terre.
Vendéens, ce beau jour a payé nos travaux;
De nos murs effaçons la dernière ruine.
Unissons nos concerts, faisons dire aux échos :
Gloire! gloire aux Bourbons, hommage à Caroline!

DEUXIÈME COUPLET.

Les malheurs ne sont plus, mais à la belle France,
Si le ciel réservait encor des jours mauvais;
Vous voyez vos amis! vos amis sont tout prêts!
Venez, des Vendéens soyez la Providence.
Avec vous, et pour vous nous armerons nos bras,
Nous vaincrons sous les yeux de l'auguste héroïne,

Et s'il nous faut subir un illustre trépas,
En tombant nous dirons : amour à Caroline !

Tous nos poètes étaient inspirés : le comte Bertrand de Saint-Pern avait aussi composé les paroles et la musique d'un chant guerrier qui avait dû être entendu sous la tente à Saint-Florent. Parmi nos compositions vendéennes et bretonnes, ce chant nous a paru trop remarquable pour que nous ne le donnions pas ici.

S. A. R. en a agréé l'hommage sur le bateau à vapeur, en partant de Saint-Florent.

PREMIER COUPLET.

Accourez tous, Vendéens,
Dignes enfants de la France,
Chantez de joyeux refrains,
La fille des rois s'avance.
Reprenez dans vos hameaux
L'étendard de la victoire;
Offrez-lui sous vos drapeaux
Un noble ombrage de gloire.

DEUXIÈME COUPLET.

En nos champs vient le bonheur;
De notre Henri c'est la mère;

C'est le soutien du malheur,
C'est l'espoir de la chaumière.
    Reprenez, etc.

TROISIÈME COUPLET.

Jadis de sanglants hasards,
Au trépas livraient vos frères,
Sous ses bienfaisants regards
Vous oublîrez vos misères.
    Reprenez, etc.

QUATRIÈME COUPLET.

Elle aime votre valeur,
L'héroïne de la France;
Comme vous dans le malheur,
Elle fut notre espérance.
    Reprenez, etc.

CINQUIÈME COUPLET.

Montrez-lui tout votre amour;
Loin des plaines d'Italie,
Qu'elle oublie en ce séjour
Le beau ciel de sa patrie.
    Reprenez, etc.

SIXIÈME COUPLET.

Nos guerriers morts aux combats,
S'inclinent sur leurs nuages :
Aux chants de leurs vieux soldats,
Ils unissent leurs hommages.
    Reprenez, etc.

SEPTIÈME COUPLET.

Que la paix soit en nos champs;
Mais si l'ennemi s'avance,
De Charette et de Bonchamps
Nous trouverons la vaillance.
Reprenez dans vos hameaux
L'étendard de la victoire;
Offrez-lui sous vos drapeaux
Un noble ombrage de gloire.

Le lendemain 7 juillet, à sept heures du matin, S. A. R. était déjà prête à visiter la ville; elle commença par le collége, où, depuis trente ans, le respectable M. Mongazon forme et donne à la société de bons chrétiens; ceux-là seront bons Français, et sujets fidèles. Le digne supérieur, surmontant une émotion vivement sentie, adressa à S. A. R. un discours dans lequel il retraça les enseignements qu'il donnait à l'enfance, et apprit à *Madame* que, depuis plusieurs années, il existait parmi les élèves confiés à ses soins, une association une congrégation de prières, et que ces prières étaient journellement adressées au Dieu de la France, pour la conservation de Henri-Dieudonné, enfant d'espérance et de prodige : rien ne pouvait mieux aller au cœur de la tendre mère, que cette touchante association de jeunes Français priant pour son fils ! Ce n'est point dans ces colléges tant vantés de Paris; qu'une pensée pareille est venue; c'est dans un établissement secondaire, dans une petite ville vendéenne que l'on a dit : pour que tous ces enfants que l'on nous a confiés soient heureux dans l'avenir, pour qu'ils ne connaissent pas tous les fléaux qui ont pesé sur leurs pères, éloignons d'eux les chances terribles d'un changement de dynastie; faisons-leur demander chaque jour au ciel que le sceptre ne change pas de famille, et qu'il parvienne sans secousse aux mains de Henri V; que Dieu veille donc sur ce prince de leur avenir ! qui sera plus intéressé à prier pour lui, que ceux qui doivent être ses sujets ?

Dans la seconde cour du collége, en face d'un pavillon préparé pour *Madame*, s'élevait la statue du prince de la jeunesse : M. Crucy, ancien magistrat, en avait fait hommage à la ville de Beaupréau; il faut l'avouer, ces Vendéens, que quelques superbes esprits regardent comme demi-barbares, connaissent bien le cœur d'une mère.... Ils comprennent même les convenances ; ce n'est point l'image d'un prince étranger qu'ils placent parmi nos enfants; c'est celle d'un fils de France qu'ils donnent à de jeunes Français !

Pendant que *Madame* contemplait toute cette pompe de collége, pendant qu'elle lisait les nombreuses devises appendues dans des médaillons de verdure, des voix pures comme l'enfance chantaient, autour d'elle, des couplets où le nom du Roi et des Bourbons revenait souvent; dans la Vendée c'est le refrain naturel de tous les chants.

Satisfaite et émue de ce qu'elle venait de voir et d'entendre, S. A. R. quitta le collége et traversa à pied une grande partie de la ville : c'était presque sous une continuelle voûte de verdure que *Madame* marchait; le pavé était aussi jonché de palmes et de fleurs : par toutes ces routes fleuries elle revint au château. Avant le déjeûner l'infatigable Princesse admit près d'elle les membres du tribunal de Beaupréau, le conseil municipal, et le clergé de la ville. Immédiatement après le déjeûner, où S. A. R. admit le marquis et la marquise de Civrac, le comte de Bagneux, et madame la marquise de Bouchamps, *Madame* alla visiter l'église, où elle fut reçue par M. l'abbé Dubois, curé de Beaupréau. Les ames pieuses qui se sont retirées du monde pour méditer et prier, ont toutes emporté dans leurs solitudes un grand amour des Bourbons; elles entendent parler des fêtes du siècle sans les envier... mais elles seraient attristées si elles ne voyaient pas dans leurs couvents un peu du bonheur que nos princes répandent dans leurs voyages; il y aurait cruauté à ne pas donner un peu de joie à qui n'en a plus ici-bas : *Madame* voulut donc entrer chez les dames ursulines; elle pria un instant devant leur tranquille sanctuaire, et pendant qu'elle demandait le bonheur de la France, des saintes priaient pour elle.

En descendant du sanctuaire, la fille des rois alla honorer la mémoire d'un des vaillants défenseurs de l'autel et du trône.

Bonchamps, Cathelineau, Charette, les La Rochejaquelein, Lescure, Donnissan, Stofflet, Georges, ont leurs monuments; d'Elbée n'avait pas le sien, *Madame* voulut en poser la première pierre.

Arrivée au lieu où doit s'élever le monument, S. A. R. fut reçue par la commission nommée pour son achèvement : M. le comte de Bagneux, qui, avant de servir le Roi comme préfet, l'a servi dans les rangs vendéens, président de cette commission; le marquis de la Bretesche, secrétaire; M. de Chantereau, sous-préfet de l'arrondissement; le comte de Romain, ancien major général de l'armée d'Anjou; M. Lhuillier, à la tête de sa division en armes; et M. le marquis d'Elbée, maréchal des logis des gardes du corps, parent du généralissime des armées catholiques et royales.

Ce dernier, se rendant l'interprète des Vendéens, remercia S. A. R. de l'honneur qu'elle daignait accorder au nom de d'Elbée; cet honneur rendu au chef rejaillissait sur chacun de ses soldats. C'était eux tous que la fille des rois venait récompenser en honorant la mémoire de leur ancien général.

Quand, au commencement des troubles, les paysans vinrent trouver, à la terre qu'il habitait près de Beaupréau, le marquis d'Elbée, ils lui dirent : Vous êtes officier du Roi, on le menace, vous avez une épée! mettez-vous à notre tête, et marchons contre les républicains !

D'Elbée leur répondit : Mes amis, comme officier du Roi, je sais ce que je dois faire ; je mourrai pour le défendre, mais je n'entraînerai personne dans mon dévouement ; mes devoirs ne sont pas les vôtres; croyez-moi, restez dans vos chaumières...

Non, non, s'écrièrent les hommes qui étaient venus vers lui, nous voulons marcher pour délivrer le Roi; nous sommes Français comme vous, mais vous êtes officier; vous en savez plus que nous; commandez-nous, et nous vous suivrons.

Eh bien! répliqua d'Elbée, voici la nuit qui vient, allez chez vous, la nuit porte conseil; si demain vous persistez à me suivre, revenez, et alors je me mettrai à votre tête; mais pensez bien que du jour où vous aurez pris les armes, il vous les faudra garder; vos chaumières seront brûlées, vos femmes, vos enfants menacés.... massacrés peut-être!!..... La révolution est forte et puissante; elle dévorera ceux qui s'armeront contre elle; ce ne sont pas seulement des soldats qu'il me faut, mais des martyrs!

Après ces paroles, l'enthousiasme n'avait fait que s'accroître; on répétait dans la foule : Nous sommes prêts à mourir pour garder nos prêtres et notre roi! D'Elbée donna une seconde fois l'ordre de se retirer, et ajouta : Que ceux qui seront prêts à se dévouer à tous les malheurs, reviennent demain; ce soir je n'accepterai le dévouement de personne.

Le lendemain ils revinrent *et en nombre*

double; ils dirent : Nous voilà ; maintenant, tenez votre parole et mettez-vous à notre tête.

Oui, répondit le gentilhomme, j'accepte le commandement que vous voulez me donner ; je jure de n'en user que pour la gloire de Dieu et la défense du Roi ; mais à votre tour, jurez-moi obéissance.

Nous le jurons ! nous le jurons !

Alors d'Elbée tira l'épée que le Roi lui avait donnée, et cette épée ne fut remise dans le fourreau qu'à Noirmoutiers ; et ce fut par les amis du Vendéen, car lui venait de mourir au pied de l'arbre de la liberté... Trop faible pour marcher à ce dernier combat, il y fut porté dans un fauteuil.... Sa fidèle et noble épouse le suivit de près ; nous avons vu leurs restes sans aucune pierre de souvenir.

Sous le règne de Charles X, toutes les dettes envers la fidélité se paient, et la fille du Roi très-chrétien est venue poser la première pierre du monument du généralissime des armées catholiques. Après cet acte solennel de justice, *Madame*, bénie et honorée par tous, s'éloigna de Beaupréau : l'hospitalité des nobles hôtes du vieux château avait été digne des descendants du maréchal de la Vieuville. Une femme vénérée, dont tout le pays garde religieusement la mémoire, la maréchale Daubeterre avait eu, en 1814, l'honneur de recevoir dans ce même château S. A. R. Monseigneur le duc d'Angoulême ; c'était le premier Bourbon, après tous nos malheurs. Aussi quelle joie, quel délire, quand il arriva au milieu de *cette foule de drapeaux blancs*, rassemblés devant l'antique demeure ! Quelle émotion quand un Vendéen lui chanta :

> Nous le jurons par vos malheurs,
> Nous le jurons sur notre épée.....
> Nos biens, notre sang et nos cœurs,
> Tout est à vous... dans la Vendée.

FIN DE LA Iʳᵉ PARTIE.

Pin-en-Mauges.

Un pauvre voiturier vivait dans son hameau; les soins de son métier occupaient tous ses jours; quand il revenait de ses courses, il se faisait remarquer dans son village par sa piété et sa douceur; tous ses voisins le chérissaient, mais aucun d'eux ne voyait en lui un homme extraordinaire. Un jour, des jeunes gens qui avaient refusé de marcher pour la République revinrent au hameau du Pin-en-Mauges, poursuivis par les soldats de la révolution; ils avaient osé résister à Saint-Florent, leur mort était certaine. Cathelineau entendit leurs voix... Il faut les sauver, se dit-il; et aussitôt essuyant ses bras, et laissant le pain qu'il était occupé à pétrir pour sa famille, il prend une grande résolution. Tout à coup l'agneau s'est fait lion; il court à la délivrance de ses amis; on cherche à l'arrêter, c'est en vain. *Il faut résister à la République ; elle prendrait tous nos enfants*, répète-t-il ; et ses yeux brillent d'un feu extraordinaire, et l'homme vulgaire a cessé, et le héros commence. Depuis ce jour, Cathelineau ne fait que croître en renommée et en gloire ; au milieu des camps et des honneurs, des victoires et des revers, sa modestie et sa piété restent comme au village. Tous les orgueils, toutes les ambitions d'une armée de gentilshommes se courbent devant ce noble paysan, devant le *saint d'Anjou*. Enfin, blessé au siége de Nantes, Cathelineau meurt comme il avait vécu, pour Dieu et pour le Roi.

Un tel homme devait être honoré dans les siècles : il le sera. Le zèle d'un royaliste, la persévérance du chevalier de Lostanges lui a élevé une statue ;... et pour que l'ombre du héros ne fût pas jalouse, celle qui venait de poser la première pierre du monument de Beaupréau, vient saluer celui du Pin-en-Mauges.

A son arrivée au Pin, *Madame* fut reçue par M. Gabory, l'ami et l'ancien secrétaire du général vendéen, aujourd'hui maire de cette commune. S. A. R. daigna accueillir, avec une bonté particulière, M. le chevalier de Lostanges et M. Cathelineau, fils de l'illustre chef, à qui elle permit de lui présenter sa famille rangée, au nombre de trente-neuf personnes, au pied de la statue de l'auteur de leur illustration. Parmi les femmes de cette noble famille, il y avait plus d'une veuve; la veuve du duc de Berry leur parla avec une émotion qui partait du cœur.

La statue de Cathelineau est d'un bel effet; le Vendéen est dans ses habits de paysan, le pantalon et les guêtres, la veste courte et rattachée par une ceinture de Chollet, le col nu, les cheveux longs, son manteau de voiturier jeté sur une de ses épaules, et largement drapé; le regard du saint d'Anjou est levé vers le ciel, son bras gauche serre une croix gothique, et sa droite tient l'épée qui indique la devise de la Vendée. C'est l'ouvrage de Dominique Molchenetz, auquel on doit les statues de Charette, de Louis XVI et de Monseigneur le duc de Bordeaux.

Pour voir défiler les Vendéens, *Madame* se plaça auprès du Calvaire; c'était pour chaque paysan une occasion de la voir de près. Il ne faut pas demander à ces soldats laboureurs l'ordre et le silence des troupes réglées. Ceux d'entre eux qui avaient reçu des armes du Roi, les montraient avec orgueil en passant devant la Princesse; quelques-uns, croyant que c'était manquer de respect que de passer si près d'elle avec le chapeau sur la tête, se découvraient en criant *vive le Roi! vive Madame!*

Quand les détachements eurent défilé, S. A. R. voulut qu'on lui montrât la maison qu'avait habitée le généralissime des armées royales. On avait eu l'idée d'écrire sur la porte ces deux lignes :

BEL TRIONFO DELLA RELIGIONE!
DA QUEST' UMIL TETTO ALL' IMMORTALITA.

Cette maison n'appartient plus à la famille Cathelineau! La gloire et la fidélité n'enrichissent pas..... *Madame* a vu bien d'honorables misères; le *Roi les saura*, et quand *le Roi sait*, le mal est réparé, ou le bienfait s'apprête.

Avant de s'éloigner du Pin-en-Mauges, S. A. R., quoique pressée de continuer son itinéraire de la journée, saisit l'occasion de prouver tout l'intérêt qu'elle prenait à ce pauvre hameau, désormais devenu historique, en posant une principale pierre d'une maison de charité, destinée à l'éducation des petits enfants du village : dans cette école, ainsi consacrée par la mère du duc de Bordeaux, les neveux de Cathelineau apprendront à se montrer dignes de celui dont le nom fait leur gloire; animés de ses sentiments, ils sauront que dans une petite école chrétienne on apprend l'héroïsme.

Jallais, Chemillé.

Madame, poursuivant sa route, se rendit à Jallais, où elle retrouva ses voitures. Ce joli bourg, que traverse la grande route de Saumur à Nantes, par Chemillé, est devenu fameux pendant les dernières guerres. Ce fut à Jallais que Cathelineau remporta sa première victoire; c'est là que les Vendéens s'emparèrent de *leur premier canon*, qu'ils appelèrent *le Missionnaire*.

A moitié chemin, entre Jallais et Chemillé, S. A. R. a rencontré une nombreuse cavalerie, composée des principaux habitants de Chemillé et des environs, et à une demi-lieue de la ville, deux longues files de fantassins; cette troupe était commandée par M. de la Sorinière. Les communes voisines étaient conduites par leurs maires et leurs anciens chefs; les différentes paroisses se reconnaissaient à leurs drapeaux.

De toutes les villes de la Vendée militaire que *Madame* a parcourues, aucune n'avait fait plus de frais de décorations que Chemillé. Elle renferme plusieurs manufactures et une population active. Chacun avait eu soin de faire crépir sa maison en blanc, et de l'orner de verdure; toutes les fenêtres étaient drapées à l'extérieur, et entourées de guirlandes; elles ressemblaient ainsi aux loges d'une salle de spectacle : toutes étaient garnies de femmes et d'enfants qui jetaient des fleurs sur la route de la jeune Princesse, dont la voiture allait au pas à travers tous ces enchantements. Malgré toute la pompe de ces décors, *Madame* ne put s'arrêter; il était tard, et elle devait aller dîner et coucher à Vezin. Elle témoigna tous ses regrets au maire et aux jeunes personnes de Chemillé, qui avaient couru après sa voiture pour lui apporter une corbeille de lis. On voyait au ton, aux paroles de S. A. R., qu'elle aurait voulu rester dans cette jolie ville; mais le temps marche pour les princes comme pour nous, et il ne restait à S. A. R.

que peu d'heures pour une course longue et fatigante.

Sous un ciel lourd et orageux *Madame* continua sa route ; arrivée à la *Montagne des Gardes*, elle remonta à cheval. Les nuages s'amoncelaient, et le tonnerre commençait à gronder dans le lointain ; en gravissant le coteau on hâtait le pas : le temps devenait menaçant.

Abbaye des Gardes.

Le *village des Gardes* est situé sur un plateau très-élevé ; de là, la vue est magnifique, et par sa variété et par son étendue ; d'un côté l'œil découvre les flèches sveltes et élancées de la cathédrale d'Angers, de l'autre, les tours lourdes et massives de Saint-Pierre de Nantes. Sur la gauche, les regards aperçoivent presque la mer, car rien ne s'élève entre l'Océan et la *Montagne des Gardes* ; la vue glisse agréablement sur un pays varié, et finit par se perdre dans un lointain vaporeux. C'est là, sur ce haut lieu, que s'élève l'abbaye des Gardes, où de pieuses filles rivalisent de sainteté et d'austérités avec les trappistes. La plupart des maisons de prières sont ainsi bâties sur des montagnes ; ceux qui les ont fondées cherchaient la paix et la solitude, et pour planter leurs tabernacles, ils montaient bien haut, croyant que là ils entendraient moins le bruit du monde ; quelquefois aussi les amants de la retraite s'établissaient au fond d'une profonde vallée ;..... mais ce que l'imagination et l'exaltation fuient le plus, c'est un pays de plaines.

Madame, après avoir admiré le paysage qui se déroulait autour et au-dessous d'elle, comme un vaste panorama, alla frapper, avec sa suite, à la porte du monastère.

Quand les reines chevauchaient autrefois, souvent les couvents leur servaient d'hôtelleries, et on en a vu échanger leur diadème pour le voile, qui leur semblait plus facile à porter.

Sans vouloir quitter le monde, tout en y tenant beaucoup encore, on n'entre pas dans une de ces pieuses retraites sans ressentir une paix, un calme que la société n'a point à offrir; on se croit là sous les ailes de Dieu; on se dit : ici, que d'agitation! que d'inquiétudes de moins !

Nous l'avons dit ailleurs, les âmes énergiques conçoivent et admirent les sacrifices; *Madame* avait résolu de voir de près ces austères *trappistines*, qui ne tiennent à la terre que par leurs continuelles mortifications.

S. A. R. fut reçue par l'abbé de Belle-Fontaine, supérieur de ces saintes filles de la Trappe. Ce vénérable vieillard lui présenta l'eau bénite, et la conduisit à un prie-dieu; là elle inclina humblement son front devant celui par qui règnent les rois. De l'église, *Madame* passa dans la salle du chapitre; quatre-vingt-dix religieuses à genoux, sur deux rangs, les mains croisées sur la poitrine, le visage voilé, restèrent immobiles : ici, point de cris de *vive le Roi*, *vive Madame*; tous les vœux étaient muets comme la tombe ; on aurait dit, en voyant ces femmes ainsi sans voix et sans mouvement, que c'était de ces simulacres inanimés, que les statuaires placent sur les sépulcres.

Au milieu d'elles était une jeune et très-jolie personne, parée de toutes les pompes du monde. Elle aspirait alors à changer son bandeau de roses pour le voile ; elle soupirait après les austérités de celles qu'elle appelait déjà ses sœurs... Peut-être ce voile est-il maintenant tombé sur ce joli visage, que l'œil d'un homme ne verra jamais plus ! *Madame* s'entretint pendant quelque temps avec la jeune postulante ; le plus tendre intérêt se montrait dans toutes les paroles de la Princesse. C'était une joie pour toutes les religieuses qui entendaient la voix de Marie-Caroline : dans cet asile du silence une voix amie fait tant de bien !

L'infirmerie fut ensuite visitée. Une religieuse, en apercevant la fille des Bourbons, trouva dans son cœur des mots que sa langue désaccoutumée n'est plus à même de prononcer... Se soulevant sur sa pauvre couche, et joignant les mains, elle répétait avec feu : *Vive le Roi! vive Madame! vivent les Bourbons!* car je suis royaliste, et fille de royalistes; mon père..... Elle en eût dit davantage; elle se fût peut-être vantée de la fidélité, du dévouement de sa famille!..... Le père abbé lui fit un signe; elle retint la parole sur ses lèvres, et retomba dans le silence... On ne redit pas la gloire des siens sans qu'il en retombe un peu sur soi....... et à la Trappe on doit renoncer à toutes les gloires.....

Dans la supérieure des trappistines de *l'abbaye des Gardes*, la princesse de Naples reconnut une Italienne, qui avait fait ses vœux dans un couvent de Sicile, dont une tante de *Madame* était abbesse. Étrange destinée de cette fille du cloître de venir gouverner, au fond du Poitou, de saintes femmes dégoûtées du monde, et d'y recevoir, au pied de ses nouveaux autels, la fille de ses rois! S. A. R. trouva un grand plaisir à parler italien avec elle. Une collation fut offerte à S. A. R., et servie silencieusement par les religieuses. Pendant cette collation, mademoiselle Blouin, qui dirige l'institution des sourds et muets d'Angers, fut introduite auprès de *Madame*... Elle avait amené avec elle trois de ses élèves.

Pendant la visite de la Princesse, l'orage avait éclaté, la pluie était tombée par torrents; maintenant le ciel redevenait serein. S. A. R., après avoir reçu la bénédiction du Saint-Sacrement, se remit en route. Elle traversa la commune de Meslay, le bourg de Tourlandry, où de jeunes filles vinrent lui offrir deux colombes; un peu plus loin, les paysans lui avaient apporté un chevreau pour Monseigneur le duc de Bordeaux, et une chèvre blanche et sans tache pour *Mademoiselle*. Dans d'autres villages les offrandes avaient été un couple de perdrix vivantes, et de petits chardonnerets. *Madame* s'amusait beaucoup de cette collection d'animaux qu'elle se formait dans son voyage, et elle se serait reproché de refuser des dons, faits de si bon cœur et avec tant de naïveté. A la Poitevinière, comme elle sortait du bourg, un jeune paysan lui présenta un lièvre attaché par des rubans blancs; à l'embarras de la Princesse, pour se charger d'un animal aussi vif qu'indocile, le bon villageois opposa des supplications si pressantes, que S. A. R. accepta, et M. le comte de Bagneux prit, sur le pommeau de sa selle, le jeune habitant des champs, qui, tout étonné de cette manière de voyager, se soumit à sa captivité.

Dans toutes ces simples et rustiques offrandes, n'y a-t-il pas quelque chose de touchant qui rappelle les mœurs d'autrefois ? Le premier exemple que nous ayons de ces dons offerts, comme tributs, à de grands personnages, c'est Melchisedech offrant le pain et le vin au patriarche Abraham.

Est-ce de là que nous vient la coutume de présenter aux rois, lors de leur entrée dans une ville, le pain et le vin d'honneur ?

Château de Vezin.

L'orage avait porté sur Vezin comme sur l'*abbaye des Gardes*, mais au couvent des trappistes la réception de l'auguste voyageuse n'avait été dérangée en rien par le mauvais temps. Une tempête, un rayon de soleil, ne changent rien aux fêtes de la Trappe; elles se passent toutes devant les autels, et là, les orages ne viennent pas. Il n'en est pas de même des réjouissances du monde; un coup de vent, la pluie, la grêle les contrarient. Madame la baronne de Vezin, qui était prévenue, ainsi que le jeune baron son fils, que S. A. R. coucherait au château de Vezin le 7 juillet, n'avait eu besoin que de dire: *Madame vient;* et tous les habitants des environs, plusieurs jours d'avance, étaient venus s'offrir pour aider aux préparatifs de la réception; abandonnant leurs travaux champêtres, et laissant au Dieu qu'ils ont servi, le soin de leurs récoltes. Ces bons paysans se réunissaient chaque matin sur la place devant l'église, munis de pelles, de pioches et de pics de fer ; puis, au son du tambour et aux cris de *vive le Roi!* ils couraient au travail comme à une bataille. Dans l'espace de quelques jours, les chemins les plus affreux ont été aplanis. Pendant que les hommes dans la force de l'âge s'occupaient à améliorer les routes, les femmes et les enfants, et même les vieillards, tressaient des guirlandes et élevaient des pyramides de fleurs ; en face des fenêtres de l'appartement de S. A. R., on voyait un de ces obélisques en mosaïques de roses, de bluets et de coquelicots, qui portait un buste du Roi.

Un kiosque du meilleur goût avait été élevé à l'entrée de la forêt : c'était là que *Madame* devait dîner. Un luxe de draperies, de décors, avait été déployé dans l'arrangement de ce fragile abri. La tempête vint, et tout fut renversé ;... le vent se joua avec les guirlandes et les porta au loin ; la pluie, tombant par torrents, traversa les draperies ;

la table, que l'on allait servir, fut inondée. S. A. R. approchait ; le zèle et l'amour font des prodiges ; en peu d'instants tout fut réparé, et ce fut dans les appartements du château que la table du kiosque fut relevée et élégamment servie. *Madame*, en arrivant, ne vit rien du désastre; et les habitants du château, en recevant la mère de notre Henri, ne pensèrent à l'orage que parce qu'elle en avait souffert.

Madame la baronne de Vezin, toujours occupée à faire valoir les personnes qui l'entourent, ne laissa pas ignorer à S. A. R. tout le zèle que les gens de campagne avaient montré pour travailler aux chemins, afin de les rendre moins durs et moins rudes pour elle.

Madame, instruite de l'empressement que ces bons paysans avaient mis pour tous les préparatifs de la réception, s'adressa à l'un d'eux pour les remercier.

Je crains, mes bons amis, ajouta la bonne et excellente Princesse, *que vous ne vous soyez bien fatigués pour moi.*

Fatigués! ah! Madame, répondit le Vendéen, *quand nos pères ont versé tout leur sang pour le Roi, qu'est-ce que nos peines et notre temps ? nous voudrions comme eux vous offrir tout notre sang !*

Aussitôt que S. A. R. fut dans le château, toutes les paroisses de l'ancienne division de M. Soyer vinrent former le carré à l'entour de la pyramide qui portait le buste du Roi, et lorsque *Madame* parut à son balcon, toute cette troupe fidèle, et enivrée de bonheur, défila aux cris de *vive le Roi ! vivent tous les Bourbons !*

Malgré la fatigue de la route, pendant le dîner S. A. R. fut gaie et aimable pour toutes les personnes admises à l'honneur de sa table. Elle permit au dessert que l'on chantât quelques chansons vendéennes. Le comte Louis de Bourmont, neveu de la baronne de Vezin, chanta, avec cet accent qui part du cœur, les couplets suivants.... Ceux qui les ont entendus ne les oublieront pas. Le chant de la Vendée, par M. le chevalier Tobin, est devenu populaire; il en sera de même des couplets de M. de Bourmont.

Air : *Mon pays avant tout.*

PREMIER COUPLET.

A ton nom seul désertant leurs demeures,
Nos vieux soldats au comble de leurs vœux,
O Caroline ! ont bien compté les heures
Pour venir tous t'admirer en ces lieux. *(bis.)*
C'est, disent-ils, d'Henri l'auguste mère,
Montrons-lui donc notre amour aujourd'hui :
N'as-tu pas vu, tracés sur leur bannière, ⎫
Ces noms chéris Caroline et Henri ? ⎭ *bis.*

    Noms chéris
  Caroline et Henri.

DEUXIÈME COUPLET.

Tu viens charmer cette terre arrosée
Pendant long-temps et de sang et de pleurs;
Oui, sous tes pas, la fidèle Vendée
A tressailli d'amour et de bonheur. *(bis.)*
Déjà pour nous ce n'est plus l'espérance,
D'un bonheur pur c'est la réalité;
Chacun te voit, et ta douce présence ⎫
Devient le prix de la fidélité. ⎭ *bis.*

    Est le prix
  De la fidélité.

TROISIÈME COUPLET.

Fille des rois, regarde à ton passage
Ces Vendéens que le sort accabla;
Si la fortune a trahi leur courage,

L'honneur jamais ne les abandonna. (bis.)
Comme autrefois, au fort de la tempête,
Chacun ici veut signaler sa foi,
Et si beaucoup manquent à cette fête... ⎫
C'est qu'ils sont morts pour leur Dieu, pour leur Roi. ⎬ bis.
    Ils sont morts
    Pour leur Dieu, pour leur Roi.

QUATRIÈME COUPLET.

Un vent léger règne encore au *Bocage*,
Et loin de nous pourtant l'orage a fui ;
Nous espérons qu'aucun autre nuage
N'obscurcira le beau ciel d'aujourd'hui. (bis.)
Mais si jamais une secte abhorrée
Brisait encor le sceptre de nos rois,
Ah ! pense à nous, reviens dans la Vendée, ⎫
Amène Henri, nous défendrons ses droits. ⎬ bis.
    Oui d'Henri
    Nous défendrons les droits.

La plupart de ceux qui étaient présents au château de Vezin, au milieu de toute leur joie, regrettaient quelques-uns des leurs : *beaucoup manquaient à cette fête.....* Le frère de la noble châtelaine, le jeune marquis de Becdelièvre, l'émule et l'ami du général Bourmont, était de ce nombre :

Il était mort pour son Dieu, pour son Roi,

auprès de son berceau, à quelques pas du château paternel... Pour enseigner la fidélité à son fils, madame la baronne de Vezin n'a pas été obligée de recourir à des exemples étrangers; elle a pu lui dire :

Souviens-toi de ton père et des tiens!

Le temps n'était plus à l'orage; la soirée était calme et belle : *Madame* sortit pour voir les bosquets illuminés d'une manière charmante; on eût dit des milliers de vers luisants. C'était des coquilles de limaçons qui servaient de lampions, et qui étaient semées avec profusion dans la verdure.

Sur la place un feu de joie était préparé. Monsieur le maire présenta *une épée flam-*

boyante à S. A. R., en la priant de vouloir bien allumer le bûcher, qui s'élevait à une grande hauteur. Quand l'arbre qui en faisait le centre et l'appui fut à découvert, *Madame* en remarqua la beauté; il avait été coupé dans la forêt de Vezin. *Quel dommage d'avoir abattu ce beau chêne!* dit la Princesse. *Il ne pouvait être mieux employé,* s'écria un paysan; *s'il est beau, c'est qu'il a été arrosé du sang des Vendéens.* En effet, un grand massacre avait eu lieu à l'endroit même où cet arbre avait grandi.

Lorsque *Madame* se retira dans ses appartements, la joie du peuple durait encore, seulement elle était devenue moins bruyante. Les hommes qui étaient venus en armes avaient trouvé des vivres et du vin en abondance, et les habitants du château de Vezin n'auraient pu concevoir une fête si les pauvres n'y avaient eu leur part; aussi la joie et le bonheur avaient été universels. Le coup de vent fut bientôt oublié. On ne pensa plus à l'orage, en voyant celle qui nous a valu tant de beaux jours!

Le lendemain 8 juillet, à huit heures du matin, S. A. R. se remit en route, après avoir assuré, avec une grâce touchante, madame la baronne de Vezin et sa famille de tous ses remerciments. Il y a des *remercîments* qui sont des *récompenses*.

Chollet.

Avant neuf heures *Madame* était rendue à Chollet. Cette petite ville, toute manufacturière, avait fait de grands apprêts; ses rues étaient tendues avec les étoffes de ses manufactures; dans quelques endroits le jour n'y parvenait qu'à travers les voiles attachés d'une maison à l'autre; la foule était si grande, que ce fut avec peine que la voiture de la Princesse put parvenir chez le maire, M. Charbonnier. Elle y trouva des jeunes personnes fraîches comme les fleurs dont elles étaient chargées, qui lui offrirent les vœux et les hommages de la ville.

Madame voulut se rendre à pied aux belles filatures de MM. Richard et Lavaud; elle visita ces deux établissements dans le plus grand détail, adressant souvent la parole à leurs propriétaires, et s'informant avec intérêt de tout ce qui avait rapport à leur commerce. Dans la première de ces fabriques, S. A. R. fit l'acquisition de mouchoirs, et daigna, à la prière des ouvriers, travailler à un des métiers.

Dans la manufacture de M. Lavaud, qui est le premier établissement, à Chollet, auquel ait été adapté une machine à vapeur, *Madame* s'en fit expliquer le mécanisme. Elle témoigna aux deux propriétaires de ces filatures toute sa satisfaction, et leur prouva qu'elle se connaissait en *industrie* comme en *beaux-arts*. S. A. R., ayant fait remettre aux ouvriers des marques de sa munificence, remonta en voiture et partit pour Maulévrier. En traversant la petite commune de Mazières, elle fut arrêtée sous un arc de triomphe dont la devise nous a paru charmante :

COURTE VISITE, LONG SOUVENIR.

En témoignage de sa satisfaction, S. A. R. a adressé une élégante parure à la nièce de M. Charbonnier, maire de Chollet, qui, à la tête des jeunes personnes de cette ville, l'avait complimentée.

Maulévrier.

UNE des plus belles, des plus nobles demeures de tout le pays vendéen, est le château de Maulévrier; ce château est digne du nom de Colbert. Cette grande et magnifique habitation est encore ennoblie par une généreuse pensée; son propriétaire actuel, le comte de Colbert, y a élevé un monument au brave et vaillant Stofflet. Cet obélisque, dédié par l'ancien seigneur de Maulévrier à la mémoire de son garde-chasse, se voit sur l'esplanade qui précède la cour du château... *Madame*, avant d'y arriver, ayait été priée par M. le comte de Colbert, qui était allé au devant d'elle, d'entrer un instant dans une chapelle rebâtie depuis quelques années, et mise sous l'invocation de *Notre-Dame de toutes aides*. *Madame*, en y entrant, apprit que ce petit oratoire avait été réparé avec ses propres bienfaits : il y avait sept ans que S. A. R. avait envoyé a M. de Colbert quelques secours à cet effet. Elle y vit aussi, sur l'autel, une fleur faite par elle. Elle se prosterna un instant devant la sainte image, que le peuple de ces fidèles campagnes était venu si souvent invoquer avant la naissance de l'enfant du miracle. C'était pour les neuvaines que l'on faisait alors, pour les actions de grâces que l'on a dites depuis, que la chapelle de *Notre-Dame de toutes aides* avait été rebâtie.

La petite ville de Maulévrier était aussi toute parée de fleurs et d'étendards. La joie et le bonheur n'étaient pas seulement au château; la présence de la jeune Princesse les répandait partout.

Accoutumée aux palais, l'auguste voyageuse fut frappée de la beauté du château, et du grandiose de ses distributions; les salles, qui n'étaient pas encore achevées, avaient été décorées avec goût pour le grand jour de la réception; dans le salon d'honneur, qui n'est pas terminé, on remarquait, au-dessous des portraits de la famille royale, les inscriptions suivantes : sous celui de Charles X,

MAJESTÉ, GRACE, BONTÉ.

En trois mots, c'est frappant de ressemblance.

Sous les images réunies du duc de Berry, de *Madame*, duchesse de Berry, et Monseigneur le duc de Bordeaux,

REGRETS, AMOUR, ESPÉRANCE.

Monseigneur le Dauphin,

GLOIRE.

Madame la Dauphine,

VERTUS.

Le portrait de Marie-Thérèse était entouré d'immortelles; celui de Marie-Caroline, de roses; les autres de lauriers.

Après le déjeûner, *Madame* se rendit au monument de Stofflet; pour y arriver, elle passa devant huit cents Vendéens en armes; les vétérans de cette troupe avaient été soldats de l'ancien garde-chasse. En voyant la mère du duc de Bordeaux aller honorer la mémoire de leur général, leur amour pour elle redoublait, et leurs cris de *vive Madame!* prenaient une énergie nouvelle. Rien ne plaît autant au peuple qu'un acte de justice et de reconnaissance; et c'est justice et reconnaissance aux Bourbons que de venir visiter les tombes de ceux qui sont morts pour eux : un grand hommage leur manque encore.....

Quand Stofflet, à la tête de son armée, écouta les propositions de paix que lui faisaient les généraux de la République, il mit comme première condition, comme première clause au traité, qu'il serait permis *à son ancien maître*, et à la famille Colbert, de rentrer en France et de reprendre possession de toutes ses anciennes propriétés;... ainsi, le premier besoin de ce cœur, que la gloire et le commandement auraient pu enivrer, était encore la reconnaissance; aussi une des premières pensées des nobles possesseurs de Maulévrier, alors qu'ils ont relevé leurs ruines, a été de consacrer un monument à la mémoire de ce brave et vaillant serviteur, parvenu au commandement à force de dévouement et de courage, et mort en prouvant qu'il savait obéir...

Arrivée entre onze heures et midi, S. A. R. partit de Maulévrier à trois heures : comme partout, elle y fut simple, bonne et gracieuse; comme partout, elle a été bénie par la population accourue de bien loin pour voir celle dont toute la Vendée redisait les louanges.

Un soldat de Stofflet, qui avait été blessé dans les batailles, et que l'âge avait rendu infirme, restait dans sa chaumière, et venait de voir ses deux fils partir pour aller à Maulévrier au devant de S. A. R. Un de ses vieux compagnons d'armes le vit assis sur le seuil de sa cabane, et lui dit : *Eh bien! l'ami, ne viens-tu pas au devant de la Duchesse? tous les bons du pays y courent.* Le vieillard lui répondit avec tristesse : *Tu es bien heureux, toi, tu peux marcher;... mais ma blessure s'est rouverte...* — *Raison de plus*, répliqua l'autre soldat; *tu l'as reçue pour le Roi, la vue de la Princesse te guérira. Viens, prends ton vieux sabre et ton bâton, tu t'appuieras sur moi. Je porterai ton fusil jusqu'au rendez-vous; ce soir, tes fils te ramèneront, et tu verras que sa vue t'aura fait du bien.* Le soldat de Stofflet se laissa aisément persuader, et les deux amis allèrent, aussi vite que l'âge et les infirmités le leur permettaient, à la rencontre de celle qui fait oublier toutes les douleurs...

Saint-Aubin.

Il y en avait de grandes à consoler à Saint-Aubin, où S. A. R. se rendit en quittant

Maulévrier. Elle y allait poser la première pierre du monument élevé à toute une famille de victimes; les La Rochejaquelein ont accaparé le malheur comme la gloire. Henri, Louis, Donnissan, Lescure; la pierre que l'illustre veuve venait consacrer portera ces quatre noms. L'épée que l'armée prussienne a donnée à Henri, ainsi que les deux magnifiques candélabres envoyés par elle à la marquise de La Rochejaquelein, sa mère, orneront le monument funèbre.

Madame est arrivée à Saint-Aubin à cinq heures du soir; là se trouvaient réunis plus de cinq mille Vendéens armés; ils voulaient à la fois avoir le bonheur de contempler les traits de la mère du duc de Bordeaux, et rendre un pieux devoir aux guerriers morts. S. A. R. fut reçue par M. le comte et madame la comtesse de La Rochejaquelein [1], M. le comte et madame la comtesse de Rieux de Songy, M. le vicomte et madame la vicomtesse de Beaucorps, beaux-

---

[1] La comtesse de La Rochejaquelein, née de Duras, et veuve du prince de Talmont.

frères des La Rochejaquelein ; monseigneur l'évêque de Poitiers, et M. de Beaumont, préfet des Deux-Sèvres, qui a accompagné la Princesse tout le temps qu'elle a été dans le département. *Madame* a comblé de caresses les deux jolies petites de Chabot : c'était encore des La Rochejaquelein !

Sans vouloir prendre un instant de repos, *Madame* se fit conduire à l'emplacement du monument; là, le comte Auguste de La Rochejaquelein lui exprima en peu de paroles, mais avec une vive émotion, la reconnaissance de sa famille et de toute la Vendée. Les paroles du général remuaient tous les cœurs, et plus d'un vieux soldat, en l'écoutant, laissait échapper des larmes;... car Henri et ses brillants exploits lui revenaient dans la mémoire.

L'évêque de Poitiers fit les prières d'usage; il appela Dieu à la consécration du monument : ceux auxquels il était élevé avaient vaillamment défendu sa cause. Ensuite M. l'abbé Lambert, grand vicaire, prononça une oraison funèbre. Le *Domine salvum fac Regem* termina la cérémonie religieuse. Il faut entendre cette prière chantée par des Vendéens ;... en demandant de longs jours pour le Roi, ils ont l'air *de vouloir faire violence au ciel.*

En sortant de l'église, S. A. R. est allée se reposer un instant sous l'humble toit de la maison de Saint-Aubin, destinée à faire un hôpital, dont les sœurs de Saint-Joseph, de Lyon, occupent déjà une partie. La chapelle monumentale sera attenante à cet hospice; ainsi les pauvres malades seront soignés par la religion tout à côté, et comme sous la gloire des quatre chefs chrétiens. De là *Madame* se rendit à la tente sous laquelle elle devait dîner; deux longues haies de soldats vendéens formaient avenue. En la parcourant, l'auguste mère de Henri délivrait les brevets que la bonté du Roi l'avait chargée de remettre en son nom à ses fidèles défenseurs; à peine si elle pouvait entendre les noms que lui indiquaient les capitaines de paroisses, tant les acclamations autour d'elle étaient bruyantes et multipliées. *Vive le Roi! vive Madame la Duchesse et son cher fils! vive la Duchesse et sa sainte famille! Vivent les bons royalistes qui l'accompagnent! Vivent tous les Bourbons à tout jamais!* Tels étaient les cris, les élans du cœur de ces braves paysans.

Lorsque *Madame* eut pris place à table, les armes furent placées en faisceaux, et les soldats entourèrent, par groupes distincts, de petits drapeaux auprès desquels des vivres et du vin furent distribués. Cette scène animée, au milieu d'un vaste champ tout entouré de buissons, de genêts en fleurs, pouvait donner une juste idée d'un camp de la Vendée..... C'était ainsi qu'au milieu de la guerre, les soldats des anciennes armées catholiques et royales se réjouissaient quelquefois, soit après une victoire remportée sur les républicains, soit à quelques anniversaires que leur royalisme aimait à fêter... Pour rendre l'illusion plus complète, quelques paysans tiraient des coups de fusil sur la lisière du camp : le Vendéen éprouve un grand plaisir à animer ainsi sa joie par un ressouvenir de guerre. A la naissance de ses enfants, à son mariage, à ses fêtes, il tire des coups de fusil en criant *vive le Roi*... Madame trouvait du charme dans ces réjouissances guerrières ; quelqu'un lui ayant demandé si elles ne l'incommodaient pas : *Oh! non*, répondit-elle ; *j'aime cette odeur de poudre !*

La belle chanson du comte de Bourmont fut chantée de nouveau, au milieu d'un enthousiasme général. On porta la santé du Roi, la fille de Charles X remplit son verre... et s'écria : *Oh! je lui dirai combien vous l'aimez !... Je sais combien il aime tous les Français ! Il voudrait les voir tous autour de lui !*

Avant de se séparer, M. le comte de La Rochejaquelein distribua des médailles frappées à l'occasion de la pose de la première pierre du monument de sa famille, à toutes les personnes qui avaient signé le procès-verbal de la cérémonie. Après le dîner, S. A. R. voulut voir les ruines du château de la Durbelière : en ce jour-là, tout se réjouissait, tout, jusqu'aux ruines ; celles de la Durbelière eurent aussi leur feu de joie.

Saint-Laurent.

Le lendemain, 9 juillet, *Madame* monta à cheval par une pluie affreuse; M. le comte de Bagneux, qui avait l'honneur de l'accompagner, lui ayant exprimé combien il était affligé de la voir voyager par un si mauvais temps, S. A. R. lui répondit gaîment : *Voilà dix jours qu'il fait un temps superbe, il est tout simple que nous ayons un jour de pluie; il faut savoir prendre le temps comme il vient.*

Toujours exposée au mauvais temps, l'intrépide voyageuse se dirigea vers Saint-Laurent-sur-Sèvres; elle s'arrêta au couvent, où elle voulut bien accepter un déjeûner. S. A. R. fut reçue par la supérieure et les sœurs de la Sagesse. Elle visita, avec le plus grand intérêt, ce bel et utile établissement, consacré entièrement à la charité chrétienne, et dont les bienfaits se répandent dans toute la France.

Château de la Pélissonnière.

Du couvent de Saint-Laurent, *Madame* partit en voiture pour se rendre au château de la Pélissonnière, appartenant à M. le comte de Bagneux, préfet de Maine-et-Loire, mais qui n'a pas porté qu'une épée civile, et que les Vendéens ont compté dans leurs rangs. En 1815, le quartier général de Sapinaud et de La Rochejaquelein a été établi dans ce château... Nous venons de nommer un vieux chef qui a manqué à toutes les fêtes vendéennes, le Nestor du pays fidèle : le brave Sapinaud avait été retenu à la chambre des pairs.

Madame quitta sa voiture aux Herbiers, et remonta à cheval : le temps n'était pas redevenu plus serein. S. A. R. s'arrêta en passant devant le château du Bois-Tissaudeau, appartenant à M. Dillerin, royaliste éprouvé, chez lequel le général Duperrat avait son quartier général en 1815.

Malgré la pluie qui continuait toujours, *Madame* résista à toutes les instances, ne voulut pas monter en voiture, et continua sa route à cheval. Elle arriva à neuf heures du soir à la Pélissonnière, après avoir reçu la pluie, dans des chemins de traverse, pendant près de trois heures.

S. A. R. passa le reste de la soirée à la Pélissonnière ; elle y reçut les hommages d'un grand nombre de dames qui s'y trouvaient réunies, et qui lui furent présentées par madame de Bagneux. Cette soirée avait quelque chose de triste : en contemplant cette jeune Princesse qui avait apporté tant de joie au pays, on pensait que c'était le dernier soir, que le lendemain elle quitterait la Vendée. Depuis que S. A. R. était entrée dans ce département, elle en avait pris les mœurs ; elle *voisinait*, comme on fait en Poitou ; elle allait de château en château, de village en village. Cette vie d'enthousiasme allait finir...

A souper, M. de Candé chanta à S. A. R. les couplets suivants, qu'un sentiment dominant avait inspirés à M. Charles de Kersabiec et à M. Moricet.

Air : *Te souviens-tu, disait un capitaine.*

PREMIER COUPLET.

En visitant une terre fidéle
Vous avez vu se presser sur vos pas,
Nos vieux soldats, remplis du même zèle
Qui les guidait autrefois aux combats.
Vous avez vu, passant sous leurs bannières,
Quelle allégresse éclata dans leurs rangs,
Dans nos châteaux, comme dans nos chaumières,
Partout les cœurs heureux, reconnaissants.

DEUXIÈME COUPLET.

Vous nous quittez, ô princesse chérie !
Trop vite, hélas ! finit notre bonheur.
En vous perdant, la Vendée attendrie,
Voit ses transports se changer en douleur.
Nous vous devons des moments pleins de charmes,
Dites de nous... je les rendis heureux ;
A mon départ, je vis couler leurs larmes,
Et ma présence avait comblé leurs vœux.

TROISIÈME COUPLET.

Vous nous quittez, cette heureuse contrée,
Qui, vous voyant, oublia ses malheurs,
Conservera la mémoire sacrée
Du court séjour qui sécha tant de pleurs !
Des Vendéens accueillez la prière,

Ils ne voudraient pour prix de leur amour,
Que l'espoir seul, en possédant la mère,
Au milieu d'eux de voir son fils un jour.

Dans tous les hameaux, dans toutes les villes, *Madame* a entendu le même vœu ; partout on lui a demandé de voir l'*enfant qui nous est né à tous*... Dans l'éducation d'un fils de France, il entre de lui faire connaître son noble et beau pays : pour être fier de sa patrie il faut la connaître. Espérons que, conduit par son sage et vertueux gouverneur, il visitera bientôt nos provinces. Une des premières villes qu'il visitera, sera sans doute celle dont il porte le nom ! Oh ! quel jour que celui où l'on verrait ensemble l'aïeul et le petit-fils !... Quelle leçon pour Henri, que de voir combien Charles est aimé !

Le 10 juillet, *Madame* partit de la Pélissonnière pour Luçon. Cette ville, située au milieu d'une vaste plaine, apparaît de loin ; la flèche de la cathédrale est la seule chose qui s'élève dans le paysage. Les champs qui l'entourent ont été à plusieurs reprises arrosés de sang. Charette et Lescures, d'Elbée et Royrand s'y distinguèrent; le prince de Talmont y déploya une valeur chevaleresque; Baudry d'Asson, qui le premier de tous avait commencé la guerre, périt à quelques pas de la ville. *Madame*, en approchant de Luçon, repassait dans son esprit tous ces souvenirs. Dans les lieux où il y a peu à voir, on est heureux de rencontrer des faits historiques : l'imagination peuple le paysage, et la monotonie et l'aridité disparaissent.

Luçon.

A son arrivée *Madame* a été complimentée par M. le chevalier Benjamin de Maynard, maire de la ville, et par mademoiselle de Bejarry. S. A. R. donna une chaîne d'or à cette jeune personne.

S. A. R. visita la cathédrale et y fit sa prière. Cette église de Luçon, dont la belle flèche va être rétablie, grâces à la munificence royale, a été le siége du cardinal de Bourbon et du cardinal de Richelieu; ces deux évêques l'occupèrent rarement : *Madame*, avant d'y entrer, en considéra avec attention le portique.

Monseigneur l'évêque présenta à S. A. R. le chapitre et le clergé, composé de généreux confesseurs de la foi, qui ont mieux aimé l'exil que le serment qu'on voulait obtenir d'eux. Cayenne, la catholique Espagne et les Indes, ont vu leur patience et leur résignation.

Monseigneur avait eu l'honneur d'offrir pour logement à S. A. R. son palais épiscopal, elle y descendit. Après s'être reposée quelques instants, *Madame* alla visiter un couvent d'ursulines. Parmi les jeunes Vendéennes qui y sont se trouve une petite fille de Cathelineau que *Madame* y fait élever. Cette communauté vient d'être érigée en maison royale.

Madame de Lézardières, supérieure, reçut S. A. R., et obtint d'elle de vouloir bien présider à une distribution de prix. L'auguste mère de *Mademoiselle* daigna prendre intérêt aux exercices des pensionnaires et distribua avec bonté des palmes et des couronnes. Il y avait loin des émotions qu'elle éprouvait au milieu de ces âmes pieuses et pures, et sous ces voûtes consacrées, à celles qui venaient de faire battre son cœur au camp de Saint-Aubin ! Ici c'était la mère, là c'était l'héroïne.

A sept heures, *Madame* rentra à l'évêché après avoir visité le port, le collége et le grand séminaire. Au dîner S. A. R. y admit monseigneur l'évêque, les généraux Saint-Belin, de Chantereau, etc., etc.

A minuit S. A. R. daigna se rendre à un bal très-brillant, quoique improvisé, chez madame la comtesse de Surineau : elle y dansa deux contre-danses; l'une avec M. le chevalier de Maynard, maire de Luçon, l'autre avec le chevalier Dion d'Aumont.

M. le chevalier d'Aumont, qui avait commandé la garde d'honneur, a été accueilli de la manière la plus flatteuse par l'auguste mère du duc de Bordeaux. Chacun des gardes d'honneur a reçu une belle médaille à l'effigie de *Madame*, duchesse de Berry, et de Henri-Dieudonné, noble récompense d'une noble et inaltérable fidélité.

M. de Bricqueville, directeur des postes, eut le bonheur de remettre à S. A. R. des lettres de ses augustes enfants.

Fontenay-Lecomte.

Le lendemain, 11 juillet, presqu'au lever du soleil, *Madame* était en route; à sept heures elle arriva à Fontenay. Près des murs de cette petite ville, de grandes batailles ont été livrées par les Vendéens.

Le pays plat où s'élève Luçon, règne encore à l'entour de Fontenay-le-Comte; mais le Bocage y touche presque; à une lieue de la ville on rencontre ses ombrages. La rivière de la Vendée traverse cet ancien chef-lieu de département. On s'étonne qu'un si petit ruisseau porte un si grand nom; en été ce n'est qu'un chemin creux où de distance en distance se trouvent quelques flaques d'eau couvertes de nénuphars et de longs roseaux.

S. A. R. fut conduite par toute la population de la ville, augmentée de celle des campagnes de l'arrondissement jusqu'à la mairie ; là, elle daigna accepter un déjeûner offert par la ville, en souvenir de son passage. Une place nouvelle qui se construit à Fontenay, portera le nom de Berry. Lorsque le maire demanda cette faveur à S. A. R., elle répondit : *Oui, certainement, je serai enchantée que mon nom vive au milieu de vous.*

Dans le trajet de Fontenay à la Rochelle, *Madame* trouva aux limites du département, aux Quatre Chemins, sa grandeur monseigneur l'évêque de Luçon, ainsi que divers fonctionnaires du pays. En apercevant le prélat dont le nom (Soyer) rappelle une des belles notabilités vendéennes, *Madame* descendit de sa voiture, et daigna de nouveau lui témoigner sa satisfaction de tout ce qu'elle avait vu et entendu dans la Vendée.

La Rochelle.

S. A. R. arriva le même jour à trois heures et demie à la Rochelle ; elle n'avait point voulu que l'on allât au devant d'elle ; à son entrée, qui a eu lieu dans un landau découvert, elle n'avait pour escorte que la foule avide de la voir.

Madame est descendue à l'hôtel de la préfecture où l'attendaient avec les autres fonctionnaires, M. le marquis Dalon, préfet du département, et madame la marquise Dalon. Aussitôt que S. A. R. a été dans ses appartements, quarante jeunes personnes sont venues lui présenter une corbeille de lis et de roses ; la Princesse en ayant détaché quelques fleurs, s'en est parée et est montée dans la calèche du préfet pour se rendre au port. Là, elle s'est embarquée dans un canot qui lui avait été préparé pour aller visiter les bains Marie-Thérèse. Ce canot, suivi de trente autres jolies embarcations portant les principaux fonctionnaires et la musique du 60ᵉ régiment, formait une petite flottille qui, favorisée par la plus belle mer, est arrivée en peu d'instants à sa destination. La foule couvrait la côte, et les terrasses des bains étaient garnies de tout ce que la ville a de plus élégant. A l'approche du canot royal, toute cette multitude s'est animée ; les dames agitaient leurs mouchoirs et mêlaient leurs acclamations à celles du peuple. La jeune mère du duc de Bordeaux mit pied à terre sous un arc de verdure où elle a été reçue par messieurs les administrateurs des bains et monsieur le maire de Saint-Maurice (l'établissement étant sur cette commune). S. A. R. a parcouru successivement tous les salons, la terrasse qui règne au bord de la mer, et celle qui domine la colonnade. Pendant quelques instants elle a regardé attentivement la magnifique vue qui se présentait à elle; elle a daigné donner beaucoup de louanges à l'établissement, et a ajouté : *Je ne suis pas étonnée de ce que j'y vois, puis-*

que Madame la Dauphine, ma sœur, y porte intérêt.

La Princesse étant remontée en calèche, a passé en revue la garde nationale, réunie sur la promenade du Mail. S. A. R. rentrée en ville s'est rendue sur la place d'armes, où elle a également vu défiler devant elle la garnison; puis elle est allée visiter l'hôpital militaire. Marie-Caroline croirait sa journée perdue si elle ne donnait quelques consolations à ceux qui souffrent : elle a parcouru les salles, a parlé avec bonté et bienveillance aux soldats malades, et cet asile de douleur a pour un instant retenti de cris de joie.

Rentrée dans son palais, *Madame* a reçu toutes les autorités, ensuite elle s'est mise à table où elle a daigné faire asseoir avec elle les principaux fonctionnaires, au nombre de trente. Après le dîner, les dames de la ville ont eu l'honneur de lui être présentées. Un bal a terminé la soirée; mille personnes y avaient été invitées, et *Madame* y a ravi tout le monde par sa grâce et son affabilité.

Elle a daigné ouvrir le bal avec monsieur le maire et danser encore deux autres quadrilles, l'un avec le commandant de la garde nationale, l'autre avec le lieutenant-colonel du 36e régiment de ligne. Après un mois de voyage et de représentation continuelle, sans un seul jour de repos, après toutes les courses à cheval dans les mauvais chemins du *Bocage*, on aurait pu croire la jeune Princesse fatiguée. Le soir au bal, comme le matin dans ses différentes visites, S. A. R. prouvait le contraire; elle montrait toute la force que l'âme peut donner au corps : une volonté ferme fait des prodiges; elle donne au roseau la vigueur du chêne. Sans perdre la grâce de la femme, *Madame* a pris de l'énergie de l'homme; elle charme dans un bal, et enlèverait d'enthousiasme dans un moment de crise. Dès son enfance elle a vu des orages; le malheur et les grands exemples ne lui ont pas manqué. Dès son arrivée en France, l'héroïne de Bordeaux a été son modèle et son premier guide; la Rochelle gardera leur double souvenir.

Rochefort.

Samedi, 12 juillet, S. A. R. *Madame*, duchesse de Berry, est arrivée à Rochefort. Malgré le mauvais temps, la foule qui s'était portée au devant d'elle était immense; plus la royale voyageuse avançait, et plus la renommée de sa grâce et de sa bonté augmentait. Toutes les voix redisaient le bien qu'elle faisait en parcourant nos provinces : pour publier ce bien, il n'y avait pas de nuances d'opinion; royalistes et libéraux s'entendaient pour la louer. Franche dans ses affections, *Madame* ne dissimulait rien; elle parlait avec enthousiasme de la Vendée qu'elle venait de parcourir : des hommes qui n'avaient jamais aimé les Vendéens ne lui en voulaient pas de son amour pour eux. Cet amour était juste : il y a une grande force dans ce qui est juste; on s'y soumet.

Nous ne décrirons pas les fêtes de Rochefort; il y a de la monotonie dans nos joies; il faut recourir trop souvent aux mêmes paroles; mais ce que nous nous empresserons de dire, c'est que dans son séjour de quelques heures, *Madame* a su laisser des souvenirs qui ne s'effaceront jamais; elle a séché des pleurs et ouvert à l'espérance le cœur d'infortunés qui n'attendaient plus rien. Une jeune personne, conduite par un vénérable prêtre, vint se jeter à ses pieds : elle sanglotait et ne pouvait faire entendre que ces mots : *Mon père ! mon malheureux père !* Mais sa main tendait à la Princesse un placet..., et le placet révélait ce que sa bouche ne pouvait se résoudre à dire. Son père était condamné aux galères. *Madame* prit le papier de la main de la suppliante, et quand elle lui dit : *Mademoiselle, je recommanderai votre père à la clémence du Roi*, il y avait tant d'émotion dans sa voix, tant de bonté dans son regard, que l'espérance descendit au cœur de la pauvre fille.

C'est déjà un bienfait que l'espérance, et le prêtre du Dieu qui pardonne au repentir, et l'enfant du condamné bénirent celle qui avait accueilli leur demande.

A deux heures *Madame* se rendit sur le port, accompagnée de M. le comte Jurieu, préfet maritime, et de M. le comte Dalon, préfet du département, pour voir mettre à l'eau la *Dryade*, frégate de soixante canons. On ne peut se défendre d'une certaine émotion quand on voit lancer au milieu des flots ces forteresses mouvantes, ces *murailles de bois* qui défendent si bien les empires. Dans ce moment où le vaisseau glisse rapidement vers l'abîme, quand il commence à fendre les vagues, on se sent de l'intérêt comme pour un être vivant...; on se demande : Sera-t-il heureux au milieu des écueils ? portera-t-il au loin la gloire de notre pavillon ? découvrira-t-il quelques terres inconnues ? Tous les dangers, toutes les chances de l'avenir se pressent dans l'esprit.

S. A. R. trouva beaucoup d'intérêt à cette imposante opération : elle y avait assisté assise sur une estrade élevée et décorée avec beaucoup de goût. La *Dryade* perdit alors son nom ; S. A. R. lui donna celui de *Caroline*. Les cris de *vive le Roi ! vive Madame ! vive Caroline !* retentirent long-temps. L'intérêt pour le vaisseau qui venait de prendre possession des flots avait redoublé depuis son nouveau nom.

Madame visita le port, et témoigna souvent qu'elle était frappée de l'ordre qu'elle y voyait partout. En le quittant, S. A. R. se rendit à l'hôpital : elle avait su, pendant l'opération de la mise à l'eau de la frégate, qu'un ouvrier nommé Desmassons avait été renversé et qu'une pièce de bois tombée sur lui lui avait cassé la jambe ; ce malheur, qui était arrivé presque sous ses yeux, l'avait rendue impatiente de voir finir la cérémonie pour pouvoir aller donner quelques consolations au pauvre ouvrier. *Madame* se hâta d'arriver auprès de son lit ; là, elle daigna lui donner les plus touchantes marques d'intérêt : elle prit des notes sur son état et les besoins de sa famille, et l'assura que de retour à Paris elle ne l'oublierait pas. En attendant elle remit à sa femme 200 francs, et lui recommanda de l'instruire de la santé de son mari.

Le peuple, qui suivait les pas de la Princesse, s'était arrêté devant l'hôpital; impatient de la revoir, il trouvait qu'elle y restait bien long-temps. *Oh! oui*, disaient quelques personnes, *elle s'y oubliera, parce que là il y a à consoler et à secourir.* D'autres ajoutaient : *Elle est auprès de l'ouvrier qui s'est cassé la jambe ; elle lui donne des secours pour le moment et des espérances pour l'avenir !...* A cet instant elle parut. Les cris de *vive Madame!* redoublèrent de force; c'était un élan de reconnaissance de tout un peuple assemblé.

De retour dans son palais, *Madame* s'est mise à table à sept heures, et a daigné y admettre les principales autorités, et notamment messieurs le maire, le préfet maritime, le préfet du département, le président du tribunal civil, et le procureur du roi.

En sortant de table, S. A. R. a vu un superbe feu d'artifice tiré sur la place d'armes, et a daigné applaudir à son exécution.

Comme partout, les jeunes personnes de la ville s'étaient empressées d'apporter des fleurs à la mère de *Mademoiselle*. *Madame* les reçut avec une extrême bonté, et remit à la fille de M. *Petit-Grégoire*, qui avait été l'interprète des sentiments de ses compagnes, un élégant bracelet en topazes.

La journée si bien employée de *Madame* a été terminée par un bal où S. A. R. a dansé deux quadrilles, le premier avec monsieur le maire de Rochefort, le second avec monsieur le préfet maritime.

Avant de quitter Rochefort, l'auguste Princesse fit distribuer une gratification de 600 francs à l'équipage de *la Caroline*, et 400 francs aux ouvriers d'artillerie. Toutes les troupes reçurent également une journée de solde à titre de gratification.

Saintes, Blaye.

SAINTES, cette noble et antique cité, vit aussi luire son jour de joie et de bonheur. Le 13 juillet, à dix heures du matin, au milieu du bruit du canon, du son des cloches et des cris de *vive le Roi! vive Madame! vive le duc de Bordeaux!* l'illustre voyageuse fit son entrée. Arrivée devant un très-bel arc de triomphe qui rappelait les plus beaux modèles que l'antiquité nous ait laissés dans ce genre de construction, S. A. R. y trouva réunis monsieur le premier adjoint, remplaçant monsieur le maire absent comme membre de la chambre des députés, messieurs les membres du conseil municipal, la garde nationale, et un grand nombre des notables de la ville.

Saintes s'est toujours distinguée par son dévouement aux Bourbons et par sa sagesse dans des temps de crime et de délire; en voyant la fille des rois, le peuple de cette ville manifestait de ces transports de joie qu'aucune police ne peut payer. On juge bien les cris qui partent du cœur.

A son palais, S. A. R. fut reçue au bas de l'escalier par M. le marquis Dalon, préfet du département, monseigneur l'évêque de la Rochelle, M. de Gigord, sous-préfet de l'arrondissement, madame la marquise Dalon, madame de Gigord, et par toutes les autorités civiles et militaires. *Madame* fut introduite dans ses appartements : après quelques courts instants de repos, elle daigna admettre toutes les autorités, le clergé, les fonctionnaires, les officiers de la garde nationale, et des chasseurs à cheval du 14ᵉ régiment.

Monsieur le premier adjoint eut l'honneur d'offrir à S. A. R. un baguier consistant en une coupe d'agate mousseuse portée sur un pied de jaspe et une base de porphyre, tous cailloux trouvés dans le pays par M. le comte P. de Vaudreuil. Sur la base étaient gravés ces mots :

LA VILLE DE SAINTES A S. A. R. *MADAME*, 1828.

Cet hommage fut agréé avec grâce par l'auguste Princesse : elle loua beaucoup et la finesse et le poli des pierres, ainsi que la pureté du dessin de cette jolie coupe, ajoutant que son origine en augmentait le prix à ses yeux (1) : elle la tint long-temps, et la déposa près des fleurs que de jeunes personnes venaient de lui présenter.

Au déjeûner qui lui fut servi, *Madame* voulut bien faire asseoir M. le marquis et madame la marquise Dalon, M. et madame de Gigord, les premières autorités du département, de l'arrondissement, et de la ville.

S. A. R. manifesta plusieurs fois pendant le déjeûner le désir qu'elle avait d'aller voir les antiquités romaines qui existent dans la ville...; en sortant de table, elle s'y rendit avec empressement. Ces débris font rêver de *gloire* et de *vanité* ; on ne va pas impunément s'asseoir sur ces pierres immenses que les mains des vainqueurs du monde ont re-

---

¹ Cette coupe est l'ouvrage de M. Leclère, un des plus habiles lapidaires de la capitale.

muées. Chez ce peuple, tout semblait devoir être éternel; les arcs de triomphe qu'ils consacraient à leurs triomphateurs n'étaient pas seulement élevés pour un jour de fête, mais pour les siècles. Celui qu'ils ont construit à Saintes est digne d'être admiré; les arènes aussi sont fort belles...; alors que *Madame* les visitait, ces lieux durent ressembler, pour quelques instants, au premier jour où ils furent inaugurés, où l'arc de triomphe vit passer sous sa voûte le triomphateur avec ses soldats. Il devait y avoir alors une multitude semblable à celle qui se pressait sur les pas de la fille des rois. Les échos d'alors, comme ceux d'aujourd'hui, devaient répéter la joie de tout un peuple; cette foule d'autrefois est passée, cette foule de nos jours l'est aussi. Le torrent ne coule pas plus vite que les générations. L'arc élevé par la puissance romaine a vu tous ces flots d'hommes se précipiter et passer sous sa voûte, lui est encore resté immuable; mais il tombera à son tour: tout ce qui est de la main des hommes doit mourir, s'abimer dans la poussière. Une seule chose survivra, Dieu lui-même l'a dit : *La mémoire du juste sera éternelle.* Or, la mémoire de celle *qui s'en va faisant le bien*, de celle qui secourt l'infortune, console la douleur, récompense le courage, et exalte l'honneur, le nom de cette femme vivra..., car il sera écrit dans la reconnaissance du peuple. C'est la meilleure chance d'avenir...

Madame approchait de la ville du 12 mars; c'est encore *la Vendée*, que ce pays fidèle. En y arrivant les souvenirs se pressent au cœur. C'est là qu'un fils de France fut reçu par des Français dévoués; c'est là qu'un an plus tard son héroïque compagne.... Mais je m'arrête, car pour redire son grand courage il faudrait parler d'une défection inouïe dans les fastes de France.

A Bordeaux, le nom de *Madame la Dauphine* est le nom le plus populaire. La jeune mère du duc de Bordeaux allait jouir d'un grand bonheur, celui d'entendre vanter l'objet de son admiration et de son amour ;

tout lui parlerait là de son illustre sœur; tout lui parlerait aussi de son fils : elle était impatiente d'arriver, et les Bordelais, avec la vivacité méridionale, se refusaient à croire au retard qui avait été annoncé. Dans la foule on disait que les autorités s'étaient rendues à Blaye dans l'espoir de changer la résolution prise par S. A. R. d'y séjourner jusqu'au lendemain. Blaye, pour cette fois, l'emporta sur son chef-lieu ; c'est une ville également fidèle, et les remparts inexpugnables de sa forteresse, ont appris aux Anglais à plus d'une époque, qu'on ne franchissait pas impunément les passes de la Gironde confiées à sa garde. Blaye n'était donc pas indigne de l'honneur qui lui était accordé ; mais Bordeaux ne se résignait qu'avec peine à ce retard.

Bordeaux.

Enfin, le lundi 14 juillet, vers midi, l'artillerie de tous les bâtiments de la rade annonça l'approche de l'escadrille de bateaux à vapeur qui formaient l'escorte de S. A. R. *Le Bordelais*, qui ouvrait la marche, portait *Madame*, sa suite, et les fonctionnaires qui étaient allés recevoir ses ordres à Blaye. Ce bâtiment, porteur de la Princesse, était magnifiquement pavoisé; les fleurs de lis d'or brillaient sur les pavillons, les flammes et les tentelets; les autres bateaux composaient son cortége: toutes leurs fumées se réunissaient et formaient un gros nuage, qui s'apercevait de loin. Dans ces moments d'une vive attente, la multitude rassemblée était silencieuse; on croit mieux voir quand on se tait. Dans cette foule immense qui couvrait les quais, on n'entendait qu'un sourd bourdonnement comme celui d'un essaim d'abeilles encore dans la distance. Mais tout à coup mille et mille voix éclatèrent ensemble, un même vœu s'échappa de tous les cœurs, un même cri monta vers le ciel : *vive le Roi! vive Madame! vive le duc de Bordeaux!*

Madame, reçue par le vicomte du Hamel, maire, ses adjoints, et une députation du conseil municipal, daigna s'arrêter quelques instants sous un pavillon. Elle y était attendue par madame la vicomtesse du Hamel et les dames qui avaient été désignées pour l'accompagner pendant son séjour. Là monsieur le maire se rendit l'interprète des sentiments de ses administrés en adressant à S. A. R. le discours suivant :

Madame,

« Depuis l'époque à jamais mémorable où
« Bordeaux, interprète de toute la France,
« ouvrit ses portes à l'auguste Prince qui nous
« apportait, avec la légitimité, la vraie gloire
« et le bonheur durable, notre cité a été plu-
« sieurs fois récompensée de son inaltérable

« amour par la présence des Princes de l'il-
« lustre famille dont V. A. R. fait double-
« ment partie. Au jour de la délivrance, c'est
« aux Bordelais que monsieur le Dauphin fit
« le premier appel à la fidélité, et V. A. R.
« sait comment nous y répondimes. Lors de
« la glorieuse et légitime guerre d'Espagne,
« pendant que le vainqueur du Trocadéro
« ramenait, sous le drapeau sans tache, la
« victoire qui, sous toutes les bannières,
« était restée fidèle à la France, c'est à Bor-
« deaux que fut confiée l'héroïne du midi,
« et peut-être étions-nous dignes d'un pa-
« reil dépôt. Entourée de notre amour, de
« notre culte, ses inquiétudes parurent
« adoucies pendant l'absence de son auguste
« époux, et la joie de son retour triomphal
« sembla s'accroître de la nôtre.

« Enfin, par la plus touchante, la plus
« chère des récompenses, c'est encore
« Bordeaux qui a l'honneur, l'inappré-
« ciable honneur de donner son nom à l'en-
« fant du miracle, à celui qui doit fixer
« nos destinées, et que nos cœurs entou-

« rent de respect, d'amour et d'espérances !

« Si le noble orgueil de notre cité était
« satisfait, tous nos vœux n'étaient pas rem-
« plis ; il manquait encore quelque chose à
« notre bonheur : nous vous possédons,
« *Madame*, et tous nos désirs sont comblés !
« Quelle ville aujourd'hui pourrait ne pas
« nous porter envie ! Fier d'être Bordelais,
« fier d'être à la tête d'une immense et
« loyale population, dont je suis sûr d'expri-
« mer les sentiments, je viens déposer aux
« pieds de V. A. R. l'hommage de cent vingt
« mille citoyens dévoués à sa dynastie. Ri-
« vale de la terre classique de la fidélité de
« cette Vendée où V. A. R. vient de verser
« des torrents de bonheur, et de recevoir
« d'innombrables témoignages de vénéra-
« tion, Bordeaux, comme elle, et avec le
« même transport, fait retentir ce cri fran-
« çais qui sera toujours le sien : *Vive le Roi !*
« *vive Madame ! vivent à jamais les Bour-*
« *bons !* »

Les acclamations universelles prouvèrent
à l'auguste mère du duc de Bordeaux que

le premier magistrat de la ville fidèle n'avait fait qu'exprimer la pensée de tous.

Comme pour le confirmer encore à la royale voyageuse, cette grande et puissante cité de Bordeaux envoyait à *Madame* une députation d'enfants, de petites filles de l'âge de *Mademoiselle*, pour lui répéter la *bienvenue* et lui offrir des fleurs.

L'enfance a une grâce que tous les peuples ont reconnue ; ils aiment à l'interposer entre eux et le pouvoir ; quand ils veulent chanter les louanges de Dieu, ils empruntent sa voix, et ce sont ses mains pures qui portent l'encens aux autels. Autrefois, quand la tempête menaçait un vaisseau, s'il se trouvait un enfant à bord, les matelots le prenaient et suspendaient son berceau aux mâts; ils l'élevaient ainsi entre le ciel courroucé et la profondeur de l'abîme ; ils pensaient que l'innocence était le meilleur médiateur. De ce culte touchant il nous reste encore quelque chose, et dans nos réceptions modernes, nous croyons que le jeune âge et la candeur plaisent aux puissants de la terre, car nous les envoyons toujours porter nos vœux.

Mademoiselle du Hamel, âgée de huit ans, entourée de ses jeunes compagnes, filles de membres du corps municipal, exprima, avec toutes les grâces de son âge, leurs vœux et les siens, en ces termes :

MADAME,

« Tandis que nos pères ont l'honneur de
« vous offrir leurs cœurs et leurs bras,
« permettez d'abord aux enfants d'offrir à
« V. A. R. des fleurs et les vœux de l'innocen-
« ce. En me choisissant pour interprète, mes
« jeunes compagnes ont sans doute voulu
« vous rappeler un âge qui vous est cher,
« mais si, seule entre toutes, j'ai le bonheur
« de compter les mêmes années que *Ma-*
« *demoiselle*, toutes nous vous chérissons à
« l'envi, toutes nous répétons avec un en-
« thousiasme que notre âge rend plus pur
« et plus naïf : *Vive le Roi! vive Madame!* »

Il est inutile de dire que la mère des enfants de France fut bonne et affectueuse pour cette gracieuse députation.

Montée dans une calèche découverte, avec deux de ses dames... madame la maréchale de Reggio, madame la marquise de Podenas et M. le comte de Mesnard, entourée d'une escorte d'honneur et de l'amour des Bordelais, *Madame* s'avança lentement au milieu d'un peuple avide de la voir. Tout concourait à l'éclat de cette entrée triomphale : c'était la mère du duc de Bordeaux qui venait voir la ville de son fils; la foule qui se pressait sur ses pas ne la regardait pas comme une étrangère; dans la multitude on entendait des voix qui disaient : La mère du duc de Bordeaux *est des nôtres;* elle doit aimer les Bordelais, ils sont les compatriotes *de notre petit duc.*

D'autres ajoutaient : nous avions une *bonne duchesse;* nous allons en avoir deux. Les deux sœurs rediront au Roi comme nous les recevons, comme nous les aimons, et il viendra lui-même voir ceux qui les premiers ont crié *vive le Roi!*

Le service auprès de *Madame* était confié à la garde nationale spontanément réorganisée. Animés du même zèle, les cavaliers de ce corps avaient formé un escadron de cinquante hommes, qui a fait auprès de S. A. R. le service de garde d'honneur. Escortée de cette troupe brillante et fidèle, S. A. R. traversa une grande partie de la ville; le cortége s'arrêta un instant devant le premier théâtre, où un orchestre placé sur la terrasse de l'édifice salua le passage de la fille des rois. A peine arrivée au château royal, elle reçut successivement les principaux fonctionnaires et les divers corps.

Madame voulut dès ce premier jour voir dans ses intéressants détails le magnifique pont de Bordeaux, dont l'abord avait été décoré avec beaucoup de goût. Monsieur le préfet par intérim (car le baron d'Haussez était retenu à la chambre comme député) et monsieur le maire accompagnaient S. A. R. M. l'inspecteur général Deschamps, et M. Billaudel, ingénieur du corps royal, eurent l'honneur de donner à l'auguste Princesse toutes les explications qu'elle put désirer.

De là *Madame* consentit à se montrer au Wauxhall, où elle visita l'exposition des produits de l'industrie du département; établissement naissant qu'un regard protecteur de celle qui encourage tout ce qui est bien, beau et utile, ne peut manquer de faire prospérer.

En entrant dans la première salle S. A. R. manifesta une douce surprise; elle venait de voir le portrait de son fils, ouvrage de M. Gallard. La jeune mère le regarda avec émotion, et le trouva très-ressemblant : voulant donner à l'artiste un gage de sa satisfaction, elle fit l'acquisition de deux jolis tableaux de sa composition, qu'elle jugea dignes de figurer dans sa belle galerie de Rosny.

A sept heures du soir, l'infatigable voyageuse, brillante de grâce et de parure, se rendit au grand théâtre; l'affluence y était immense. Lorsque S. A. R. parut dans sa loge, tous les spectateurs se levèrent ensemble; ce n'était plus seulement de la joie, c'était du délire; l'ardeur du midi se montrait dans les transports de la foule : tous les bras étaient étendus vers celle qui a donné un duc à Bordeaux, un roi à nos enfants. En la regardant on se sentait venir des larmes.: si jeune, elle a tant souffert ! si faible en apparence, elle a été si forte ! Ah ! ce n'est pas pour jeter une pensée triste dans le récit des fêtes, que je rappelle et son adversité et son courage ; mais ce que j'éprouve quand je vois un Bourbon, bien d'autres le ressentent. Je ne les vois qu'à travers *ce je ne sais quoi d'achevé* dont parle Bossuet, et que donne le malheur. Cette pensée serait trop triste au milieu d'une fête ; elle s'efface peu à peu parmi la joie qui m'entoure, mais elle a consacré encore davantage l'objet de mon culte. Aussi, dans les acclamations qui saluaient la jeune mère, dans ce lieu destiné aux plaisirs, il y avait du respect et de l'attendrissement mêlés à ce délire de bonheur.

En écoutant tous ces cris, tous ces élans d'amour, on aurait pu croire que l'enthousiasme était à son comble; on se serait trompé : lorsque la statue du duc de Bordeaux, couronné de lauriers, fut portée en triomphe et amenée sur l'avant-scène comme pour saluer son auguste mère, les cris redoublèrent de force et d'énergie.

Dans ce moment on remarqua sur le visage de *Madame* toute l'émotion de son cœur ; c'était avec bonheur qu'elle regardait l'image de son fils, portée par des soldats, sous un dais de drapeaux. Pendant que le cortége, composé d'un détachement de la troupe de ligne et de tous les pensionnaires du grand théâtre, défilait, une musique guerrière se faisait entendre. Après cette marche, M. Lafont s'avança et chanta avec beaucoup d'âme la cantate suivante ; la musique de M. Turina y secondait dignement le beau talent de M. Lorrando.

CHOEUR.

Quelle étoile charmante a lui sur nos rivages
Et d'un nouvel éclat vient embellir ces lieux ?
A qui s'adressent les hommages
Qu'une foule empressée élève jusqu'aux cieux ?

CHANT.

PREMIER COUPLET.

Qu'un orgueil pur et légitime
Brille sur ton front triomphant,
Bordeaux! c'est la mère sublime
De ton miraculeux enfant !
Qu'aux saints transports qu'elle t'inspire,
Palpite ce fils de l'honneur,
Ce jeune lis en qui respire
Tout un avenir de bonheur !

DEUXIÈME COUPLET.

Illustre espoir du diadême,
Il en fera chérir les droits :
Sa vertu, sa bonté suprême
Le rendront l'exemple des rois.
Tu le verras, ô Caroline!
Imitant le bien que tu fais,
Comme d'une palme divine
Se couronner de ses bienfaits!

TROISIÈME COUPLET.

Déjà sa jeunesse est charmée
Du noble appareil des combats ;
Il est l'idole de l'armée,
Il est le prince des soldats ;
Et si jamais de sa vaillance

La patrie implorait l'appui,
Les héros tombés pour la France
Tout entiers revivraient en lui.

QUATRIÈME COUPLET.

Et toi, des mères le modèle,
Fleur de la France, amour des cieux !
Que de Bordeaux le nom fidèle
Te soit doublement précieux.
Puisse le Dieu de la patrie,
Qui sur les lis veilla toujours,
Enrichir la race chérie
De bonheur, de gloire et de jours !

Chaque strophe de cette belle cantate fut couverte d'applaudissements unanimes; et à la dernière, tous les cœurs répétaient :

Puisse le Dieu de la patrie,
Qui sur les lis veilla toujours;
Enrichir la race chérie
De bonheur, de gloire et de jours !

Heureux le poète si bien inspiré ! sa lyre est royaliste comme son cœur.

Un vaudeville, composé pour la circonstance, par M. Legraët, avocat de Bordeaux, servait de cadre à plusieurs allusions délicates, exprimées dans de jolis couplets, qui eurent le bonheur d'intéresser vivement S. A. R.

A la fin du spectacle, les acclamations qui avaient accueilli *Madame* la saluèrent à son départ.

Cette journée avait passé rapidement comme tous nos jours de bonheur.

Le lendemain 15, à huit heures du matin, S. A. R. voulant avoir une vue générale de la ville de Bordeaux, se rendit sur les hauteurs de Floirac, d'où l'on a le plus magnifique aspect du port.

Le trajet pour se rendre à ce point élevé, était déjà un plaisir. *Madame* s'embarqua sur un bateau à vapeur; les autres bateaux de la compagnie bordelaise la suivirent, ainsi qu'une foule d'autres embarcations chargées de monde; toute cette flottille animait et embellissait la rivière. S. A. R. admira tout ce mouvement.

Débarquée sur la rive de Bouillac, l'auguste mère du duc de Bordeaux daigna déjeûner chez M. Dupuech, adjoint de la mairie de Bordeaux. Sortant de chez ce magistrat, elle gravit légèrement la côte, et s'arrêta quelques instants dans les jolies maisons de campagne de MM. Guestier et Carrié, qui s'étaient préparés à l'honneur de recevoir S. A. R. Elle se promenait dans les délicieux bosquets de la demeure de M. Carrié, elle jouissait des aspects variés qui s'offraient à ses regards; tout à coup une suave mélodie arrive jusqu'à elle : portés par la brise, ces sons ont d'abord quelque chose de vague et de vaporeux; mais bientôt ils se rapprochent, et l'auguste Princesse entend de nouveau tous les vœux des Bordelais; on dirait que c'est la voix de la grande cité qui s'élève pour lui parler encore de son amour.

Une messe solennelle était célébrée à l'église métropolitaine, en l'honneur de saint Henri, patron de Monseigneur le duc de Bordeaux; sa pieuse mère s'empressa de s'y rendre : prier pour son royal enfant, c'est prier pour la France. Dans la matinée, S. A. R. visita le nouvel Hôtel-Dieu, l'Hôpital Militaire, l'Hospice des Sourds et Muets et le pensionnat de madame Lonstalet, maison d'institution protégée par madame la Dauphine.

Rentrée au château royal, *Madame* admit à sa table les principaux fonctionnaires, quelques membres des divers corps, des consuls étrangers et plusieurs notables.

Au centre du jardin royal, un palais d'un jour avait été élevé; c'est là que le bal que la ville de Bordeaux offrait à S. A. R. devait avoir lieu; de longues avenues de feu conduisaient à cette immense rotonde, où près de trois mille personnes étaient rassemblées. Celle que tout le monde attendait arriva vers les neuf heures; monsieur le maire et le corps municipal avaient eu l'honneur de recevoir *Madame* à sa descente de voiture, et madame la vicomtesse du Hamel lui avait offert un bouquet.

Conduite à l'estrade qui lui était préparée, et qui était surmontée d'un beau portrait de Monseigneur le duc de Bordeaux (don fait par S. A. R. à la ville du 12 mars), *Madame* redescendit et parcourut la rotonde, en répondant par les saluts les plus affables à l'enthousiasme qui éclatait autour d'elle. Quel spectacle que ces huit cents femmes toutes couronnées de fleurs, de plumes et de diamants, debout, agitant leurs mouchoirs et bénissant avec cette *énergie royaliste* que les femmes de Bordeaux ont toujours montrée, la jeune mère qui venait au milieu d'elles, comme pour leur dire : Ne soyez pas inquiètes de l'avenir de vos fils, j'ai donné à la France un autre Henri.

Madame remarqua le beau tableau qu'offrait cette brillante réunion ; elle ne le remarqua pas seulement avec les yeux, mais aussi avec son cœur.

Quand les premiers élans de l'enthousiasme furent un peu apaisés, quand l'orchestre put commencer à se faire entendre, *Madame* ouvrit le bal avec M. de Comet, adjoint du maire, représentant l'administration de la cité.

Madame la comtesse de Peyrelongue, madame Lucadou, madame Bergerot, complétaient ce premier quadrille, en donnant la main à M. le comte de Turenne, M. Nairac, et le comte de Kercado.

Après cette première contre-danse, *Madame* permit que la danse devînt générale; et dans la soirée, elle honora de son choix M. le baron Janin, maréchal de camp, M. Cabarrus fils, négociant, et M. Tenet, colonel de la garde nationale.

Le second quadrille était formé par *Madame*, mesdames Bonnaffé, de Comet, de Vassal-Sineuil; M. le général baron Janin, M. Croneau, M. Aurélien de Sèze, le baron Pichon.

Le troisième quadrille se composait de *Madame*, madame la baronne Desperamont, madame Oscar Balaresque, mademoiselle de Lavie; MM. le colonel Tenet, de Courssou, le baron de Galz de Malviralde, M. David Johnston. Le quatrième quadrille était formé par *Madame*, madame Théodore de Pichard, madame Partiot, madame Croneau; MM. Adolphe Cabarrus, le colonel Lefoll, le vicomte de Châteigner, M. de Béchade.

A minuit un splendide souper fut offert

à S. A. R.; *Madame* daigna s'y asseoir, et admettre à sa table cinquante-quatre dames désignées d'avance; S. A. R. se retira vers une heure du matin, et fut accompagnée sur son passage des mêmes acclamations de reconnaissance et d'amour.

Dans leur besoin de plaisir, les hommes n'ont rien pu inventer de plus gai qu'un bal; ils y ont réuni toutes les séductions, tous les enchantements; la musique, la beauté et la joie s'y donnent la main... Dans leurs misères, les hommes n'ont rien de plus triste, de plus profondément triste que la folie; la mort est moins terrible; la vue seule des malheureux aliénés est une grande douleur. *Madame* ne la redouta pas. Elle, que l'on avait vue la veille toute brillante de parure et de gaîté, commençait sa journée du 16 par visiter l'Hospice des Aliénés.

La commission des hospices s'y était réunie et reçut S. A. R. à la porte de l'établissement. La respectable supérieure fut présentée à *Madame;* partout où il y a à consoler et à secourir on trouve des *religieuses*. La philanthropie est vaincue par la charité ; l'une fait des phrases, l'autre de bonnes actions.

Après avoir reçu l'eau bénite des mains de l'aumônier, la fille de saint Louis alla prier devant l'autel. Dans les asiles consacrés aux misères humaines on prie mieux qu'ailleurs; là, ce n'est pas pour soi seul qu'on implore, on demande paix et consolation pour ceux qui souffrent à l'entour de vous, et alors votre prière, portée sur les ailes de la charité, monte droit au ciel.

La veille, sur le passage de la jeune Princesse, on ne voyait que de riants visages, que de fraîches et brillantes parures, des fleurs, des perles, des diamants; l'éclat de mille bougies ajoutait à l'éclat de toutes ces beautés; la musique mêlait son charme à tous les délices de la fête..... Aujourd'hui, des hommes graves, vêtus de noir, de saintes religieuses, forment le cortége de *Madame*, et lui expliquent les besoins, les ressources et les améliorations de la maison confiée à leur surveillance... Sur les pas de Marie-Caroline, qui accourt maintenant dans les vastes salles? ce sont des hommes et des femmes au front pâle et soucieux; leurs yeux sont hagards et leurs bouches sourient; des gémissements et des éclats de rire, des sentences, des maximes, des mots sans ordre et sans suite, et des refrains de chansons, voilà ce que l'on entend d'abord; mais ces pauvres insensés finissent par deviner, par comprendre que c'est la bonté qui les vient visiter, et eux aussi crient: *Vive Madame!...* Ce cri de joie, dans cet asile de douleur, touche vivement l'auguste Princesse. Parmi ces folles qui se pressaient sur son passage, et qui la regardaient avec des yeux si fixes, il y avait sans doute des veuves et des mères, dont le courage n'avait pas été aussi grand que le malheur.

Soignez-les bien, soignez-les bien, répéta plusieurs fois S. A. R. à la vénérable supérieure, et en l'entendant, on voyait que ces mots partaient de son cœur. Après avoir témoigné combien elle était satisfaite de l'ordre de la maison, et de la douce charité qui s'y montrait partout, *Madame* quitta ce bel établissement.

Vers une heure de l'après-midi, S. A. R., escortée par la garde d'honneur, se rendit à l'hippodrome de Gradignan ; là, elle devait jouir du plaisir d'une course de chevaux, organisée d'avance par le préfet et une société d'amateurs ; deux prix devaient être décernés, l'un de 2,000 fr., et l'autre de 600 fr.

D'élégants pavillons avaient été préparés pour recevoir S. A. R., et les dames qui venaient assister à ces nobles jeux.

Madame arriva à l'hippodrome dans un landau découvert, traîné par les quatre chevaux que la ville de Bordeaux avait eu l'honneur de lui offrir. Dès qu'elle fut assise sous la tente qui lui était destinée, S. A. R. reçut une singulière députation ; cent paysans et paysannes des Landes s'avancèrent vers elle montés sur des échasses ; avec une merveilleuse agilité, ils formaient des passes et des danses, au son d'une musique champêtre de leur pays. *Madame* trouvait un grand plaisir à les voir! Une jeune fille vint, portée sur ses échasses, et parvenue ainsi à la hauteur de la galerie où la Princesse était assise. eut l'honneur de lui adresser un compliment; Après ces danses, les courses commencèrent, S. A. R. sembla y prendre beaucoup d'intérêt, et remit elle-même les panaches aux propriétaires des chevaux vainqueurs.

De retour à Bordeaux, *Madame* admit à sa table monsieur le préfet intérimaire, monsieur le maire, messieurs les officiers généraux commandant la division militaire et la subdivision; les adjoints de la mairie, plusieurs membres du conseil, des officiers supérieurs, et des propriétaires notables du pays.

La soirée de ce second jour fut partagée entre les deux théâtres; S. A. R. daigna y paraître, et voulut bien aussi se montrer à la salle, où la veille, elle avait vu au bal toute l'élite de la société de Bordeaux; cette seconde fois la réunion était moins brillante, mais non moins dévouée; la joie et l'enthousiasme étaient même plus bruyants;

c'était de la joie populaire dans toute sa franchise, de la reconnaissance dans toute son exaltation.

L'idée de faire participer la classe des artisans aux fêtes de la ville, dans cette même salle où les favoris de la fortune avaient étalé le luxe et l'opulence, parut plaire beaucoup à *Madame*.

Le jeudi 17, dès huit heures du matin, l'auguste mère du duc de Bordeaux alla visiter le collége royal. Personne plus qu'elle ne doit s'intéresser aux générations qui s'élèvent; leur avenir est celui de son fils; aussi elle ne voulut point borner là sa visite; elle se rendit également au petit séminaire; là, d'autres jeunes enfants sont instruits sous l'aile de la religion... Dans les deux établissements, S. A. R. fut complimentée et par les supérieurs et par les élèves; les jeunes gens, les enfants qui l'ont vue, n'oublieront jamais sa gracieuse bonté. Après ces intéressantes visites, *Madame* se rendit à l'hospice des Enfants Trouvés : les infortunés ne sont jamais ceux qu'elle oublie. Ceux qui n'ont ni pères ni mères, ont surtout besoin de la Providence; nos Princes en sont une seconde sur la terre.

Parcourant les quais, et toujours accompagnée de bénédictions et d'hommages, l'auguste Princesse descendit à la place Royale, où les magistrats de la cité la reçurent dans une enceinte formée autour de la base d'une fontaine publique, depuis long-temps réclamée par ce quartier; un soleil ardent ne détourna pas S. A. R. de la détermination de montrer tout l'intérêt qu'elle porte à la ville de Bordeaux, en encourageant les travaux entrepris pour son embellissement. *Madame* brava la plus incommode chaleur pour poser la première pierre de cette fontaine, et daigna encore s'arrêter devant la terrasse des quinconces pour consacrer également, par sa bienveillante entremise, l'érection des deux colonnes rostrales qui doivent embellir la place Louis XVI. Lorsque Henri-Dieudonné visitera Bordeaux, il retrouvera *ces souvenirs* de sa royale mère. Mais que dis-je? tout lui parlera d'elle; la mémoire de Marie-Caroline restera dans tous les cœurs, comme sur le bronze et le marbre !

Les bains, la bourse, le tribunal et la chambre de commerce, la belle manufacture de M. Baumgartner, l'institution de jeunes demoiselles dirigée par madame Rochet, et spécialement protégée par madame la Dauphine, furent tour à tour visités par l'auguste voyageuse.

Après avoir ainsi vu et encouragé tout ce qu'il y a de bon et d'utile, *Madame* se laissa aller à son goût pour les antiquités; elle voulut revenir par le *Palais Galien*. Ses ruines sont d'un bel effet, et donnent une grande idée de la puissance des Romains; ces fiers *vainqueurs* du monde semblent quelquefois avoir *vaincu* le temps lui-même; il respecte leurs ouvrages comme s'ils avaient eu le droit de faire un pacte avec lui.

Loin de ressentir la moindre fatigue de cette course prolongée, S. A. R. sortit encore avant son dîner, pour faire quelques emplettes d'objets d'art et de goût, dont l'expédition, surveillée par *Madame* elle-même, était destinée à porter aux augustes enfants de France, un *souvenir daté de Bordeaux*. Le magasin de madame Rochet obtint, en cette occasion, une préférence que bien d'autres durent lui envier.

Le grand théâtre fut encore honoré ce soir-là de la présence de S. A. R. Ainsi jusqu'au dernier moment de son séjour dans la ville du 12 mars, l'auguste voyageuse voulut prouver à ses habitants le bonheur qu'elle avait à se trouver au milieu d'eux. Pour les voir et être vue d'eux, elle s'était pour ainsi dire multipliée; sa piété l'avait conduite dans leurs églises, sa bonté dans leurs hôpitaux, son bon goût dans leurs ateliers... Elle ne pouvait pas leur donner plus de marques de bienveillance; ils ne pouvaient pas lui donner plus de preuves d'amour. Le moment du départ était venu; le 18, à six heures du matin, S. A. R. s'éloigna de Bordeaux. A la colonne du 12 mars, elle s'arrêta quelques instants pour recevoir les hommages des principaux fonctionnaires : dans leurs harangues, ils n'avaient pas besoin de protester de la fidélité et du dévouement de leur belle cité ; la colonne disait tout.

Madame honora d'une faveur bien précieuse M. le vicomte du Hamel, en lui donnant de sa propre main une riche tabatière ornée de son portrait. M. Tenet, colonel de la garde nationale, reçut aussi, en témoignage de satisfaction du zèle de ce corps pour le service d'honneur près de S. A. R., une tabatière en or, portant le chiffre de Marie-Caroline. La Princesse fit remettre à chacun des gardes d'honneur à cheval, une médaille en bronze à son effigie, et à celle de Monseigneur le duc de Bordeaux.

Comme la courte durée du service n'aurait pas permis à tous les officiers de la garde nationale d'y concourir, plusieurs demandèrent à servir momentanément comme simples volontaires dans la compagnie d'élite. Lorsque ces officiers, portant l'uniforme de grenadier ou de chasseur, furent présentés à *Madame*, monsieur le maire ne perdit pas l'occasion de rendre compte à S. A. R. du noble motif de leur changement de grade. *Madame* ayant daigné adresser à ces officiers quelques mots flatteurs, l'un d'eux, interprète des sentiments de tous, eut le bonheur de lui répondre.

Nous sommes trop heureux, Madame, *d'avoir pu donner à* V. A. R. *cette nouvelle preuve de zèle et de dévouement. Au jour du danger, on nous trouverait encore, comme au* 1er *avril* 1815, *prêts à mourir pour la plus sainte des causes...*

Quand le voyage de S. A. R. *Madame*, duchesse de Berry, fut officiellement annoncé, on s'attendit à voir de splendides fêtes dans les villes qu'elle daignerait honorer de sa présence ; mais personne ne pouvait croire que le plus petit hameau préparerait aussi sa réception et ses réjouissances, et que pendant l'espace de trois cents lieues, il n'y aurait pas un relais de poste où quelque arceau de verdure, quelques drapeaux ne redissent la joie du pays. Après la magnifique réception de la ville de Bordeaux, les personnes qui accompagnaient *Madame* auraient pu s'attendre à trouver un peu de vide, un peu de repos après toute l'agitation de la grande cité; elles se seraient trompées : la fête continuait sur le chemin.

Mont-de-Marsan,

S. A. R., en arrivant le soir à Mont-de-Marsan, se croyait encore dans la ville du 12 mars. Elle voyait le même dévouement, et entendait les mêmes cris d'amour. Après son dîner, où elle daigna admettre tous les hauts fonctionnaires du département, S. A. R. se rendit au bal qui lui était offert par la ville. Il faut se répéter encore et dire que S. A. R. n'y parut nullement fatiguée, et qu'elle y fut gracieusement affable et aimable pour tous.

Aire.

Le lendemain, *Madame* repartit de bonne heure de Mont-de-Marsan, et alla dîner à Aire : on s'apercevait que la mère de Henri V était pressée d'arriver au berceau de Henri IV.

C'était une des grandes pensées de son voyage. Les lieux célèbres agissent avec puissance sur les cœurs élevés, et leur donnent souvent de nobles inspirations. *Madame* veut que son fils ressemble au Béarnais, et elle est venue voir les champs où il a fait ses premiers pas; les rochers qu'il escaladait et les torrents qu'il s'amusait à franchir avec les petits paysans compagnons de ses jeux. Ses jeux trahissaient déjà tout le *guerrier :* il en est de même de notre Henri; rien ne lui plaît autant qu'un casque, qu'une lance et un drapeau; avec tous les soins que l'on doit prendre de jours aussi précieux que les siens, on le laisse s'exercer à tous les jeux qui peuvent accroître son agilité et sa force. Dans ses amusements avec des enfants de son âge, il est soldat et chef; il obéit et commande tour à tour; vif comme le Béarnais, s'il se fâche avec un des compagnons de ses jeux, il court l'embrasser aussitôt. La nature l'a fait bon comme son aïeul. Le noble et digne successeur du duc de Rivière, le baron de Damas, lui apprendra à appuyer cette bonté héréditaire sur la justice et la fermeté. Henri IV pardonnait, mais quand il tendait la main en signe de pardon, il s'appuyait encore sur son épée. Trois choses font aimer les rois : la bonté, la justice et la force.

Pau.

Entre toutes les villes de France, nulle ne devait autant se réjouir de l'arrivée de *Madame* que la ville de Pau. Le pays de Jeanne d'Albret devait être impatient de recevoir la jeune Princesse dont le courage et la destinée rappellent le plus cette reine qui chantait en accouchant, pour que son enfant *ne feut pleureur et rechigné.*

La mère de Henri V venant au berceau d'Henri IV, ne faisait qu'une visite de famille. Le peuple pensait que c'était une chose toute simple et toute naturelle, et son enthousiasme s'en était augmenté. Après tant de magnifiques réceptions, après la Bretagne, la Vendée, et Bordeaux, Pau trouva le moyen de se distinguer encore. La joie des montagnards ne ressemble pas à la joie des paysans ordinaires. Le Basque, avec son joli costume et son tambourin, a quelque chose de poétique et d'ancien qui va bien dans les fêtes.

Aussi *Madame* ne vit pas seulement venir au devant d'elle la garde nationale et le sixième régiment de ligne, mais encore un grand nombre d'habitants des montagnes descendant des hauteurs avec des bannières aux couleurs de S. A. R. Ces divers détachements se voyaient de loin sur les flancs des coteaux; leurs chants, leurs galoubets, leurs tambours, étaient redits par tous les échos. Des divers points du pays, on appercevait ces joyeuses bandes se diriger vers la ville; c'était là que l'on verrait mieux la mère de *l'autre petit Henri*. Des courriers y arrivaient déjà; on se pressait pour les interroger. *Est-elle encore loin?* demandait la foule. Des cavaliers accourent au galop : *La voilà!* crient-ils; *elle nous suit;* et à l'instant même, la fille de Henri IV se montre aux Béarnais.

Oh! quel cri de joie retentit alors! Il parvint au fond de la vallée, et les coteaux de Jurançon et de Gélos le redirent.

Madame voulait voir et être vue; sa voiture était découverte et ne marchait qu'au petit pas. On ne se presse pas de traverser les flots d'un peuple qui vous aime. Aussi S. A. R. fut long-temps à se rendre au palais de la préfecture, où elle était attendue par les diverses autorités du département.

Dès son arrivée, S. A. R. a voulu s'occuper immédiatement de l'emploi de son temps pendant son séjour à Pau, de son excursion à Bayonne (dont elle venait d'accueillir la députation), et de ses courses dans le pays basque. *Madame* avait demandé une carte du pays. Tout entière à ses projets, elle examinait avec attention et mesurait les distances des divers lieux qu'elle voulait visiter. Quelqu'un fit observer à S. A. R. que dans certaines localités on serait peut-être embarrassé pour la recevoir d'une manière convenable; l'auguste Princesse leva tous les obstacles en disant avec une aimable vivacité : *Oh! mon Dieu, il ne faut pas tant de choses pour me bien recevoir. Des cris de* vive le Roi *me suffisent.*

L'itinéraire fut ainsi bientôt réglé. *Madame* dîna dans ses appartements avec les personnes de sa suite et les premières autorités religieuses, militaires et civiles qu'elle daigna admettre à sa table. S. A. R. se retira à dix heures en répétant : *Demain nous avons beaucoup de choses à voir; dans ce beau pays, il ne faut pas perdre un instant.*

Le lendemain, à onze heures, *Madame* s'est rendue à l'église de Saint-Jacques, où elle a été reçue par le curé de la paroisse qui lui a présenté l'eau bénite; monseigneur l'évêque a officié. Après avoir prié le Dieu des rois pour son fils qui doit un jour porter la couronne, la mère de Henri V se hâta d'aller au château où naquit Henri IV : tout cœur français bat de joie et d'orgueil en approchant de ce berceau. Quelle émotion dut ressentir l'auguste fille de France, en entrant dans ces vastes cours, en voyant ces hautes et fortes murailles où les ennemis des rois ont laissé des traces de la haine qu'ils portaient à tout noble souvenir ! C'est en vain qu'ils ont cherché à effacer les chiffres de Henri IV et de Marguerite de Valois ; la pierre de ce vieux bâtiment a été moins ingrate que le cœur de ces nouveaux Français : elle a gardé des noms qu'ils voulaient faire oublier. En pénétrant sous les voûtes du château on se sent comme dans un lieu consacré : on dirait qu'on marche vers un sanctuaire ; c'est que la gloire qui vient de la bonté est une gloire durable. Si le Béarnais n'avait été qu'un roi guerrier, on n'irait visiter que la colonne d'Ivry, et les autres champs de bataille, témoins de ses victoires ; mais il a été mieux que cela ; il s'est fait une autre gloire que celle qui vient du sang ; et l'on accourt en pélerinage à son berceau.

Pour aller saluer ce berceau, *Madame* traversa de grandes salles, vides de leurs anciens trophées, et de cette foule vêtue de pourpre et de fer qui venait jadis offrir ses hommages et ses services aux princes de Béarn. Les seuils des portes, le marbre du pavé ont été usés par les pas de ces nobles chevaliers. Aujourd'hui, quelle solitude !

Pourquoi ne pas rendre la vie au château d'Henri IV : *son esprit y revient.*

Le berceau est une grande écaille de tortue; cette précieuse relique a été sauvée des fureurs des révolutionnaires, par une pieuse ruse de M. de Beauregard : il possédait une écaille à peu près pareille à celle du berceau, il la substitua à celle où l'enfant béarnais avait reposé, et la stupide fureur des patriotes se rua sur le faux berceau.

La jeune mère resta quelque temps à contempler ce monument si cher au Béarn, et à la France entière; des draperies, de blancs panaches l'ombragent. On dit que c'est une fille de Marie-Thérèse qui a ainsi orné le berceau d'Henri IV! *Madame* la Dauphine avait visité, avant son auguste sœur, cette précieuse relique.

Du balcon de la chambre de la reine Jeanne, S. A. R. *Madame* admira la magnifique vue qui se déploie au-dessous du château : elle était attendue dans la plaine. Là, une halte militaire lui avait été préparée par le comte de la Villegille, colonel du 6ᵉ de ligne : elle daigna s'y rendre. Non loin du parc royal, les soldats du 6ᵉ régiment avaient élevé une *feuillée* au milieu d'une vaste plaine et sur le bord d'un ruisseau ; cette tente toute faite en feuillage avait vingt pieds de hauteur ; tout l'intérieur était tapissé de mousse, à travers laquelle serpentaient, comme jetés au hasard, le pampre et le lierre. Des orangers, des arbustes rares sortaient du gazon, et au milieu de toutes ces fleurs, sous ce berceau de verdure, coulaient avec un doux murmure les ondes d'un des ruisseaux de la vallée. Aux deux extrémités de la tente champêtre, des tables également couvertes de mousse portaient de beaux fruits dans des corbeilles, et du laitage dans des vases du pays : une fraîcheur délicieuse régnait sous cet abri. *Madame* s'assit sur le bord du ruisseau, et mangea quelques fruits. Pendant qu'elle se reposait ainsi, elle voyait d'un côté l'antique château de Pau, et la maison rustique où fut élevé le fils de Jeanne d'Albret ; de l'autre, le cours sinueux du Gave, le riant coteau de Jurançon, et la chaîne immense des Pyrénées. *Madame* voulut bien témoigner à monsieur le colonel combien elle était enchantée *de la halte* qu'elle venait de faire, et après être restée assise encore quelques instants sur le bord du ruisseau, S. A. R. sortit de la tente pour passer en revue la garde nationale et le 6ᵉ de ligne qui étaient rangés en bataille à peu de distance. *Madame* fut si frappée de la belle tenue de la garde nationale, que pour la convaincre que ce n'était pas des troupes de ligne, le général lui fit remarquer que ces soldats n'avaient pas le sac sur le dos.

Sous les murs du château où naquit Henri IV on ne pouvait donner à la mère du duc de Bordeaux qu'une fête militaire.

Pendant les scènes que nous venons de décrire, une population immense de la ville et des environs embellissait, animait ce beau pays; ses flots, tumultueux à force d'acclamations d'amour, formaient comme un cadre animé, à l'entour de ces brillantes colonnes resplendissantes de l'éclat des armes.

Madame s'éloignait de cet appareil guerrier : elle voulait voir la maison de Bilhière, du père nourricier du prince béarnais. Cette famille de paysans a encore ses titres et les montre avec fierté. Sur le seuil de la chaumière, de jeunes paysannes vinrent lui offrir des bouquets. *Ces fleurs ont-elles été cueillies dans le jardin qui a vu les premiers pas du Béarnais ?* demanda la Princesse. Et lorsque les villageoises lui en eurent donné la certitude, elle dit : *Ah ! tant mieux, je garderai ces fleurs pour les envoyer à mes enfants !*

En revenant au château, malgré la chaleur du jour, *Madame* parcourut le parc royal que la généreuse intervention des habitants de Pau sut conserver dans des jours difficiles; c'est une gloire pour eux que de s'être opposés aux projets de ceux qui voulaient anéantir toute trace de Henri IV !

Après des courses si prolongées, on croyait que l'auguste voyageuse éprouvant le besoin de repos allait rentrer dans son palais; mais non, *Madame* se montra infatigable. S. A. R.

alla visiter le collége royal et le couvent de Sainte-Ursule; là, comme ailleurs, ou peut-être plus qu'ailleurs, la jeune mère du duc de Bordeaux et de *Mademoiselle* s'est montrée bonne, tendre et affectueuse.

En rentrant à son palais, elle a trouvé quarante demoiselles qui lui apportaient toute une moisson de fleurs. Mademoiselle de Nays a été l'interprète de cette fraîche et jolie députation, et a reçu des mains de *Madame*, des bracelets et une boucle de ceinture.

A neuf heures, S. A. R. est ressortie pour se rendre à la place royale, d'où elle a eu un nouveau et magnifique spectacle. Tout à coup les coteaux sont sortis des ténèbres; leurs cimes ont brillé d'une longue suite de feux, qui, partant de la ville, allait atteindre les monts les plus élevés. Au milieu de cet effet magique, apparaissait le château de Gélos, resplendissant comme un palais de fées; rien n'est beau comme ces effets de lumières et ces massifs d'ombre que présente un pays de montagnes ainsi éclairé. Quelle illumination de Paris pourrait valoir celle-là?

Madame prolongea sa promenade pour jouir de cette vue ; la nuit n'avait pas plus de silence que de ténèbres. Tout à l'entour d'elle, c'était le délire de la joie avec toutes ses bruyantes acclamations. A travers tout le peuple qui obstruait les rues, l'auguste Princesse arriva enfin à l'hôtel de la mairie où l'attendait une brillante et nombreuse réunion de tout ce que la contrée a de plus distingué ; la salle de bal était dignement décorée. M. de Perpigna, maire de la ville, a eu l'honneur de recevoir S. A. R. à la tête de cinq commissaires membres du conseil municipal. *Madame* a daigné ouvrir le bal avec M. de Perpigna : elle a ensuite dansé deux autres quadrilles l'un avec M. le comte de Gontaut, et l'autre avec M. Lavielle, commandant de la garde nationale. En voyant la gaîté, la grâce et la légèreté de la Princesse, on s'étonnait de ne retrouver en elle aucune trace de fatigues; et cependant, depuis six semaines, S. A. R. n'avait pas pris un instant de repos ; il faut donc qu'il y ait une grande force dans une volonté ferme, et un grand bonheur à voyager à travers un pays qui vous aime.

Il était tard lorsque *Madame* se retira chez elle; après son départ les danses continuèrent encore, mais le plaisir avait perdu de son éclat : c'était comme un beau paysage sans soleil.

Excursion à Jurançon et à Uzos.

Le lendemain 21 juillet, à onze heures, la fille de Henri IV s'éloigna de Pau pour aller parcourir les coteaux qui avoisinent la ville. La veille au bal, *Madame*, sur l'indication de madame la comtesse de Gontaut, avait dit à madame de Pargade : *Je dois visiter demain vos riants coteaux; je sais que monsieur votre père y possède une charmante habitation; je veux la voir.*

En effet, S. A. R. et sa suite se dirigèrent vers le coteau d'Uzos, descendit au marquisat, chez M. le chevalier de Maucor, qui eut l'honneur de lui présenter sa famille. De cette jolie demeure, la jeune voyageuse allait explorer d'autres lieux ; elle s'arrêta chez madame de Castaride, où une petite fille de quatre ans lui offrit une couronne d'immortelles. Légère comme une habitante des montagnes, *Madame* descendit gaîment la côte rapide qui conduit à Uzos. En chemin elle ramassa un caillou curieux : *J'emporterai ceci comme souvenir de vos coteaux*, dit S. A. R. ; *je le donnerai à mes enfants ; oh ! je leur parlerai souvent de tout ce que j'ai vu ici !*

Le nom de Jurançon est historique : son vin a été la première boisson d'Henri IV ; il en a goûté avant le lait de sa nourrice ; le duc de Bordeaux en a bu aussi ; le chef des Bourbons qui était venu bénir l'enfant qui nous est né à tous, le 29 septembre 1820, avait voulu que l'autre petit Henri fût traité comme son aïeul. Marie-Caroline avait été aussi forte que Jeanne d'Albret ; tout se passait au château des Tuileries en 1820 comme cela c'était passé en 1553, au château de Pau.

Nos Bourbons ont des traditions de famille qu'ils ne doivent jamais abandonner... Que le siècle marche, mais qu'un peu de nos vieilles mœurs, de nos antiques usages nous restent !.. Et où trouverions-nous de si belles manières, de si touchantes pratiques, de si nobles coutumes que dans cette royale maison de France qui sert de modèle à tous les rois ?

Sur les coteaux renommés de Jurançon, *Madame* alla visiter le beau domaine qu'y possède M. le chevalier de Perpigna, maire de Pau ; elle admira le bon goût qui avait dessiné les jardins; et s'étonna de la quantité d'arbustes rares qu'ils contiennent. Il était près de six heures quand S. A. R. rentra en ville; d'autres fêtes s'y apprêtaient pour elle. Madame la marquise de Gontaut devait recevoir ce soir-là S. A. R. En effet, elle y arriva de bonne heure; elle avait exigé qu'on ne lui réservât pas de place d'honneur, et comme malgré ses injonctions on lui présentait un fauteuil plus élevé, elle voulut que la marquise de Gontaut, qui était souffrante, l'occupât. *C'est vous qui vous mettrez là*, lui dit-elle; *moi je ne suis pas fatiguée; je me porte à merveille dans votre beau pays.* Et apercevant mademoiselle de Nays qui lui avait présenté une corbeille de fleurs artificielles, elle ajouta : *Vous voyez, mademoiselle, combien les fleurs que vous m'avez données me sont précieuses; je m'en suis parée ce soir.*

Nous regrettons de ne pouvoir bien peindre tous les agréments de la charmante fête que la marquise de Gontaut avait l'honneur d'offrir à S. A. R. ; c'était vraiment une soirée de Paris au milieu des montagnes. La grâce la plus aimable, la courtoisie la plus exquise en faisaient les honneurs. *Madame* y fut ravissante de bonté et de bienveillance pour toutes les personnes invitées.

Une petite pièce faite par M. de Gayrosse, fut jouée par lui et par d'autres personnes de la société. Tous avaient le costume élégant du pays. Des couplets composés par M. de la Grèze furent aussi chantés. *Madame* demanda *les auteurs;* ils eurent l'honneur de lui être présentés. Elle les remercia et leur fit compliment sur *leur esprit* et sur leur *bon esprit*.

Excursion à Bonnes. Vallée d'Ossan.

Cette jolie soirée finit tard ; S. A. R. se retira enchantée. Le lendemain elle avait encore beaucoup à explorer; à sept heures du matin elle était en route pour aller visiter les *eaux chaudes et bonnes*, situées à 6 lieues de Pau, dans les Pyrénées. Ces eaux furent fréquentées par Henri IV, et plusieurs autres princes de Navarre. Une longue inscription rappelle que Catherine, princesse des Français-Navarrois, y passa en 1591. Ces sources surgissent d'une profonde vallée tout entourée de hautes montagnes. Ce pays est d'un aspect âpre et sauvage; son nom seul le peint. *Ossan* signifie *forêt habitée par des ours;* son étymologie est *ursi saltus*.

Souvent on fait dans cette vallée la chasse aux ours; c'est une des branches d'industrie du pays. Les paysans aiment ce genre de commerce; il a quelque chose d'aventureux qui plaît à leur courage. Quelquefois ces redoutables animaux viennent en troupes, alors il y a une levée générale; tous les hommes de la contrée marchent pour repousser l'ennemi.

Au petit village de *Bielle*, on citait un de ses habitants qui, à lui seul, a tué trente-trois ours. Ces cruels ennemis des troupeaux qui pâturent dans la vallée, vivent dans des forêts de sapins; ces hauts bois au feuillage sombre vont bien dans ce paysage d'un genre sévère. *Madame* ne manqua pas de remarquer toutes ces harmonies.

Ce pays où l'on ne voit d'ordinaire que des malades qui y viennent chercher la santé, où le calme et la tranquillité semblent avoir établi leurs demeures au fond des vallons, ne présentait plus le même aspect.

Le 22 juillet 1828, des cris de joie s'élevaient sur toute la route que parcourait la noble voyageuse; les paysans des coteaux les entendaient et les répétaient à ceux des montagnes.

Sur un vieux pont sur lequel Henri IV a souvent passé, *Madame* vit un tableau du quinzième siècle : l'arc de triomphe avait le style de cette époque ; de chaque côté du pont gothique trente hommes d'armes étaient rangés avec la barbe longue et pointue, la fraise, la veste à crevasses et à bouffettes, le petit manteau et le chapeau relevé sur le front ; on aurait dit, dans ces montagnes du Béarn, que c'étaient des compagnons d'armes de Henri, apostés là par lui pour rendre honneur à *quelque dame de ses pensées.*

M. le baron Duplaa, sous-préfet de l'arrondissement, avait eu cette idée de réception qui plut beaucoup à S. A. R. *Madame* déjeûna à Bonnes et visita l'établissement et la magnifique cascade, ensuite elle alla voir les *eaux chaudes*, et descendit chez le docteur Samonzet, médecin de ces eaux thermales ; ces eaux jaillissent de cinq sources qui fournissent abondamment à seize bains par heure, dans de belles baignoires de marbre. Deux grottes curieuses méritaient d'être vues, non loin de cet établissement, mais des chemins impraticables en rendaient l'accès difficile et dangereux. L'amour des Béarnais pour les Bourbons avait fait dans les montagnes ce que le dévouement des Vendéens avait fait dans le Bocage; cinquante hommes ont travaillé sans relâche à tracer un sentier dans le roc, et c'est grâce à leur travail que la Princesse a pu parvenir à cheval à ces grottes, qui l'ont frappée d'une vive admiration.

En effet, le spectacle qu'elles offraient était tout-à-fait magique. Qu'on se figure un vaste souterrain dont l'œil ne peut mesurer la profondeur : des infiltrations séculaires y ont donné naissance à des milliers de stalactites qui ont pris les formes les plus singulières et les plus variées. Ce sont ici des colonnes avec leurs chapiteaux, des autels, des statues; là des figures fantastiques et bizarres. On dirait que le génie ou l'enchanteur de la caverne a pétrifié toute une foule de curieux. On avait illuminé l'intérieur de cette grotte avec beaucoup d'art; la lumière y était répandue, et l'on ne pouvait découvrir d'où elle venait : sa lueur colorait tous ces objets divers, et brillait dans les eaux bouillonnantes du torrent, qui se précipite avec fracas du fond de la caverne.

Madame a pénétré très-avant dans ces profondeurs, au moyen des ponts qu'on avait jetés sur le torrent, et en se traînant souvent sur ses genoux. Il a fallu rappeler à plusieurs reprises à S. A. R. que la fraîcheur de ces lieux pouvait nuire à sa santé, pour la décider à s'en éloigner.

Pour descendre dans la vallée d'Ossan, *Madame* avait pris le berret de feutre et la ceinture rouge que portent les paysans béarnais. Pendant qu'elle regardait la source du *Nays*, qui surgit de dessous terre, un jeune paysan de la paroisse de *Gan* s'est approché de la Princesse pour lui offrir à boire de cette eau limpide; il en avait empli un vase rustique, et le présentant à la fille des rois avec toute la naïveté villageoise, il lui demanda : *Êtes-vous contente des Béarnais, Madame? Si je suis contente!* repartit vivement S. A. R.; *tenez, voyez, je porte le berret et la ceinture du pays.*

M. de Perpigna, maire de Pau, avait fait frapper une médaille qui représente *les deux Henris ;* d'un côté se voit l'effigie de Henri IV, de l'autre celle du duc de Bordeaux avec ces mots pour exergue : *A la mère du jeune Henri. Pau, le 20 juillet* 1828. M. de Perpigna a eu l'honneur de faire agréer cette médaille à *Madame ;* il est inutile de dire qu'elle a été très-touchée de ce *souvenir.*

Orthez. Château de Moncade.

Partie de Pau le 23, S. A. R. a traversé rapidement la belle plaine qui s'étend entre cette ville et Orthez ; bientôt elle a atteint les communes d'Argagnon et d'Arlix, et a pu apercevoir des hauteurs de cette dernière, les ruines du noble château de Moncade, qui fut pendant trois siècles la demeure des souverains du Béarn. Là aussi avait habité ce Gaston, *prud'homme en l'art de regner, grand clerc en fait de lettres, aimant les dons des menestriers, s'y connoissant, et faisant lui-mesme des vers*, et dont Froissard disait dans son admiration, *brievement tout considéré, avant que je vinsse en cette cour, j'avois esté en moult cours de roys, de ducs, de princes, de comtes, et de hautes dames, mais ne feus oncques en nulle qui mieux me pleut, ni ne vis aucuns qui fussent sur les faits d'armes réjouis plus que celui où le comte de Foix estoit. On voyoit en la salle, en sa chambre, en la cour, chevaliers et écuyers d'honneur, aller et marcher, et les oyoit-on parler d'armes, d'amour. Tout honneur estoit là-dedans trouvé, toute nouvelle de quelque pays et de quelque royaume que ce feut, là-dedans on y apprenoit, car de tous pays pour la vaillance du seigneur, elles y venoient.*

Bien des années s'étaient écoulées depuis la visite du naïf messire Froissard; quelques débris du noble chastel subsistent encore;

voilà tout ce qui reste de tant de joie et d'honneur. Sur le penchant de la colline qu'il occupait, s'est élevée comme un amphithéâtre une nouvelle ville, qu'occupe une population industrieuse et hospitalière, divisée de croyance, mais toujours réunie par le besoin de la concorde, et son amour pour ses Princes; là une brillante réception attendait l'auguste voyageuse. Elle y est arrivée à dix heures; Orthez était tout paré de fleurs et de guirlandes pour recevoir la fille du Béarnais; M. de Lom, sous-préfet de l'arrondissement, eut l'honneur de recevoir S. A. R. qui lui redit l'émotion qu'elle éprouvait à chaque pas dans le pays de son immortel aïeul.

La jeune Princesse a paru remarquer, au milieu du concours tumultueux qui suivait sa voiture, des groupes de jolies villageoises, qui, vêtues de leurs plus beaux atours, étaient venues, précédées de leurs ménétriers, pour acquitter aussi leur tribut naïf d'enthousiasme et d'amour.

Bayonne.

A quelques lieues d'Orthez, *Madame* est entrée dans le département des Landes. A Saint-Étienne, elle trouva M. le général baron Janin, commandant la 11me division militaire, et M. le colonel de Mondoré, commandant la subdivision des Basses-Pyrénées, accompagnés de la garde d'honneur. Avant de descendre à Bayonne, *Madame* alla visiter la citadelle.

M. le lieutenant de Roi comte d'Alissac s'était rendu avec son état-major à la barrière de l'*avancée* pour recevoir la Princesse. Rien ne plaît autant au soldat français que les fêtes; il s'entend mieux que tout autre à tous leurs joyeux préparatifs; il sait tresser les couronnes de laurier et élever les trophées : la garnison de la citadelle s'était distinguée dans ce genre. S. A. R. passa devant le front des troupes et alla se reposer sous une tente, sur *le bastion de France*. M. le baron Janin fit remarquer à *Madame* l'imposante beauté et la variété riante des sites qu'on découvre de ce point élevé, d'où le célèbre Vernet a dessiné une de ces vues si connues et si estimées.

La vue de la rade, des chantiers de construction et des coteaux de Mousserole, attira quelques instants les regards de *Madame*, mais un spectacle tout nouveau pour elle l'attendait à quelques pas. Tout un peuple s'avançait vers elle; mais ce n'était plus ce peuple grave et religieux de la Vendée; ce n'étaient plus ces drapeaux usés de guerres, ces vieux fusils, ces armes d'honneur qu'elle apercevait autour d'elle; mais des groupes nombreux de Basques, divisés par communes, ayant chacun son tambourin, son galoubet, sa bannière et son tambour en tête, entourant de tous côtés la voiture, exécutant tout en courant des danses nationales dont on trouverait difficilement ailleurs ou le type ou l'imitation, couverts de rubans de couleurs vives et variées, la tête ornée de gros bouquets, les jambes et les bras garnis de grelots, toujours en mouvement, tournant en tous sens avec une souplesse et une agilité inexprimables, et ressemblant plutôt à des tourbillons de fleurs soulevés par les vents, qu'à des hommes qui cherchent sur la terre un point d'appui. Leurs cris éclatants, ces cris qu'ils réservent pour leurs grandes joies, se confondaient avec les acclamations de la foule immense rassemblée sur le passage de la Princesse. Plusieurs de ces groupes pénétrèrent pêle-mêle avec la voiture et la garde d'honneur, jusque dans la cour du palais épiscopal où *Madame* descendit. Cette joie ressemble à du délire et a quelque chose d'étranger; la gaîté française n'a rien d'aussi vif et d'aussi animé.

S. A. R. fut reçue au bas de l'escalier de l'évêché, par M. le baron d'Uhart, sous-préfet de l'arrondissement, et par M. d'Hiriart, maire de la ville. La Princesse, arrivée au haut du perron, s'arrêta pour considérer les Basques... peut-être trouvait-elle dans leurs danses et dans leur enthousiasme un ressouvenir de la joie du peuple de Naples : toutefois elle prenait un grand plaisir à les regarder ; elle leur fit porter des rafraîchissements.

Des hommages, une grande réception, un dîner de trente-cinq personnes, un bal, remplirent ensuite le reste de la journée de S. A. R., qui daigna danser avec M. Dubrocq, avec M. de Bontemps, colonel du régiment suisse, et avec M. Michel d'Arcangues, l'un des membres du conseil municipal.

Marrac.

Saint-Jean de Luz.

Le jeudi 24, la Princesse monta en voiture et alla d'abord voir les ruines de Marrac. Ce lieu rappelle une des plus grandes trahisons des siècles modernes ; c'est là que Charles IV et Ferdinand furent si indignement trompés. Le lion ne trompe pas, il dévore sa proie ; la ruse doit être laissée au faible.

Un arc de triomphe élevé par les veuves et les filles des marins de Guéthary attendait S. A. R. sur le territoire de cette commune : cet arc était singulièrement orné ; on y avait placé des *ex voto* enlevés momentanément de l'église : ces tableaux, représentant pour la plupart des tempêtes, formaient un singulier contraste avec les fleurs qui les entouraient, et annonçaient dans ce jour de joie que les orages affligeaient et décimaient souvent ces pauvres familles qui oubliaient leurs malheurs en criant : *Vive le Roi !* Déchu de son ancienne splendeur, Saint-Jean-de-Luz n'est plus la cité de Louis XIV ; mais aux sentiments que manifestait cette foule empressée sur les pas de S. A. R., on reconnaissait la ville qui salua les premiers pas de Monseigneur le duc d'Angoulême sur le territoire de France.

Ces *ex voto* appendus à l'arc de triomphe étaient restés dans le souvenir de *Madame ;* elle s'informa auprès du maire et du sous-préfet des désastres occasionés par la mer; ce puissant ennemi s'avance toujours en menaçant les contrées, et jusqu'à ce moment les travaux entrepris pour s'en défendre ont été sans heureux résultat. S. A. R. a vu par elle-même les ravages des flots. Oh ! si cela dépendait d'elle, elle aurait déjà dit à la mer : *Tu ne viendras pas plus loin.* Le roi ne visitera pas seulement le nord et l'est de son beau royaume, il viendra voir ses autres provinces. Partout où l'on souffre, partout où il y a quelque mal, on se dit : *Le Roi viendra, il verra, et nous ne souffrirons plus!* Nulle part ce culte, cette confiance en la royauté n'existe aussi bien qu'en France. Que celui qui s'assied sur le trône de saint Louis, de Henri IV, de Louis XIV et de Louis XVIII est puissant! devant son trône il y a eu alliance entre les temps passés et les temps actuels; les peuples n'ont plus rien à lui demander. Il y aurait une égale folie à vouloir plus que la Charte, ou à n'en pas vouloir. *Madame*, rentrée dans la maison où elle était descendue, a reçu les autorités locales, et daigné accepter un déjeûner qui lui a été offert par la ville.

La maison qu'avait occupée Louis XIV était à quelques pas, et non loin de là, les ruines de celle où avait logé *l'Infante.* Un jour les habitants de Saint-Jean-de-Luz montreront une autre maison et diront : Ici la mère du duc de Bordeaux a séjourné; ici elle a reçu les hommages de nos pères, et entendu leurs cris d'amour.

La Bidassoa. Fontarabie.

La sœur du Dauphin devait être impatiente de voir la Bidassoa. *Madame* s'y fit conduire : elle y arriva à deux heures. Descendue de sa voiture, S. A. R. alla prendre un instant de repos sous une tente qui avait été dressée sur le milieu du pont, à la dernière travée du côté de France.

Au-dessus du fleuve, la montagne de Louis le Grand, à quelques toises au-dessous l'île de la Conférence, dans le lointain les murs de Fontarabie offraient à la noble fille de France de grandes réminiscences historiques.

Mais les souvenirs du passé n'occupaient pas seuls les pensées de *Madame*; des acclamations parties de l'autre bord de la Bidassoa, se mêlant aux cris des Français, rappelaient à S. A. R. que les Bourbons régnaient sur les deux rives. Ces cris que faisaient entendre les Espagnols n'étaient pas un vain salut : en Espagne comme dans le reste de l'Europe, on sait quelle est *Madame;* on sait que le sang de nos rois allait être tari dans sa source, que la révolution avait voulu *saper la tige des Bourbons jusque dans ses racines*, et que le courage de l'illustre veuve avait été plus fort que la haine de l'enfer : cette fois encore la femme avait écrasé la tête du serpent.

M. de Fournas, capitaine général du Guipuscoa, se présenta devant *Madame*, suivi d'une députation de la province et de gardes d'honneur à pied et à cheval, pour complimenter S. A. R. qui était toujours sur les terres de France. Le noble capitaine général répéta à l'auguste fille des Bourbons qu'il n'y avait plus de Pyrénées, et la supplia de visiter la rive d'Espagne.

Des canots avaient été préparés pour conduire la Princesse à l'île des Faisans : elle s'embarqua sur la rive française, et fit cingler vers Fontarabie. Arrivée au milieu de ces maisons en ruines, de ces fortifications démantelées, S. A. R. alla prier sous les voûtes de l'antique église où fut célébré le mariage de Louis *Dieudonné*.

« 'Dans cette église, le plus grand de nos
« rois, resplendissant de jeunesse, de force
« et de beauté, à l'aurore d'un règne bril-
« lant, était venu devant les mêmes autels,
« recevoir une auguste compagne, destinée
« à régner auprès de lui, pendant de lon-
« gues années.... Et voilà que deux siècles
« plus tard une princesse de son sang, jeune
« aussi, unissant aux grâces et à la douceur
« de son sexe, la force et le courage de l'au-
« tre, y vient demander au Dieu de ses an-
« cêtres, de protéger le fils qu'elle a si mi-
« raculeusement conservé; l'unique rejeton
« d'une race auguste et trop souvent mal-
« heureuse!... Ombres de saint Louis et de
« Louis XVI, d'Henri IV et de Louis XIV,
« veillez, veillez sur cet enfant précieux;
« faites que les vœux de son héroïque mère
« soient exaucés; environnez-le d'amour
« et de fidélité! Fort et respecté comme son

' Voyage de *Madame* à Bayonne.

« illustre aïeul, puisse-t-il ne jamais con-
« naître les troubles et les dangers qui en-
« vironnèrent l'enfance du grand roi, ni les
« chagrins qui obscurcirent ses dernières
« années ! Puisse-t-il, enfin, avec un peu
« moins de gloire jouir, d'un bonheur plus
« durable ! »

Retour à Bayonne.

En revenant de Saint-Jean-de-Luz, *Madame* se coiffa d'un berret. L'enthousiasme des Basques en redoubla ; c'était leur dire : *Je suis des vôtres.*

La garde d'honneur de Bayonne attendait S. A. R. à l'embranchement de la route de Biarritz ; *Madame* y retrouva aussi ces danseurs basques qu'elle avait vus la veille avec complaisance : ils précédaient sa voiture. Cent jeunes filles vêtues de blanc formaient la haie ; la garde d'honneur fermait la marche. C'est ainsi que le cortége arriva au bourg de Biarritz.

A quelque distance de ce bourg se trouve, sur le bord de la mer, une grotte, appelée *la chambre d'amour*. *Madame* voulut la voir ; il était impossible d'y aller en voiture ; on proposa des *cacolets*. S. A. R. accepta avec plaisir ce nouveau moyen de voyager : avec légèreté elle sauta sur le *cacolet* qui lui était destiné, et fit placer madame la duchesse de Reggio à côté d'elle sur le même cheval. Un second cacolet portait madame de Podenas et le comte de Mesnard ; un troisième, M. de Verdalle et le sous-préfet. Pendant que le cortége des gardes d'honneur et des personnes notables qui accompagnaient la Princesse cherchaient leurs chevaux, *Madame* partit, riant beaucoup de cette cavalcade. Dans cet instant elle n'avait d'autre escorte que les chœurs de jeunes filles qui lui chantaient les vieux chants du pays. Le soleil venait de disparaître derrière les nuages qui bordaient l'horizon ; ses derniers rayons brillaient encore sur l'Océan qui semblait une vaste nappe d'or. Les Pyrénées se teignaient de son riche reflet. Les côtes blanchâtres du cap Breton et les forêts de pin qui les ombragent se perdaient dans un lointain vaporeux. Le soir avançait.... la nuit allait venir... on était encore loin de la grotte. On témoigna quelques craintes à *Madame. Oh! je ne crains rien*, repartit-elle; *voilà la lune qui se lève, je n'ai pas peur; la lune me protége....*

La cavalcade continua, et jamais elle n'avait été plus agréable et plus gaie. *Madame* ouvrait la marche et riait de tous les obstacles. Près de la mer, la descente est trop rapide pour les chevaux. S. A. R. quitta le sien, et tout le monde l'imita... La lune n'éclairait qu'à demi; souvent les nuages dérobaient tout-à-fait sa lueur. Alors la marche se ralentissait; mais l'aimable enjouement de la route ne diminuait pas. Enfin, on arriva à la *chambre d'Amour*... O surprise! ô désappointement! Un tas énorme de sable amoncelé par les vagues avait tellement encombré la grotte, qu'il restait à peine à découvert quelques pouces de la voûte ; mais cela n'arrêta pas la Princesse ; elle voulut voir le peu qui existait encore ; précédée par des torches que portaient des habitants de ces bords, elle gravit gaiment la montée pénible.

Madame de Podenas l'accompagna dans cette entreprise. Arrivée en haut, S. A. R. reprit haleine un moment et daigna adresser à ceux qui l'avaient suivie quelques questions sur l'état antérieur de la grotte, et sur les causes de son état actuel.

La Princesse, toujours aimable malgré son désappointement, se replaça sur son cacolet, et la caravane se remit en route.

Il faut avoir été de cette promenade nocturne, pour se faire une idée du charme indéfinissable qui s'y rattachait. La douce satisfaction, la gaîté expansive de *Madame* se communiquait à toute sa suite. Tantôt une aimable plaisanterie, une vive saillie, une marque touchante d'intérêt ou de bienveillante sollicitude venaient porter dans les cœurs des émotions diverses..... Le temps était doux et calme; parfois l'on marchait à la lueur gris perle de la lune, tantôt à la lumière rouge des torches des paysans. Pendant quelques instants les voix venaient à cesser, alors on n'entendait plus que le bruit du pas des chevaux, et tout à coup le silence était rompu par des cris de *vive Madame!* Ainsi cheminant on arriva à l'église d'Anglet; les glacis de la place sont rapidement franchis, et la Princesse trouve dans son palais un repos dont tant de courses devaient lui faire sentir le besoin.

Pour faire diversion, ce fut une fête militaire que l'on offrit le lendemain à S. A. R. Elle commença par une course à pied avec armes et bagages; les concurrents avaient été choisis parmi les soldats des diverses armes, le 9me régiment de ligne, le 2me régiment suisse et une compagnie du train d'artillerie. *Madame* voyait ces jeux, assise sous une tente ornée de feuillage et de trophées d'armes et de drapeaux. S. A. R. a daigné sourire à cette course et récompenser les vainqueurs; elle a donné une montre d'or au soldat qui le premier a atteint le but, et une montre d'argent à celui qui y est arrivé le second.

Après ces jeux, *Madame* accepta un déjeûner offert par M. le baron Janin. En sortant de table, elle passa en revue sa garde d'honneur, et remit à M. Maze, qui la commandait, une boîte d'or ornée de son chiffre.

L'auguste mère du duc de Bordeaux a quitté Bayonne le 26 au matin; elle est allée déjeûner à l'île de Bereux, chez M. Brac de la Perrière, directeur des douanes. A Salies même empressement, même enthousiasme et même amour; des jeunes gens à cheval, des enfants avec des lis et des roses vinrent au devant de la jeune Princesse.

Sauveterre, Navarreins.

A Sauveterre, qui a mérité, pendant les cent jours, le surnom de *nid de royalistes*, la fille des rois a été reçue comme elle devait l'être. S. A. R. y est descendue chez le marquis de Nolivos ; le préfet et le sous-préfet de l'arrondissement, le maire et l'adjoint et la famille de M. de Nolivos ont eu l'honneur d'être admis à sa table.

Le lendemain, la noble voyageuse partit de Sauveterre à neuf heures du matin, et parcourut la distance qui sépare cette ville de Navarreins, au milieu d'une population ivre de bonheur et de joie. Un superbe arc de triomphe avait été élevé un peu en avant de Navarreins; quand S. A. R. y est parvenue, le canon de la place a salué l'auguste mère du duc de Bordeaux, et l'écho des montagnes a redit majestueusement ces salves et les cris d'allégresse de tout un peuple rassemblé.

M. le lieutenant de roi baron Valter et son état-major s'étaient portés au devant de la Princesse. S. A. R. a daigné écouter avec bonté l'expression des sentimens des habitants de la contrée, qui lui a été adressée par M. Faure, maire de Navarreins. Au moment ou la voiture allait partir, un jeune enfant de cinq ans jetait (comme tout le monde) des fleurs sur le passage de *Madame* et courait risque d'être écrasé. La mère du duc de Bordeaux et de *Mademoiselle*, frémissant à l'idée d'un accident, a demandé cet enfant, l'a placé quelques instants dans la voiture, l'a caressé et embrassé, et ensuite rendu à ses parents qui pleuraient de joie et de reconnaissance.

A Moncayolle une population toute différente de celles que S. A. R. avait vues jusqu'à ce jour l'attendait. Les Basques de l'arrondissement de Mauléon ont des habitudes, une physionomie et un langage à part; le sang s'y fait remarquer par sa beauté; la force, par sa grâce; l'esprit, par sa vivacité; l'amour, par son délire. Un paysan basque, au milieu de ses montagnes, a deviné l'élégance et la noblesse; il a quelque chose de fier et de libre dans son allure et ses manières, il montre en tout comme une surabondance de force de vie; on voit qu'il n'a pas dégénéré : c'est l'homme primitif. Ici un langage inconnu frappait les oreilles de l'illustre voyageuse ; mais on devinait bien que c'étaient des mots d'amour et de dévouement que prononçait autour d'elle cette foule animée.

Des cris aigus et prolongés que le Basque ne profère que lorsqu'il est au comble de la joie se faisaient entendre de toutes parts ; les chemins étaient tout jonchés de verdure et de fleurs ; c'était dans le pays basque comme dans le Béarn, comme dans la Vendée.

Escortée par vingt cavaliers portant le berret bleu, pantalon blanc, veste amaranthe, et commandés par M. d'Audurain, garde du corps du Roi, S. A. R. a traversé la charmante vallée de Soule.

Madame était attendue au superbe château que M. le comte de Montréal possède à Trois-Ville. Là, une tente avait été dressée dans un site enchanteur ; de là on voyait la riante et riche vallée de Mauléon avec tous ses villages, ses nombreux troupeaux et ses belles moissons ; de l'autre les avenues, les jardins, les prairies de Montréal ; et pour clore l'horizon, on apercevait dans le vague du lointain, comme sous un voile de nuages, les montagnes qui séparent la France de l'Espagne.

Mesdames de Montréal et de Gontaut, M. le comte de Montréal, M. le comte de Gontaut, M. d'Audurain, sous-préfet de Mauléon, M. Tavernier, commandant la gendarmerie, M. le marquis Duhart, M. Duhal, maire de Tardets, MM. Alexandre et Hippolyte de Candeau, et M. d'Audurain, membre du conseil général, ont été admis au déjeûner.

Madame a pris un grand plaisir à voir les danses appelées *sauts de basque*, que les habitants de ce pays original exécutent avec autant de grâce que d'agilité; il y a loin de ces danses folâtres aux rondes de la Bretagne et de la Vendée: ici c'est du délire; les hommes et les femmes, sans se tenir par la main, forment des ronds, décrivent une circonférence parfaite, tous rivalisent d'agilité et cherchent, par des tours de force et d'adresse, à fixer les regards. Dans la Bretagne et le Poitou la danse n'a l'air que d'un exercice, que d'un délassement; au pays basque, elle ressemble à de la folie.

Oléron. Retour à Pau.

A Oléron *Madame* a été reçue par les autorités, à la tête desquelles étaient le préfet et le sous-préfet; la garde nationale, et une garde d'honneur dont tous les cavaliers étaient vêtus à la Henri IV. Dans ces pays encore remplis de mœurs et d'usages poétiques, les chœurs de chanteurs et de danseurs font partie des fêtes : de jeunes filles et de jeunes garçons couronnés de fleurs venaient en chantant et en dansant au devant de la Princesse; parmi ces chanteurs on remarquait des voix étonnantes, et les airs avaient tous l'harmonie des montagnes.

Le 27 juillet, la petite-fille de Henri IV est rentrée à Pau; à sa première arrivée le peuple ne connaissait d'elle que son haut rang, sa renommée de bonté, son titre de mère du duc de Bordeaux et de fille du *Béarnais:* c'était bien assez pour la bien recevoir; mais cette seconde fois c'était au devant d'une *connaissance* (j'oserais presque dire davantage) que toute cette foule courait.

Le jour de l'arrivée, S. A. R. dîna chez la marquise de Gontaut, dont l'hôtel est toujours le rendez-vous de tout ce qu'il y a d'aimable dans le pays. S. A. R. alla le soir au théâtre où elle entendit une cantate de la composition de M. Pomarède, officier de la garde nationale.

On se fait bien vite à la douce habitude de voir ceux que l'on aime, et leur départ laisse un grand vide dans les jours qui le suivent. On l'éprouva à Pau le 28 juillet et les jours subséquents. En s'éloignant de la ville de Henri IV, *Madame* s'est dirigée vers Saint-Sauveur : pour s'y rendre, S. A. R. traversait cette superbe et vaste plaine qu'on peut, à juste titre, appeler le jardin du Béarn. Tout ce qui charme les yeux s'y rencontre : des villages s'élèvent du milieu de groupes d'arbres ; leurs clochers se montrent au-dessus des ombrages, et ces églises répandraient la pensée de Dieu dans ce beau paysage, si elle n'y était déjà rappelée par la magnificence de la scène qui se déploie aux regards du voyageur. Au milieu de cette nature sublime, on voit que les habitants de ce beau pays ont eu souvent besoin de recourir à celui qui a créé les monts sourcilleux avec leurs glaces éternelles et leurs noires forêts : comme pour se mettre à l'abri des tempêtes, des avalanches et des torrents ; ils ont élevé partout des chapelles ; elles font merveilleusement bien dans le paysage ; on rencontre aussi beaucoup de châteaux à tourelles pointues et à créneaux dentelés. Piété, noblesse, fertilité, se voient répandues dans la plaine et sur les coteaux.

Coaraze, Bétharam.

S. A. R. n'a pu passer devant le château de Coaraze sans s'y arrêter. Elle n'a vu là que des débris; mais il y a des ruines et de vieilles murailles qui parlent plus haut que de modernes habitations bien neuves, bien blanches et bien soignées. Les murs d'enceinte du parc, une tour, subsistent encore et rappellent l'enfance de Henri IV; enlevé à la mamelle, il y fut confié à la baronne de Miossens, sa gouvernante; il y grandit parmi les autres enfants du pays.

De là, *Madame* est partie pour aller visiter un autre lieu fameux dans la contrée. Coaraze est un pélerinage royaliste; Bétharam est un pélerinage religieux; on vient de loin à cette sainte et antique église; son intérieur est remarquable par le luxe des dorures, l'autel en est surchargé; tout cet or qui éblouit n'est pas de la même nuance; il y en a de bruni, de mat, de pâle et de foncé. Le sanctuaire n'est pas seul à briller de cet éclat; le reste de la chapelle est tout orné d'*ex voto*, dont les cadres sont d'une grande richesse. Comme dans nos plus vieilles églises, l'autel est tout entouré de grilles riches d'ornements; les fidèles ne voient la célébration des saints mystères qu'à travers cette barrière sacrée; nos cérémonies empruntent ainsi quelque chose de plus majestueux encore. Le saint des saints n'était pas ouvert à tous les regards!

A Bétharam, quand le prêtre donne la communion, on ne voit que sa main et l'hostie consacrée; on dirait que, retenu par les délices du ciel, il ne veut plus redescendre parmi les hommes.

L'église de Notre-Dame de Bétharam se trouve placée entre un gâve, sur lequel est jeté un vieux pont tout revêtu de lierre, et une colline nommée le *calvaire*. Son portail est orné de belles statues de marbre; ces statues font ressortir encore davantage tout ce que les figures de la Passion, placées aux chapelles des stations du calvaire, ont de difforme et d'horrible. Elles font cependant un grand effet sur les nombreux pélerins qui viennent y prier.

Un séminaire très-nombreux et en grande réputation s'élève à côté de l'église vénérée de Bétharam. S. A. R. *Madame* y visita tout dans le plus grand détail, et les jeunes lévites levèrent les mains vers le ciel, demandant au Dieu de la France, de longs jours pour la mère du duc de Bordeaux.

Monseigneur l'évêque de Bayonne était venu à ce séminaire pour y recevoir l'auguste Princesse. Il eut l'honneur de lui offrir un déjeûner sous d'antiques marronniers.

Les personnes admises à la table de S. A. R., sont : monseigneur l'évêque de Bayonne, madame Bataille-Sévignac, monsieur le supérieur du séminaire, M. Dessolle, préfet du département, M. de Perpigna, maire de la ville de Pau, M. Tavernier, commandant la gendarmerie.

Après le déjeûner, S. A. R. est montée à pied jusqu'au haut du calvaire; des femmes sont venues lui offrir des chapelets, qu'elle a payés royalement, en riant toutefois du prix excessif qu'on lui avait demandé.

C'est à Bétharam que finissent les limites du département ; M. Dessolle, préfet, a eu l'honneur de prendre congé de S. A. R. *Madame*, qui lui a exprimé de nouveau combien elle était touchée de l'accueil qu'elle avait reçu dans tout le reste du département. Enfin l'auguste Princesse arrivait au terme de son voyage.

De la plaine, on apercevait le joli et pittoresque village de Saint-Sauveur, situé sur le premier degré de la montagne qui domine Luz, et dont les maisons blanches se montrent groupées au milieu des arbres, et au-dessus du Gâve que l'on traverse sur un pont de marbre. S. A. R. fixait ses regards sur ce paysage, avec le double intérêt que l'on ressent à la vue d'un lieu beau par lui-même, et qui va devenir une espèce de patrie, par le séjour qu'on se propose d'y faire. Dans cette vie, où il y a si peu de repos, on ne voit pas sans plaisir un abri où l'on coulera quelques jours tranquilles. Au milieu de cette grande et sublime nature, au pied de ces hautes montagnes, on trouve bien petites et bien mesquines les tracasseries du monde. Sur le bord des torrents on se dit : tout cela passera comme ces ondes qui fuient en grondant ; élevez-vous sur les hauteurs, vous n'entendrez plus qu'un bruit sourd ; montez plus haut, vous trouverez la paix et le silence, les nuages seront sous vos pieds avec leurs foudres et leurs orages.

Un évêque de Tarbes, exilé à Luz, fit, dit-on, élever dans le voisinage des bains une petite chapelle avec cette inscription :

VOS HAURIETIS AQUAS DE FONTIBUS SALVATORIS.

D'où est venu le nom de *Saint-Sauveur*. Là, où le prélat avait été exilé, là, où il avait prié, des malheureux malades sont venus chercher la santé ; au *Sauveur*, à celui qui est la *résurrection* et *la vie*, ils sont accourus demander la guérison de leurs maux ; car la main qui a creusé l'abîme où *se joue Leviathan*, a aussi donné aux veines du rocher et de la montagne, des filets d'eaux salutaires. Notre corps, sujet à tant d'infirmités, n'a pas une douleur pour laquelle il n'existe un remède : la terre avec ses plantes, la mer avec ses flots, l'air avec ses brises, ont des soulagements pour toutes nos souffrances.

On ne parvient à Saint-Sauveur que par un chemin en rampe spirale. Toute cette route offrait un coup d'œil enchanteur; la population y était répandue en beaux habits de fête; elle bordait les rives du Gave et les contours du chemin, pour voir passer la fille de Henri IV.

Saint-Sauveur.

A son arrivée à Saint-Sauveur, S. A. R. fut reçue par M. de Jahan, préfet des Hautes-Pyrénées, M. le comte de Cast...s, lieutenant général, commandant le département, les principales autorités, monsieur le curé et monsieur le maire de Luz. De jeunes pastourelles sont venues offrir à la fille des rois, des fleurs des montagnes. Elle semblait heureuse en recevant ces simples et naïfs hommages. Pour compléter cette scène gracieuse, une vingtaine d'habitants du village d'Esquièse, tous vêtus d'un costume bizarre, ont exécuté la danse appelée *du cabaret*. Le temps avait été brumeux toute la journée, mais vers le soir, le soleil avait chassé les brouillards, et ses rayons illuminaient ce joli tableau. La brise embaumée s'élevait de la vallée et jouait dans les arbres, les cloches de tous les villages carillonnaient joyeusement, et du haut des rochers et du creux des vallons, venaient jusqu'à la jeune mère les bénédictions de tout un peuple heureux. Plusieurs fois elle daigna sourire à leurs danses originales, mêlées tour à tour de pantomimes et de paroles rimées. Ces montagnards en 1823 ont exécuté le même divertissement devant madame la Dauphine.

C'est une espèce de drame, dont l'action consiste dans l'enlèvement d'une jeune fille; l'un des montagnards a un cheval de carton, qui semble le porter, on l'appelle *Bayard;* il délivre la jeune fille, et la rend à ses parents.... Ne cherchez pas dans ce drame grotesque ni art ni intérêt; mais vous y trouverez un hommage rendu à la chevalerie et à l'honneur. Le beau rôle est donné à Bayard, orgueil de notre France. Quand le peuple est laissé à lui-même, il n'est pas ingrat; il se souvient de nos illustrations.

Madame fut frappée de l'effet magique que présentait le pic Bergoms, qui domine la ville de Luz; il était littéralement garni, depuis sa base jusqu'à sa cime, d'habitants et de baigneurs accourus de loin pour la voir.

Le jour avait fait place à la nuit, et toutes les maisons de Saint-Sauveur, au nombre de vingt à peu près, furent illuminées. Sur le penchant de la montagne, au milieu des arbres, ces feux brillaient d'un grand éclat. Les danses continuèrent à leur clarté, jusqu'à une heure très-avancée pour ce rendez-vous de malades, où après neuf heures, on n'entend plus ordinairement que les flots impétueux du Gave et des torrents de la vallée.

Lorsque la royale voyageuse était descendue à la maison qu'elle devait habiter, monsieur le préfet lui avait dit :

« Madame,

« Après un voyage long et quelquefois pé-
« nible, V. A. R. doit avoir besoin de repos ;
« nous lui offrons un air pur, des eaux salu-
« taires, et des cœurs tout dévoués au roi
« et à l'auguste mère de notre Henri. »

Oh ! je sais que je trouverai tout cela ici, répondit S. A. R. ; et se rappelant que l'administrateur qui avait l'honneur de la recevoir venait de perdre une fille âgée de vingt-un ans, remarquable par sa beauté et ses attachantes qualités, et que ce malheureux père faisait violence à sa douleur pour se mêler à la joie du pays, elle lui dit à voix basse et avec un intérêt marqué : *Comment se porte votre pauvre femme?* Il ne put répondre que par ses pleurs : dans ce peu de mots, dans le son de la voix de la Princesse, il y avait cette douce compassion qui fait tant de bien à ceux qui souffrent ; c'était dire : *Je conçois, je partage vos peines...*

Lorsque l'on arrive à la nuit dans un pays nouveau, on éprouve une grande curiosité. Aussitôt que la lumière commence à poindre, on se hâte d'aller à sa fenêtre pour connaître la contrée où l'on se trouve; avec quel charme on voit le jour s'étendre sur ces plaines, sur ces monts inconnus, sur ces fleuves que l'on voit couler pour la première fois! Ce mouvement de curiosité, *Madame* l'éprouva le lendemain de son arrivée à Saint-Sauveur. Dès le matin, les habitants furent surpris de voir S. A. R. accompagnée de son premier écuyer, de la maréchale duchesse de Reggio et de la marquise de Podenas, gravissant la montagne *de Saint-Pierre*, d'où la vue du hameau de Saint-Sauveur est délicieuse ; *Madame* ne se trouvant nullement fatiguée voulut même monter jusqu'à la *Maison de la vieille*. Là, existe depuis quatre-vingt-dix ans une femme infirme et presque immobile à force d'années. Ce but de promenade est souvent visité par les baigneurs ; et la *vieille*, par l'habitude de voir beaucoup de monde, a fini par n'y plus faire attention.

La jeune Princesse voulut visiter celle qui a vu tant de fois le printemps faire fleurir les primevères à l'entour de sa cabane, et qui a entendu si souvent les avalanches gronder en roulant du sommet des monts, dans ces vallées où elle ne peut plus descendre...

Accompagnée de sa suite, S. A. R. entra chez la *vieille* de la montagne. Au bruit de leurs pas, la bonne femme soulève un instant sa tête appesantie, et la laisse retomber avec indifférence sur sa poitrine. C'est la curiosité qui les amène, se dit-elle ; et elle reprend son immobilité ordinaire. Mais quelqu'un s'approcha d'elle et lui dit : Savez-vous qui vient d'entrer chez vous ? C'est la fille des rois, la duchesse de Berry, la mère du nouvel Henri.

A ces mots, la vieille Française relève la tête; sa figure prend une expression inexprimable; ses yeux brillent de bonheur, et cherchent la Princesse : sur son antique fauteuil de bois de chêne, elle s'agite; on voit qu'elle voudrait parler; ses lèvres remuent et ne font entendre aucune parole distincte : elle cherche et trouve avec peine sa *pochette,* tant était grande son émotion. Enfin, elle en tire son chapelet, le porte à sa bouche, en baise les médailles bénies, et le pressant entre ses doigts avec un ton impossible à rendre, elle dit à la Princesse : *Je vais prier; je vais dire une dixaine à Notre-Dame pour vous !* Et ayant fait le signe de la croix, la vieille se mit à prier; il se fit alors un grand silence dans la chaumière. Qui n'aurait pas été touché d'une telle prière ! L'extrême vieillesse, comme l'enfance, doit être écoutée de Dieu; c'est encore une autre innocence que celle du vieil âge. Dieu a dit : Laissez les petits venir jusqu'à moi. Il a dit aussi :

Écoutez, honorez les vieillards. *Madame*, très-émue, attendit quelques instants, et s'avançant vers la vieille, lui offrit une pièce d'or... La bonne femme, qui n'est pas pauvre, ne la reçut pas comme on reçoit une aumône, mais comme un don, ou plutôt comme une relique; car elle la baisa avec respect, et la mit sur son sein. La jeune Princesse allait sortir; la vieille fit un geste comme pour dire, *encore un instant !* Ses yeux brillant d'un éclat extraordinaire laissèrent échapper quelques pleurs; c'étaient peut-être des larmes de joie..., car la fille des rois avait honoré sa vieillesse; sa cabane avait été visitée par la mère d'un autre Henri !

Madame redescendit à Saint-Sauveur, et tout le monde parla de la prière de la bonne femme, en ajoutant : que le ciel l'entende, et que celle qui fait tant d'heureux soit heureuse !...

Chaque jour, S. A. R. entreprend quelques nouvelles promenades. Ce pic de Bergoms qu'elle avait vu si couvert de peuple le soir de son arrivée à Saint-Sauveur, elle voulut monter sur sa cime ; quoique très-élevée (à 1084 toises au-dessus du niveau de la mer), elle est d'un accès assez facile, et c'est de là que se déploie la perspective la plus belle de toutes les Hautes-Pyrénées. Un ciel sans nuages favorisa cette exploration. *Madame* fut si enchantée de ce vaste panorama naturel, qu'elle ne rentra chez elle que fort tard. S. A. R. a aussi visité les ruines du château de Sainte-Marie : il défendait autrefois la ville de Luz. Ce beau pays est hérissé de châteaux-forts : on les aperçoit de loin, avec leurs tours crénelées comme de grandes couronnes, posées sur le front des montagnes.

Le dimanche, 3 août, la pieuse Princesse entendit la messe dans la chapelle de Saint-Sauveur. Après l'office divin, S. A. R. reçut les députations des villes de Tarbes et de Bagnères de Bigorre. La première de ces députations venait prier *Madame* de vouloir bien assister à des courses de chevaux ; la seconde venait la supplier d'honorer Bagnères de son auguste présence. *Madame* accorda avec grâce ce qui lui était demandé. Le soir, la jeune princesse dansa avec gaité au bal qui lui fut offert au Vauxhall où l'élite de la société de Saint-Sauveur était réunie. S. A. R. a ouvert le bal avec monsieur le préfet.

Cette vie semble plaire beaucoup à *Madame;* sa santé s'améliore; les bains ajoutent à ses forces; elle se baigne dans une salle préparée pour son illustre sœur, madame la Dauphine : son souvenir est vivant au pays d'Henri IV comme à Bordeaux. Les bains ajoutent aux forces de S. A. R., et chaque soir elle forme de nouveaux projets de promenade pour le lendemain; sa bonté lui fait de temps en temps admettre à ses *explorations* quelques personnes étrangères à sa suite : elle est ainsi allée à Pierrefite, petit hameau, agréablement situé au confluent des deux Gaves, que les gorges de Barèges et de Cauterets y conduisent. C'est le dernier relais de poste de France : un peu plus loin ce n'est plus la terre des lis; c'est le pays de Pélage.

A l'entour de ce groupe de maisons, d'énormes roches calcaires indiquent une grande convulsion de la nature : ces immenses débris ont roulé loin de leurs larges bases. Quelle commotion que celle qui a pu séparer ces blocs de ces montagnes !... Une autre fois S. A. R. alla s'asseoir parmi les ruines de l'ancienne abbaye de Saint-Savin ; là ce sont d'autres pensées qui se présentent dans l'esprit. Une autre forte commotion a fait ces débris : la fureur des hommes a aussi ses bouleversements; le couvent de Saint-Savin l'atteste. Autrefois cette antique abbaye était riche et florissante ; le voyageur attiré par le son de ses cloches, ou au milieu de la nuit par le chant de ses religieux, y recevait l'hospitalité : aujourd'hui tout y est triste et silencieux ; l'ancienne église est démolie; les chapiteaux de ses colonnes, les statues de ses autels gisent brisés sur le gazon. Sur quelques pans de murs on remarque encore de singulières peintures. On montre aussi quelques reliques du saint fondateur. L'abbaye de Saint-Savin avait été fondée par Charlemagne. Ce qu'avaient bâti des rois, devait être démoli par les ennemis des rois; le fer et le feu à la main ils sont venus en criant : *Liberté ! liberté !* dire à de saints religieux : Vous n'êtes plus *libres* de prier Dieu, de chanter ses louanges à l'ombre de ces hautes montagnes qui redisent sa puissance, sur les bords de ces torrents qui coulent rapides comme la vie...; vous êtes libres ; reniez votre Dieu, détestez, maudissez vos rois, aimez la république. *Liberté ! liberté ! ou la mort !*

De la retraite des solitaires, *Madame* alla voir la demeure des chevaliers. Autrefois la religion et la chevalerie avaient jeté une chaîne de nobles souvenirs tout à l'entour de notre belle France. Aujourd'hui la chaîne a été brisée; il n'en reste que de faibles débris : les âmes élevées les recherchent. S. A. R. visita les ruines du château de Beaucens auquel s'attache le beau nom de Rohan, et de Miramont, où se trouve un des points de vue les plus remarquables des Pyrénées. Toute cette délicieuse vallée d'Argelés a été parcourue avec ravissement par la jeune voyageuse; elle y trouvait tout ce qu'elle aime, et beauté de paysage, et souvenirs historiques : tous ces clochers, tous ces ermitages redisaient la piété de nos pères; toutes ces tours, ces forts établis sur la cime des monts, redisaient leur vaillance et leur gloire.

Au-dessus de Beaucens, on aperçoit la chapelle du *Bédouret*, confiée depuis bien des siècles aux soins de trois femmes qui se sont consacrées à la vie solitaire; quand une d'elles vient à mourir, elle est aussitôt remplacée par une autre : elles se succèdent ainsi sans vœux, sans statuts; la piété des fidèles les nourrit. Là, sur les hauteurs, filant leur quenouille et chantant des cantiques, ces femmes passent leurs jours à prier et à parer leur saint autel; les bonnes âmes du voisinage les visitent aux fêtes de Notre-Dame, et plus d'une villageoise envie leur tranquillité et la paix de leur vie; les inquiétudes ne montent pas jusqu'à elles. *Madame*, dans toutes ses excursions, porte ses crayons, et dessine presque chaque jour quelque vue célèbre ; ses tablettes s'enrichissent aussi de notes précieuses ; elle ne laisse échapper aucune réminiscence de notre histoire : son fils en écoutant ses récits apprendra à aimer ce vieux royaume des fleurs de lis.

Baréges.

Baréges devait attirer l'auguste Princesse, elle y est allée ; huit Béarnais lui forment une garde d'honneur et l'accompagnent partout ; leur uniforme est le costume élégant des montagnards ; berrets blancs et verts, et ceinture amarante.

De Luz à Baréges-les-Bains il n'y a que deux lieues de poste, une lieue de pays. La route est toute bordée de peupliers, de saules et de tilleuls ; en été c'est une allée de parc animée par de fréquentes et élégantes cavalcades. En hiver les torrents la coupent en mille endroits ; chaque printemps il faut faire disparaître leurs ravages. La découverte des eaux minérales remonte à plusieurs siècles; madame de Maintenon y conduisit le jeune duc du Maine, en 1735.

L'ingénieur Polard fit exécuter la route qui conduit à Baréges ; Chevillard recueillit les eaux dont les habitants faisaient usage, et forma les bains *de l'entrée du fond de Polard*, au nombre de six baignoires, la buvette et les deux douches : ces bains étaient dans un pitoyable état de dégradation; on les a transférés dans un beau bâtiment neuf. Il y a de plus à Baréges deux grandes *piscines* où se baignent les soldats et les pauvres : c'est un édifice souterrain, triste rendez-vous de toutes les douleurs ; de toutes les infirmités : là toutes les infirmités sont à nu ; le voile de l'opulence ne les recouvre pas. Le soldat qui a noblement gagné ses blessures sur un champ de bataille y vient appuyé sur ses béquilles; lui encore n'est pas le plus à plaindre, mais ce pauvre laboureur, mais ce père de famille, pendant qu'il vient chercher la santé aux eaux salutaires, souvent ses petits enfants n'ont pas de pain; c'est lui qui les faisait vivre. Tout à côté de cette attristante misère, on voit les riches et les élégants du monde; ils accourent aussi chercher un soulagement à leurs maux; ce sont là les infirmités dorées. *Madame* visita tous les établissements de Baréges avec une scrupuleuse attention; l'hôpital militaire l'occupa plus particulièrement. Dans l'âme de nos Bourbons, le bien-être des soldats est une pensée dominante.

Cauterets. Bains de César.

Cauterets, que S. A. R. s'est empressée de venir voir, comme un des points les plus agréables du pays, est situé au fond d'un p̶a̶v̶i̶l̶l̶o̶n̶ triangulaire, et entouré de tou̶t̶e̶s̶ ̶p̶a̶r̶t̶s̶ de hautes montagnes à pic; quelques-unes sont boisées, les autres nues et stériles; des hauteurs, on aperçoit le village qui se dessine agréablement sur une nappe de prairies verdoyantes; ses maisons de marbre, propres et bien bâties, font un charmant effet au fond de ce bassin resserré.

La population indigène de Cauterets est de huit cents âmes; dans la saison des eaux le nombre des habitants est plus que doublé.

Madame, en arrivant à Cauterets, avait le projet de visiter dans la journée les belles cascades du pont d'Espagne, et le lac de Gaube, mais le mauvais temps ayant abrégé son excursion. S. A. R. est rentrée de bonne heure, et s'est bornée, pour ce jour-là, à parcourir les différents établissements de bains. Elle a été étonnée de l'abondance des sources qu'elle a trouvées, mais elle a remarqué avec peine que presque toutes sont sur les montagnes éloignées des habitations, *et d'un accès bien difficile pour les pauvres qui n'ont pas comme nous*, disait-elle aux personnes qui l'entouraient, *le moyen d'aller en chaise à porteur.*

Ainsi le bon cœur de *Madame* se trahit partout.

Cette journée très-remplie malgré le temps qui avait contrarié les projets de promenade fut terminée par un charmant bal : au fond de ce vallon des Pyrénées on aurait pu se croire à Paris. L'élégance des femmes, le bon goût de la salle, la recherche des rafraîchissements, tout faisait illusion.... Pendant la soirée on parla des bains de César; S. A. R. se trouvait près d'une fenêtre; quelqu'un dit : *Les voilà; Madame* regarda; et tout à coup, au milieu de la nuit, ils lui apparurent; un feu d'artifice, tiré sur la montagne, les éclaira; ils brillèrent un instant de cette lueur vive et passagère, et tout sur les hauteurs rentra dans l'obscurité; ce fut comme une vision.

L'auguste Princesse fut ravie de ce spectacle, et en remercia M. Henguerlo qui en avait eu l'idée. S. A. R. dansa plusieurs contre-danses et se retira en pensant que le lendemain elle aurait beaucoup de choses à voir.

Excursion au lac de Gaube et au Viguemal.

Le lendemain le soleil se leva sans nuages. *Madame*, après avoir entendu la messe, s'est mise en route pour la longue excursion projetée. A huit heures du matin, S. A. R. était accompagnée de madame la duchesse de Reggio, de madame de Podenas, de M. de Mesnard, de M. de Verdalle, officier des gardes, de monsieur le sous-préfet d'Argelès, et de M. Walsh de Serrant, qu'elle avait daigné admettre à cette promenade.

Après deux heures de marche, la petite caravane est arrivée aux belles cascades du pont d'Espagne; l'admiration n'a pas de paroles; *Madame* resta quelques instants étonnée d'un si magnifique spectacle. *Je n'ai rien vu de plus beau jusqu'à présent dans les Pyrénées*, répéta-t-elle plusieurs fois. Auprès du pont d'Espagne, la gorge que l'on a suivie pour y arriver se divise en deux: chacune de ces gorges fournit un gave; l'un roule avec impétuosité, l'autre coule plus paisible; mais réunis ils bouillonnent, s'irritent, et comme deux ennemis qui se tiennent étroitement dans une lutte à mort, ils se précipitent ensemble dans la profondeur et s'entraînent par des chutes redoublées, jusqu'au-dessous du pont *Pastorale*, d'où le spectateur ose les contempler. Après une station d'une demi-heure dans ce lieu remarquable, *Madame* a continué sa route; c'était maintenant vers le lac de Gaube qu'elle s'acheminait.

Partout où le chemin était pénible ou difficile l'auguste voyageuse descendait de sa chaise pour soulager les porteurs;... c'est le contraire de ce que font ordinairement les autres femmes, elles y montent quand le sentier est effrayant ou fatigant. Dans toute cette longue course, *Madame* n'a pas cessé de montrer sa bonté, engageant continuellement ses porteurs à se reposer et à aller moins vite. Au bout de deux autres heures, après la station des cascades, la jeune Princesse et son petit cortége arrivèrent sur le plateau, sur les bords du lac de Gaube. Après la profondeur des vallées, les aspérités des montagnes, le bruit assourdissant des cascades; après quatre heures de marche employées à monter toujours, c'est *avec délices* que l'on se trouve auprès de cette belle nappe d'eau pure et tranquille comme une âme qui s'est élevée au-dessus des tempêtes du monde. Tout, là, vous invite au repos; la mousse et le gazon se prolongent jusqu'à l'azur des eaux; on dirait que rien ici ne peut venir troubler le calme dont on jouit. Tout à l'entour de ce vaste réservoir, vous voyez comme une immense muraille de monts entassés sur des monts; dans la limpidité des ondes, toutes ces montagnes se reflètent avec leurs neiges, leurs glacières et leurs accidents de lumières : aucun pinceau ne pourrait peindre, aucune plume ne peut décrire l'effet magique de ce tableau.

Un pêcheur de quatre-vingt-six ans vit tout seul sur les bords de ce lac; sa petite cabane touche aux flots qui viennent en caresser le seuil. Pendant quatre mois de l'année le vieillard habite sa hutte solitaire ; il y attend les promeneurs pour leur offrir d'excellentes truites saumonées, et lorsque la mauvaise saison éloigne les voyageurs, alors il descend de ses régions élevées, vient vendre son poisson dans les basses terres, retourne dans la même journée aux bords de son lac et reprend ses filets.

Tout près de sa cabane est une table composée de trois planches; deux bancs sont placés à côté; c'est là que la fille des rois est venue gaîment s'asseoir; on venait de mettre son couvert; tout était champêtre dans ces apprêts. Sur un rocher avancé sur les eaux, M. Storelli, peintre paysagiste de S. A. R., avait pittoresquement établi son propre déjeûner avec son fils, une des femmes de *Madame*, et la femme de chambre de madame la duchesse de Reggio; de la place où était assise *Madame*, elle voyait ce groupe répété dans le miroir des ondes; deux valets de pied de S. A. R. la servaient, et mangeaient assis sur l'herbe, à peu de distance de la table : pour ne les pas déranger, *Madame faisait elle-même* (comme elle le disait) *son petit ménage*, et avec une gaîté charmante, elle nettoyait son assiette avec de la mie de pain, et trouvait tout ce que lui apportait le pêcheur, meilleur que les mets les plus délicats et les plus recherchés. Après une heure de repos, il fallut penser à se mettre en route; la course n'était pas achevée. Le Viguemal avec sa triple tête couronnée de neiges excitait l'ardeur de l'infatigable Princesse; c'est ce pic, le plus élevé des Pyrénées françaises, ce roi des monts qu'elle voulait atteindre; elle s'embarqua dans un petit canot pour traverser le lac; c'était un enchantement de plus; la brise ridait à peine la surface de l'eau, la fraîcheur y était délicieuse. A mesure que la nef avançait les aspects changeaient; bientôt on toucha l'autre bord, et la caravane se mit à cheminer pendant quatre heures dans une gorge toujours ascendante : cette route est des plus sauvages; d'énormes débris granitiques y sont confondus; d'un roc à l'autre on voit bondir les izards; leur vitesse est telle, que l'œil a peine à les suivre ; les corneilles à pattes rouges s'envolent à votre approche, et les aigles planent au-dessus de votre tête : ici ne demandez rien de gracieux à la nature ; elle ne vous offre que du grand, du terrible... cependant quelques fleurs sauvages y poussent encore dans les crevasses des rochers, et quelques petits oiseaux y trouvent de la mousse pour bâtir leur nid ; enfin *Madame* est arrivée à dix-sept cent vingt-deux toises d'élévation au-dessus du niveau de la mer. De ce point elle domine toutes les cimes des autres monts ; elle les voit éclairées par le soleil, et à l'entour de leurs sommets lumineux elle aperçoit les vallées comme des taches d'ombre ; elle a atteint la source de ce Gave qu'elle avait remonté depuis Cauterets; elle foule à ses pieds la neige d'où il sort ; c'est là le berceau du torrent. S. A. R. passa une demi-heure dans ce lieu sauvage ; son cœur battait vivement, son regard était animé ; sa suite, ainsi qu'elle, se sentait fière d'être parvenue si haut ; mais il était temps de redescendre. Le guide proposa à *Madame* de revenir à Cauterets par une autre gorge ; il fallait, pour la gagner, gravir un des sommets du Viguemal, descendre sur la neige de trois glaciers successifs. Ce chemin était plus long, plus difficile, plus curieux ; c'était plus qu'il n'en fallait pour décider S. A. R. *Il n'y a point à hésiter*, dit-elle ; *allons, en avant;* et aussitôt la marche ou plutôt l'*ascension* recommença. Tout le monde était à pied, et il n'y avait pas d'autres moyens d'avancer... *Madame* était parvenue à cet autre sommet, quand on vint l'avertir qu'un jeune homme qui était parti de Cauterets en même temps qu'elle, et qui pour la suivre avait fait des efforts extraordinaires, venait de se trouver mal... qu'il était tombé sans connaissance sur un rocher, et que l'on attribuait son évanouissement à la fatigue et au besoin... On lui envoya aussitôt du vin et des provisions, et l'on put bientôt rassurer S. A. R. En lui apprenant qu'il était déjà mieux, et qu'il était Béarnais, l'excellente Princesse tira aussitôt d'un grand sac, où elle a toujours peu de chose *pour elle*, et toujours *beaucoup pour les autres*, une jolie boîte de pastilles... *Ah!* s'écria-t-elle, *il est Béarnais; portez-lui cette boîte, dites-lui que je serai toujours heureuse de partager avec quelqu'un de son pays!*

Mais laissons parler la reconnaissance elle-même; voilà comme s'exprime le jeune homme (M. Porcheron) que la bonté de *Madame* a secouru.

« Depuis mon départ de Cauterets je n'avais rien mangé, quoique la caravane s'arrêtât souvent pour se rafraîchir; j'étais tellement animé par le plaisir du voyage, que je ne pensais nullement à réparer mes forces... lorsque tout à coup je me sens d'une faiblesse extrême; mes pas se ralentissent, je suis haletant... je m'arrête... je tombe, je me relève et retombe vingt fois... une agitation nerveuse s'empare de moi... je brûle, et tout à coup je sens cette chaleur m'abandonner; tout mon corps se glace... je conserve pourtant ma raison, mais comme des nuages me passent sur les yeux... j'avais vu disparaître tous les voyageurs derrière les rochers...

chaque minute les éloignait de moi, je ne les entendais plus, ils ne pouvaient plus m'entendre... il m'était de toute impossibilité de les rejoindre. De l'autre côté, j'étais à deux lieues des cabanes les plus voisines... il ne me restait plus d'espoir; j'étais abandonné au milieu de ces déserts, de ces glaciers... j'allais mourir de faim... je ne sentais pas de désespoir; mon anéantissement ressemblait déjà à la mort... Dans le grand silence du désert où je croyais que j'allais périr... j'entends un cri, je lève la tête... je suis sauvé! trois hommes m'appelaient du haut d'un rocher. La Princesse informée qu'un jeune homme a disparu, a fait arrêter la marche malgré l'heure avancée, et dans sa bonté elle a daigné envoyer une chaise et des hommes avec du rum et son propre verre..... j'ai bu la liqueur bienfaisante, j'ai dévoré le pain qu'on m'a présenté, et j'ai béni en pleurant de reconnaissance la Princesse... aux genoux de laquelle je suis bientôt allé tomber... »

Madame, après cette bonne action, après

s'être assurée qu'il ne manquait rien au pauvre voyageur, a continué sa route. Il a fallu, sur le revers de la montagne, passer sur plusieurs glaciers; les uns les descendirent sur leurs talons, soutenus par des porteurs, et les pieds armés de crampons de fer; les autres dans des chaises qu'on retournait: un porteur la conduisait, laissant porter sur la neige les brancards de derrière qui glissent ainsi sur la pente; deux hommes sont à droite et à gauche pour soutenir et retenir la chaise et l'empêcher de verser.

Madame a descendu les glaciers des deux manières : aussi intrépide que bonne et aimable, elle a répandu sur toute cette promenade une gaîté charmante; la fatigue que pouvaient éprouver les personnes qui avaient l'honneur de l'accompagner l'occupait, mais quant à elle-même elle n'y pensait pas.

Le retour à Cauterets a été moins long; cependant la marche a encore duré cinq heures, et l'on ne s'arrêtait que pour boire du lait, alors que la caravane était assez heureuse pour rencontrer quelques troupeaux;

quand on faisait cette heureuse rencontre, la halte était joyeuse et pittoresque au milieu de cette nature sévère, et que les ombres du soir rendaient plus imposante encore.

Il était tout-à-fait nuit lorsque S. A. R. rentra à Cauterets; elle y fut saluée par des cris de joie.

Tarbes, Auch, Agen.

Le 16 août, S. A. R., toujours infatigable, partit de Saint-Sauveur où elle était retournée après la grande excursion du Viguemal pour aller visiter Tarbes, cette reine de la plaine. L'illustration des vieux temps se joint à la beauté du pays pour faire de cette ville un endroit remarquable; l'Adour et l'Échez l'entourent; leurs eaux font sa richesse et son luxe, et coulent en abondance dans ses rues de marbre.

S. A. R. y arriva le soir. Le lendemain,

dimanche, *Madame* entendit la messe à sept heures dans la cathédrale ; monseigneur l'évêque officia : à huit la Princesse était rendue au champ des courses, où se trouvaient réunis plus de dix mille spectateurs, et notamment une foule d'étrangers qui avaient quitté Baréges, Cautcrets et Saint-Sauveur, pour assister à ce spectacle. Le préfet du département a eu l'honneur de recevoir *Madame* au pied de l'escalier d'une tente richement décorée, à de laquelle S. A. R. découvrait l'hippodrome dans toute son étendue. C'est l'auguste mère du duc de Bordeaux qui a donné le signal des courses, et qui a bien voulu distribuer les prix. Après les courses, qui ont été très-brillantes, *Madame* a admis à déjeûner avec elle les premières autorités du département. A midi elle s'est remise en route pour Auch où elle est arrivée à six heures du soir; elle en est repartie le lendemain à dix heures. Après avoir admiré la plus belle de nos églises gothiques, elle est arrivée le même jour à Agen. S. A. R. a traversé la Garonne à Leyssac dans un yacht élégant. Arrivée à l'hôtel de la préfecture, *Madame* daigna recevoir toutes les autorités ; trente personnes eurent l'honneur d'être admises à sa table : après le dîner elle reçut les dames de la ville, et quoique la soirée fût fort avancée, S. A. R. se rendit au spectacle.

Après avoir été complimentée sous un arc de triomphe à son entrée dans la ville, l'auguste et pieuse Princesse était allée prier dans la cathédrale, où monseigneur l'évêque, à la tête de son clergé, eut l'honneur de la recevoir; le *Domine salvum fac Regem*, cette vieille prière de la France, retentit sous les voûtes saintes ; et dans les rues et sur les promenades, les cris de *vive Madame!* furent répétés long-temps.

Retour à Saint-Sauveur.

Le lendemain, 19 août, S. A. R. est repartie pour Saint-Sauveur; mais au lieu de prendre la route qu'elle avait suivie en se rendant à Agen, la Princesse, changeant son itinéraire, a passé par Nérac et Condom; les habitants de ces deux villes ont été agréablement surpris par sa présence. Après avoir vu le berceau de Henri IV, la mère de Henri V a voulu visiter la capitale du duché d'Albret, où s'écoulèrent les années de l'adolescence du Béarnais.

Le 20, *Madame* était de retour à Saint-Sauveur, et dès le lendemain elle avait recommencé ses bains et ses promenades.

Toutes les villes du pays, tous les villages, voudraient que la *nouvelle Béarnaise* vînt les visiter : Saint-Gaudens avait envoyé une députation pour solliciter que S. A. R. daignât s'y arrêter en allant à Bagnères-de-Luchon; *Madame* a accueilli la députation avec sa bonté accoutumée, et a répondu aux vœux qui lui étaient exprimés.

Comme la jeune mère des enfants de France revenait de l'église de Luz, elle rencontra vingt petits montagnards qui avaient déjà dansé devant elle, à son passage à Pierrefitte; elle les vit avec plaisir recommencer cette ballade; ils étaient tout couverts de fleurs et de rubans, et agitaient au-dessus de leurs têtes et autour d'eux de petits drapeaux blancs.

S. A. R. fit servir à ces enfants, dont le plus âgé n'avait pas plus de dix ans, un dîner où les fruits et les friandises furent prodigués.

Les enfants sont gracieux partout; mais au milieu de cette grande nature, sur ces pics élevés, sur le bord des torrents et des précipices, ils ont un intérêt et une grâce de plus.

Excursion au pic du Midi... lac d'Onchet.

Le 26 août avait été destiné par *Madame* à une autre grande excursion. Après le pic du Viguemal, celui du Midi de Bigorre est le plus élevé des Pyrénées françaises.

S. A. R. avec sa maison, précédée et suivie de sa garde d'honneur béarnaise et de plusieurs porteurs de chaises, guides et conducteurs de vivres, est montée à cheval avant quatre heures du matin pour aller déjeûner au lac d'Onchet; ce trajet de près de quatre heures n'a pas paru long à *Madame*. Le temps était magnifique, et le soleil en éclairant tous ces monts avait l'air de les illuminer pour une fête; tous les cœurs étaient disposés au plaisir; on voyait la jeune Princesse si heureuse! La caravane côtoyait le Bastan et arriva au lac d'Escoubous, superbe réservoir d'où s'échappe un torrent qui va en bouillonnant grossir le gave de la vallée. Après un repos d'une heure employée à déjeûner sur la pelouse, la marche recommença; on suivit le gave du lac d'Onchet, pour parvenir à la cime du pic du Midi; c'est la portion du trajet la plus pénible et la plus périlleuse; *Madame* n'eut pas l'air de s'en apercevoir. A partir de ce point on ne peut plus aller à cheval; S. A. R. gravissait avec sa légèreté et son intrépidité ordinaires les endroits les plus à pic; elle arriva *la première* sur la cime du mont. Là, *Madame* reprit haleine, et admira longtemps le magnifique tableau qui se déroulait au-dessous d'elle. De ce trône élevé la noble fille de France voyait les villes de Tarbes, de Bagnères, de Vic, de Toulouse, et les sommets brillants du mont Perdu, du Marboré et du Viguemal.

Sur la plate-forme de ce pic, une haute et forte colonne de pierre a été placée ; c'est sur cette colonne que ceux qui font ce voyage inscrivent ordinairement leurs noms ; S. A. R. y grava le sien de sa main ; madame la duchesse de Reggio, madame la marquise de Podenas, M. le comte de Mesnard, après *Madame* : cet exemple fut imité par M. le comte de Mailly, aide de camp de Monseigneur le duc de Bordeaux, M. le marquis de Podenas, colonel de hussards, et M. de la Rouzière, sous-préfet d'Argelès.

Au retour, la Princesse et les dames qui avaient l'honneur de l'accompagner redescendirent à pied la montagne entière, et ont ensuite été à cheval ou en chaise jusqu'à Baréges; S. A. R. s'y est reposée, et en est partie pour retourner en voiture à Saint-Sauveur.

Des naturalistes dans leur amour pour la science, des chasseurs dans l'ardeur de la chasse, montent parfois sur le Viguemal et sur le pic du Midi de Bigorre; mais le pied d'une femme atteint bien rarement ces sommets renommés : *Madame* en se jouant les avait foulés tous les deux. Il restait une autre grande entreprise digne du courage de la jeune Princesse, *la fameuse brèche de Roland*.

S. A. R. se mit en route le jeudi 29 août, acccompagnée de madame la maréchale duchesse de Reggio, de madame la marquise de Podenas, du comte de Mesnard, premier écuyer, du marquis de Verdalle, officier des gardes, du comte de Mailly, aide de camp du duc de Bordeaux, du sous-préfet de l'arrondissement, et du comte Walsh de Serrant; venaient ensuite deux femmes de chambre, des valets de pied, des valets d'écurie, des guides et une trentaine de porteurs; tous étaient à cheval, hors la duchesse de Reggio qui voyageait en chaise. La caravane, assez nombreuse, comme on le voit, suivait la vallée de Gavarnie; ce chemin sans être dangereux est cependant d'un aspect très-imposant; il n'a en général que sept ou huit pieds de large, dans beaucoup d'endroits deux ou trois; il suit toujours le flanc des montagnes. Placée entre une immense muraille de rochers à pic et une effrayante profondeur, cette route est comme suspendue, et souvent en saillie au-dessus du torrent que l'on entend gronder dans la vallée. Cette vallée réunit les beautés les plus opposées, le gracieux et le terrible. Des rochers menaçants, nus, stériles, des prairies verdoyantes, des ruisseaux d'azur, des champs cultivés, de vieilles tours en ruine où les miquelets d'Espagne ont été vaincus, de riantes habitations modernes; voilà ce que le voyageur cheminant sur la *corniche* voit au-dessous de lui comme un plan en relief.

Grotte de Gèdre.

Pour arriver à la grotte de Gèdre, on passe sur le pont de *Sia* tout revêtu de lierre; là le Gave s'agite dans une continuelle fureur; ses eaux toutes blanches d'écume luttent contre les obstacles qui leur bouchent le passage et disparaissent en se plongeant dans un gouffre; le bruit du torrent est semblable à celui du tonnerre, et monte de la vallée comme le bruit de la foudre descend des nuages.

Deux belles roches verticales tapissées de mousses nuancées forment les parois de la grotte de Gèdre; leurs sommets tout garnis d'arbres, dont les branchages s'entrelacent et se croisent, lui font un dôme de verdure : du haut de ces rochers, et comme partant de la corniche de ce frais réduit, pendent en festons de longues plantes flexibles; le jour ne parvient dans la grotte qu'à travers ce feuillage mobile, et sa lumière brille comme des diamants en tombant sur l'onde qui murmure et qui fuit. Un homme de goût (Dussault) a dit en parlant de cette grotte :

Sa lumière douteuse en fait le plus grand charme; on croirait que c'est le berceau du silence, et que le jour, par un accord magique, y dort avec la nuit.

La fameuse cascade de Saussa, et non loin de là. *le Chaos* ou *la Peyrada*, attirèrent toute l'attention de *Madame*. Ces immenses débris de montagnes entassés les uns sur les autres, et qui ont tout d'un coup roulé pêle-mêle dans la plaine, font long-temps rêver... Quelle main puissante peut ainsi déraciner les montagnes et les lancer dans l'espace ? la main seule qui les a créées ; celle-là roule les monts, abat les cèdres et fait fleurir le lis de la vallée.

Madame contempla avec émotion cette grande scène, et mesura des yeux cette montagne de granit tombée tout à coup au milieu du Gave comme pour le faire remonter vers sa source.

Gavarnie.

Après avoir traversé *le Chaos*, S. A. R. et sa suite arrivèrent à Gavarnie vers les sept heures du soir. Ce joli village, bâti sur le bord du torrent, a jadis appartenu aux templiers. Avant d'entrer dans la misérable auberge qui devait la loger, S. A. R. fit encore deux ou trois cents pas pour se rapprocher et tâcher de voir le fameux cirque qu'on ne devait atteindre que le lendemain. Les proportions de cette montagne semi-circulaire sont tellement gigantesques, que de Gavarnie on s'en croirait à cent toises au plus, et cependant il fallait encore deux heures de marche pour y parvenir. Dans ce pays de montagnes, ces déceptions sont continuelles ; l'œil de l'étranger, peu accoutumé à des masses pareilles, ne sait plus mesurer leurs distances.

De retour à Gavarnie *Madame* entra à l'église ; c'était l'heure de l'*Angelus*. C'est le meilleur moment pour visiter ces vieilles maisons de prière, où nos pères se sont agenouillés avant nous. Les *ombres* du soir plaisent à la méditation. On prie mieux quand on est moins vu. Dans cette église les prêtres vous montrent douze têtes de douze chevaliers du Temple, qui furent décapités à Gavarnie.....

L'auguste voyageuse resta quelques instants à jouir du magnifique spectacle que présentait ce cirque couronné de neige que le soleil couchant teignait alors de rose et d'or. La nuit avançait; *Madame* prit possession de son gîte : nous allons le décrire pour prouver comme la fille des rois sait s'accommoder de tout. En entrant, on trouvait une cuisine à gauche, à droite la chambre de l'aubergiste et de sa famille. Un mauvais escalier conduisait au premier : d'un côté, une chambre à quatre lits; c'était celle de *Madame*, de madame la duchesse de Reggio, de madame la marquise de Podenas, et des femmes de chambre. De l'autre côté de l'escalier, une autre chambre pareille, à quatre lits, pour MM. de Mesnard, de Verdalle, de Mailly, M. Walsh de Serrant et le sous-préfet d'Argelès. Malgré ses nombreux hôtes, cette chambre devait encore servir de salon à la Princesse et à sa suite. Après le dîner, qui se prolongea tard, *Madame* se retira.

Excursion à la brèche de Roland.

A quatre heures et demie, le lendemain matin, la cavalcade était en route; le temps était superbe, et le singulier effet d'optique qui avait fait croire la veille que ces imposantes montagnes étaient très-rapprochées, était devenu encore plus fort; à chaque instant on croyait y toucher, et cependant de grandes distances se déroulaient encore devant les voyageurs. Après une heure et demie de marche, la caravane s'arrêta et resta muette d'admiration!!! On était parvenu à cet immense cirque dont le diamètre a près d'un demi-quart de lieue, et dont les murailles ont plus de quatorze cents pieds de hauteur. Sur leurs sombres parois, on voit se dessiner des corniches d'un blanc éclatant; ce sont des neiges éternelles que portent les rochers qui vont en s'évasant régulièrement comme les gradins d'un amphithéâtre : de ces corniches s'échappent plusieurs cascades; la plus belle tombe de mille deux cent soixante pieds de haut; d'un des derniers gradins, vers les deux cinquièmes de sa chute, elle rencontre un roc en saillie, et s'y brise. Alors ce n'est plus une longue nappe de cristal, mais une brillante poussière qui retombe en pluie sur le gazon du cirque.

En face de ce grand monument de la nature, l'homme aurait pitié de sa petitesse... Comme un de ces rochers, en se détachant de sa base, l'abymerait! Comme un de ces torrents, qui semblent tomber du ciel, l'entraînerait!..... Mais il sent au dedans de lui la conscience de son être; son cœur est plus grand que le monde, et il se dit: Toutes ces choses passeront.... Ces montagnes s'abaisseront, ces torrents se tariront..... Mais mon âme vivra, alors que tout ce que je vois aujourd'hui sera réduit au néant !....

Du bas du cirque, *Madame* et les personnes de sa suite ne voyaient pas sans émotion le point qu'elles devaient atteindre ; on l'apercevait sur la cime de ses immenses remparts ; il se dessinait sur le ciel entre mille rochers qui ressemblaient à des tours et à d'énormes créneaux.

On ne pouvait se dissimuler que l'entreprise était difficile ; mais cela même redoublait le désir de *Madame* d'arriver à la fameuse brèche de Roland : la marche recommença. Les guides firent prendre le *chemin des Échelles* ; ce chemin est bien nommé, car jamais sur une échelle on ne monta d'une manière aussi perpendiculaire.

Après avoir monté pendant quatre heures, tantôt grimpant sur des rochers solides, tantôt marchant sur les débris des éboulements supérieurs, *Madame* arriva à un vallon de neige, dont l'inclinaison était au moins de quarante-cinq degrés. Les pieds garnis de crampons, et le bâton ferré à la main, la caravane se lança sur ce sol glissant... la chute eût été épouvantable... *Madame* était toujours en avant, soutenue par deux hommes; les femmes cheminaient de même.

Cette première ascension se fit bien, mais quelques personnes qui accompagnaient S. A. R. ne voyaient pas sans inquiétude un ressaut de rocher qu'il fallait grimper avec si peu d'appui... Au-dessus était encore une plaine de neige; celle-ci fut franchie plus facilement que la première, et l'on arriva à un lieu de repos... c'est-à-dire à une petite pointe de terre si resserrée que tous les voyageurs se touchaient.... Après une demi-heure de repos, *Madame*, qui ne montrait jamais de fatigue ni d'abattement, donna le signal du départ, et l'on se prépara à passer la dernière et la plus difficile partie de cette effrayante ascension... Ici le glacier est d'une inclinaison beaucoup plus forte; la caravane devait le passer presque transversalement : la moindre glissade eût fait descendre en quelques secondes, ce qu'on avait mis plus d'une heure à monter. Un petit sentier avait été fait dans les neiges, mais c'était peu rassurant; dans plusieurs endroits il était sillonné par des crevasses où l'eau coulait rapidement. Les femmes étaient toujours soutenues; les hommes faisaient marcher leurs guides devant eux, et s'appuyaient sur leurs épaules.

Ce trajet périlleux fut bientôt passé, et la fille de France et sa suite arrivèrent sains et saufs à la *brèche de Roland*. Le paladin, pourfendeur de géants, a fait cette brèche avec *sa bonne épée*. Impatient d'atteindre les Maures qu'il voulait combattre en Espagne, il se fraya ce chemin direct à travers les rochers : ce n'est pas la première fois que la valeur française s'est indignée d'un détour quand il fallait courir à l'ennemi; avant et depuis Roland ils ont tout surmonté pour y arriver *plus droit et plus vite*.

Cette brèche, taillée dans le roc vif, a trois cents pieds d'ouverture; à droite et à gauche le rocher s'élève de quatre cents pieds ; ce portique est beau et noble comme le nom de l'ami de Charlemagne ! Il est placé tout-à-fait sur la crête des Pyrénées, et de là, l'on domine toute la chaîne des montagnes, au midi comme au nord, la partie de France et la partie d'Espagne. *Madame* passa la ligne, de quelques pas, afin d'être à l'abri du vent du nord, et de faire *en Espagne* l'établissement de son déjeûner. Les paniers de vivres furent joyeusement ouverts, et l'on fit honneur aux provisions; les rochers servaient de table et de siége à la fille des rois : là, point d'étiquette, point de gêne, mais du respect, de l'admiration et de l'amour pour la jeune princesse qui charmait tout le monde par sa douce affabilité et son mâle courage.

Au bout d'une heure on songea au retour; S. A. R. ne voulut quitter la *brèche de Roland* qu'après avoir gravé sur le roc, le nom de MARIE-CAROLINE DE SICILE, DUCHESSE DE BERRY.

L'idée de descendre d'un lieu si élevé avait quelque chose d'effrayant. En montant on ne voit que le rocher ou la neige que l'on a devant soi ; mais à la descente toute la profondeur se montre à la fois.... *Madame* ne changea pas de visage ; toujours gaie et rassurée, elle descendit appuyée sur deux guides....

Après quatorze heures de marche S. A. R. était de retour à Gavarnie : l'établissement fut le même que la veille, et le départ fixé au lendemain à six heures du matin ; cette fois c'était la vallée d'Héas qu'on allait visiter ; elle a un grand renom dans le pays. Il fallut encore gravir une haute montagne qui forme la pierre angulaire entre cette vallée et celle de Gavarnie. Derrière le *Coumélie* s'ouvre le val d'*Estaubé* qui se dirige vers le *mont Perdu*, dont on aperçoit la cime brillante de glaces et de neiges. Ce *mont Perdu* est le pic le plus élevé de toutes les Pyrénées ; mais se trouvant sur la partie espagnole, il laisse au Viguemal, situé en France ; l'honneur d'être le plus souvent visité.

Vallée d'Héas. Retour à Saint-Sauveur

La vallée d'Héas, comme *la Peyrada*, donne une grande idée de destruction : on ne voit encore ici que des ruines entassées sur des ruines; toute la vallée en est parsemée; on croirait qu'il y a eu là un combat de géants, et qu'ils s'y sont battus avec des rochers et des débris de montagnes. Au milieu de ce chaos paraît un bloc énorme, c'est le caillou de la Raillé; il s'est détaché d'un coteau, et a gagné la pente opposée par la rapidité de sa chute. Une inscription gravée sur un de ses flancs redit que cette masse a roulé de sa base en 1650. Ce bloc est très-vénéré par les montagnards; ils racontent que la sainte Vierge, entourée d'anges et de séraphins, y est apparue, et a désigné à leurs pères l'endroit où elle voulait qu'une chapelle lui fût élevée.

Cette chapelle est placée au milieu des montagnes les plus arides et les plus nues;

elle est là comme une pensée d'espérance dans une âme désolée ; le voyageur la voit avec plaisir ; tout est si imposant, si sévère dans cette vallée d'Héas, que la vue de cet oratoire où l'on vénère *Marie pleine de grâces*, fait du bien.

Cette chapelle de moderne construction est bâtie en forme de croix ; dans une niche au-dessus de la porte d'entrée, est une belle et gracieuse statue de la Vierge-mère ; l'intérieur est bizarrement décoré, l'autel est brillant d'or ; tout ce que les pauvres montagnards avaient de richesses, ils l'ont apporté en offrande à la bonne Vierge d'Héas.

L'ouvrier qui a fait le buffet d'orgues a eu une singulière idée : quand l'organiste touche les pédales, les cariatides qui supportent les orgues, ont des yeux mouvants et des bouches qui s'ouvrent et se referment ; il est hideux de voir ces grotesques figures mouvoir leurs grandes prunelles, tirer la langue et montrer les dents.

On remarque encore dans cet oratoire plusieurs tableaux qui ne devraient pas y être.

A l'entour de la maison de prière, qui est aussi celle de l'espérance, de pauvres cabanes se sont groupées comme pour se mettre sous les ailes de Dieu, à l'abri des orages.

Les fêtes de Notre-Dame, du 15 août et du 8 septembre, amènent à la chapelle d'Héas un grand nombre de pélerins : on y arrive de toutes les vallées, par bandes et par villages avec des bannières, des étendards, et en chantant des cantiques; rien n'est plus touchant et plus pittoresque à voir que ces *pélerinages* : tantôt on aperçoit leurs longues processions gravissant une montagne; tantôt, des hauteurs, on les voit se dessiner dans le fond des vallées; le vent agite leurs bannières et porte au voyageur le son de toutes ces voix qui prient Dieu et la Vierge, la puissance et la grâce.

Madame pria quelques instants devant le sanctuaire vénéré de Notre-Dame d'Héas. Le temps était devenu moins beau; une forte bise soufflait dans la vallée; on chercha derrière la chapelle un abri pour pouvoir y dîner; la noble pélerine s'assit sur l'herbe, et après une halte d'une heure, *Madame* se leva et la caravane se remit en route. On fit voir à S. A. R. l'emplacement où était, il y a quarante ans, le lac d'Héas. Un matin les pêcheurs vinrent avec leurs filets aux eaux accoutumées; quelle dut être leur surprise quand ils virent une plage de sable, au lieu de l'azur des ondes!.....

La caravane eut encore deux heures de marche avant de rejoindre la route de Gavarnie; enfin à six heures, *Madame* et son escorte rentrèrent à Saint-Sauveur. Ce fut encore une fête que ce retour : S. A. R., contente et fière de son expédition, ordonna qu'on rentrât en ordre; on marchait deux à deux, et les porteurs et les guides ouvraient la marche en chantant des refrains des montagnes.

Après une si fatigante excursion, on aurait pu croire que *Madame* aurait eu besoin de quelques jours de repos; mais dès le lendemain à sept heures du matin, S. A. R. est partie pour Baréges pour y entendre la messe.

Le soir elle était de retour à Saint-Sauveur et honorait de sa présence le bal donné au Wauxhall. Dans tous ces bals *Madame* se parait des *roses des montagnes;* elle portait le soir les fleurs que les jeunes filles lui avaient offertes le matin; souvent ses beaux cheveux blonds étaient couronnés de bruyère couleur de pourpre. Dans ses courses aux glaciers S. A. R. se faisait remarquer par la simplicité de sa mise; cette mise bien simple rappelait deux grands noms : Marie-Caroline avait *la hongroise comme Marie-Thérèse! et le berret comme Henri IV!*

Le 11 septembre, *Madame,* duchesse de Berry, est partie pour Bagnères en passant par le Tourmalet. La suite de S. A. R. était moins considérable que pour ses voyages du pic du Midi et de Gavarnie; mais les gardes d'honneur, les guides, les chevaux, les chaises à porteurs, les équipages et vivres formaient encore une caravane nombreuse.

Lors de son voyage à Gavarnie, *Madame* avait vu un très-ancien crucifix de bois, qui n'avait d'autre mérite que celui d'être là depuis des siècles; comme S. A. R. avait paru le regarder avec curiosité, monsieur le curé et les marguilliers se sont empressés de le lui offrir, ainsi qu'un vieux reliquaire; ils ont été acceptés par la pieuse Princesse, qui a envoyé un saint ciboire et une croix de paix à l'antique église où elle avait prié.

La noble voyageuse est arrivée à Bagnères à cinq heures du soir, après avoir franchi le Tourmalet et traversé à cheval la délicieuse vallée de Campan.

Laissons décrire à l'élégant auteur de l'itinéraire des Hautes-Pyrénées, ces lieux qu'il a si bien fait connaître.

« Le *Tourmalet* termine la vallée de
« Baréges et la sépare de celle de Campan :
« c'est un rempart élevé entre la stérilité
« et la fertilité ; entre une nature morne,
« décrépite, et une nature toujours jeune
« et toujours belle, comme entre la vie et
« la mort. Parvenu à la crête de cette mon-
« tagne, le spectateur ne voit derrière lui
« que des décombres ; son œil ne rencontre
« que des pics décharnés qui dominent des
« montagnes vieillissantes et en ruines ; son

« imagination se remplit d'idées lugubres,
« et lui retrace ces vieux châteaux déserts,
« démantelés, hantés des larves et des fan-
« tômes. Sur le revers oriental, la nature
« renaît, l'âme s'épanouit par degrés; les
« noires impressions du *Tourmalet* s'effa-
« cent et font place aux sensations les plus
« douces et les plus agréables. Comment
« n'être pas charmé à la vue des mon-
« tagnes de Grip couvertes de pâturages et
« de troupeaux, de ces cabanes si pittores-
« ques, des nombreuses sources de l'Adour,
« qui naît et promène ses jeunes flots au
« pied du *Tourmalet?* C'est le lieu de
« dire, avec Balzac, *que cette belle eau*
« *aime tellement ce pays qu'elle se divise en*
« *mille branches, et fait une infinité d'îles*
« *et de tours, afin de s'y amuser davan-*
« *tage.* »

Ce fut au Tourmalet que le sous-préfet de Bagnères et le maire de Campan eurent l'honneur de complimenter *Madame*. La Princesse s'arrêta aux cabanes de Tramesangues et déjeûna sur l'herbe; S. A. R. daigna inviter à ce repas les sous-préfets d'Argelès et de Bagnères, et plusieurs autres personnes qui l'avaient suivie de Saint-Sauveur. Du point où elle se trouvait placée, *Madame* avait sous les yeux tout l'arrondissement de Bagnères; il était déroulé à ses regards comme une vaste carte.

A Sainte-Marie, S. A. R. a trouvé une calèche qui l'y attendait par les soins de monsieur le sous-préfet; depuis Campan jusqu'à Beaudan elle n'a pu aller qu'au pas : toute la population encombrait les chemins; c'étaient de doux obstacles.

Bagnères-de-Bigorre.

En arrivant à Bagnères l'auguste voyageuse se retira dans ses appartements : la journée avait été d'une extrême chaleur; elle avait besoin de repos.

A huit heures du soir *Madame* a paru à son balcon; l'éclat des illuminations l'a fait reconnaître par la foule réunie sur la place d'Uzer, et aussitôt se sont fait entendre les cris de *vive Madame! vive le duc de Bordeaux!*

Ce pays est aussi bon qu'il est charmant, dit S. A. R... Oh! oui, ce noble pays peut se vanter d'autre chose que de la beauté de ses paysages; monsieur le Dauphin, madame la Dauphine, *Madame*, duchesse de Berry, peuvent attester que le midi est digne de sa réputation.

Le lendemain de son arrivée à Bagnères, *Madame* a reçu les autorités civiles et militaires. A midi, S. A. R., accompagnée par le préfet, le maire et le lieutenant général, est allée visiter l'établissement thermal, et les bains du Salut; l'hôpital, remarquable par sa bonne tenue; puis la belle marbrerie, et l'établissement connu sous le nom de Frascati.

En sortant de Frascati, *Madame* est venue visiter le musée Jalon. Le propriétaire de cet établissement, homme instruit, artiste recommandable, et qui a réuni une précieuse collection de toutes les antiquités recueillies dans les fouilles faites à Bagnères, pour la reconstruction des bains bâtis par les Romains, s'est empressé de faire reconnaître à S. A. R. tout ce qu'il contient de curieux et d'intéressant. La vue de *Madame* s'est portée sur un tableau peint par M. Jalon, représentant la vallée d'Argelès, prise d'un point élevé, d'où l'on découvre presque toute la partie des Pyrénées que S. A. R. a parcourue ; *Madame* l'a examiné dans ses moindres détails, qui sont immenses, et a fait l'éloge de sa parfaite exactitude : l'auteur a supplié la jeune protectrice des arts de daigner l'agréer, comme un faible souvenir des lieux qu'elle a visités avec tant de plaisir ; *Madame*, avec sa grâce et sa bonté ordinaire, a bien voulu l'accepter.

Les arts et l'industrie se donnent la main : en sortant du musée, l'auguste Princesse alla visiter les fabriques de tricot de Baréges qui se font tous à Bagnères et qui ne portent le nom qu'on leur a donné, que parce que les premiers qui se sont vendus par des colporteurs l'ont été à Baréges dans la saison des eaux. Le soir, S. A. R. a honoré le théâtre de sa présence.

Le 13, à neuf heures du matin, *Madame* est montée à cheval et a pris la route de la vallée de Trebons. A la crête orientale du coteau, près de Ponzac, la fille de France s'est arrêtée au *Camp de César;* à Bagnères et dans les environs, la terre porte encore la trace du passage des Romains.

De ce point élevé, et que l'on ne foule qu'avec cette émotion qu'inspire tout lieu historique, S. A. R. s'est dirigée vers le domaine de M. de Casaubonne : quelques personnes prétendent que c'est là même, à l'endroit où s'élèvent ces bosquets, qu'étaient dressées les tentes du conquérant des Gaules. Pendant que *Madame* visitait ces beaux lieux, une suave harmonie monta jusqu'à elle; c'étaient des habitants du pays qui chantaient en partie des couplets béarnais à la fille de Henri IV.

Madame de Lavalette, madame et mademoiselle de Nays, femme et sœurs de monsieur le sous-préfet de Bagnères, avaient pris les habits de paysannes et portaient des corbeilles de fleurs; S. A. R. reçut leur offrande : *les dames paysannes* avaient emprunté, pour faire leur compliment, le langage naïf de la campagne. Un déjeûner champêtre fut offert à la Princesse sous la feuillée; pendant qu'elle y était assise, on chantait le vieil air de *vive Henri IV*, et comme accompagnement à ce chant d'amour et de guerre, on entendait les roulements du tonnerre qui grondait sur le pic du Midi; un nuage sombre enveloppait le milieu de la montagne; la cime était éclairée du soleil : cet aspect était magnifique.

Madame, en quittant le village, donna à ses habitants de petites médailles d'argent à son effigie, et à celle de Monseigneur le duc de Bordeaux.

Rentrée à Bagnères, S. A. R. se rendit à sept heures au théâtre, où une cantate fut chantée.

Le 14, *Madame* entendit la messe à Saint-Vincent, et passa ensuite la garde nationale en revue.

La jeune Princesse avait souvent entendu parler de la *chasse aux ramiers* ; elle désirait en voir une ; M. Jalon fit tous ses efforts pour lui procurer ce plaisir ; mais le temps était à l'orage, et les craintifs ramiers restèrent sous leurs ombrages : toutes les ruses, tous les filets furent inutiles ; mais pour donner à *Madame* une idée de cette chasse, on lui remit des *palombes* déjà captives ; elle les lâcha, et elles furent reprises par les moyens qu'emploient les chasseurs du pays.

Le soir la ville de Bagnères offrit un très-beau bal à S. A. R. dans les brillants salons de Frascati, encore embellis pour cette fête. *Madame* daigna danser avec M. d'Antis, maire de Bagnères, avec M. de Nays, sous-préfet, et M. d'Arnaud, commandant de la garde nationale.

Les promenades si pittoresques des environs, l'élysée Cottin, la montagne de l'Heyris, le puits d'Arris, gouffre sans fond, et les cabanes d'Ardinsède, attirèrent tour à tour l'auguste Princesse.

La fontaine d'Angoulême ne pouvait être

oubliée par elle; il est doux de trouver un nom de sœur à une source salutaire : celle qui a donné son nom à ces eaux bienfaisantes a souvent fourni à de pauvres malades les moyens d'y venir chercher la santé. A tout le bonheur que *Madame*, duchesse de Berry, trouvait dans le midi, il faut joindre et mettre en première ligne tout le bonheur d'entendre bénir *madame la Dauphine;* ce qu'il y a de plus doux dans ce monde, n'est-ce pas d'entendre louer ceux qu'on aime?

Un berret d'un travail délicat et auquel on travaillait depuis plus d'un mois, a été offert par M. Boë, fabricant de tricots de Baréges, à *Madame;* un autre fabricant l'a suppliée d'agréer une écharpe bleue pour S. A. R. *Mademoiselle.*

La ville de Bagnères avait eu la pensée d'offrir à son hôte illustre une fête champêtre, mais le mauvais temps a contrarié ces projets; quelques habitants s'en désolaient devant S. A. R. qui leur dit : *J'ai vu vos apprêts, ils étaient charmants; depuis que je suis à Bagnères je n'ai eu que du bonheur et du plaisir : consolez-vous de ce contre-temps.*

Le 19, *Madame* a quitté Bagnères [1], « ce « lieu de plaisir et de santé, fréquenté jadis « par la jeunesse brillante et voluptueuse de « Rome; plus tard, par les rois de Navarre, « la noblesse française, et par le philosophe « Montaigne; de nos jours par l'héroïne du « midi, et par tout ce que l'Europe a de « plus illustre et de plus aimable. »

M. de Trincaud de Latour, sous-préfet de Saint-Gaudens, était arrivé le 18 au soir à Bagnères-de-Luchon, et avait fait savoir que le lendemain il partirait à dix heures pour aller au devant de S. A. R. *Madame* qui venait de Bagnères-de-Bigorre, par le chemin des montagnes; aussitôt que cette nouvelle fut répandue, une foule de baigneurs et d'habitants du pays se préparèrent à l'accompagner pour voir quelques heures plus tôt celle qui apportait la joie au pays. Malgré la pluie, la cavalcade se composait de plus de cent personnes, parmi lesquelles on

---

[1] Itinéraire des Hautes-Pyrénées.

comptait plusieurs femmes que le mauvais temps n'avait pu effrayer. Arrivé à Peyre-Sourde, limites de l'arrondissement, le cortége fit une halte; le soleil vint bientôt éclairer le magnifique paysage que l'on découvre de ce *port* élevé... Ce jour-là ce n'était pas les neuf villages ni la jolie vallée de l'Auron que tous les regards cherchaient; ils étaient tous fixés sur un même point, la route par laquelle *Madame* arrivait... On ne voyait rien encore, mais les cloches d'un village éloigné se mirent à sonner;... *elle arrive!* fut le cri de tous.

En effet, radieuse de bonheur et de santé, la jeune mère du duc de Bordeaux parvint au sommet du *port*... Tout le cortége de Bagnères-de-Luchon avait mis pied à terre; S. A. R. était aussi à pied et descendit ainsi la montagne; les bergers avaient quitté leurs troupeaux et formaient la haie sur son passage; quelques-uns se mettaient à genoux en voyant passer la fille de saint Louis : le cœur de *Madame* ne peut jamais oublier ce simple et touchant hommage; ceux qui en

étaient les heureux témoins pleuraient;...
c'était comme dans la Vendée.

La vallée de Luchon offrait le même amour. Toutes les maisons des villages étaient cachées par diverses tentures dont l'aspect singulier témoignait à la fois l'enthousiasme des habitants et la simplicité de leurs mœurs; on remarquait avec le maire à la tête de la population, le curé revêtu de ses ornements; il entonnait des cantiques que ses paroissiens répétaient en cœur, et lorsque la nuit arriva, les cierges bénis de leur église servirent à éclairer les pas de l'auguste voyageuse.

Bagnères-de-Luchon.

Le bruit du canon annonçait l'arrivée de *Madame* à Bagnères-de-Luchon; le maire de la ville, précédé d'une musique militaire et accompagné de la garde nationale, du corps des douaniers et de la gendarmerie royale, vint recevoir S. A. R. à l'entrée de la ville, qui était toute resplendissante du feu des illuminations; S. A. R. descendit à la maison *Terras*, et se retira immédiatement dans ses appartements pour chercher le repos dont elle avait besoin.

De bonne heure le lendemain matin, le peuple s'était porté en foule devant la maison *Terras*, pour voir monter à cheval la jeune Princesse; quand elle parut, la population la salua de mille et mille cris de bénédiction et d'amour; montée à cheval, elle partit; une nombreuse cavalcade l'escortait; tous prirent le chemin de la vallée du Lis, où un déjeûner champêtre devait être offert à S. A. R. sur le bord des cascades. Pendant ce repas pris sur l'herbe, *Madame* a vu avec plaisir des montagnards aragonais, de la ville de Venasque, danser avec des castagnettes les danses de leur pays. De la montagne de Super-Bagnères S. A. R. a découvert les glaciers de la *Maladetta* et des pics de *Quaïratz et de Maupas*.

De retour à Bagnères-de-Luchon l'auguste

mère du duc de Bordeaux a daigné admettre à sa table M. le comte de Mailly, monsieur le sous-préfet de l'arrondissement, monsieur le maire, monsieur le président du tribunal civil, le curé, l'inspecteur des eaux, le commandant de la garde nationale, les sous-préfets de Bagnères et d'Argelès, MM. de Saint-Genue et de Cazanave. Le soir il y eut un bal, mais l'illustre voyageuse n'y put paraître.... Avant de s'éloigner du beau pays des montagnes, la fille de Henri IV regarda souvent en arrière; on voyait qu'elle les quittait à regret; le peuple était fier de voir ainsi regretter son pays;... dans cette fierté il y avait un peu d'espérance; on se disait: *Elle y reviendra.*

Saint-Gaudens.

Depuis Henri IV, la ville de Saint-Gaudens n'avait pas eu le bonheur de recevoir un Bourbon dans ses murs; en voyant *Madame*, le peuple fit éclater un enthousiasme qu'il faut renoncer à décrire : une garde d'honneur composée de cent cavaliers et commandée par M. le vicomte de Pointis s'était portée au devant de S. A. R. jusqu'aux limites du territoire; les vieilles maisons de la ville avaient disparu sous les guirlandes de verdure, les drapeaux blancs, les inscriptions et les emblêmes. Sous un arc de triomphe, de jeunes personnes vinrent offrir des tourterelles dans une corbeille de roses; *Madame* dit, en acceptant les jolies colombes : *Ce sont des oiseaux que j'aimerai toujours; ils arriveront à bon port auprès de mes enfants; je donnerai des ordres pour qu'ils soient bien soignés.* Dans le peu de temps que l'auguste fille de saint Louis a passé à Saint-Gaudens, elle est allée prier à l'église paroissiale; les rues qui y conduisaient étaient si parées de fleurs, si ombragées de berceaux de verdure, qu'elles ressemblaient au vestibule du temple !

Depuis Saint-Gaudens jusqu'à Toulouse

ce ne fut qu'une fête continuelle, qu'une longue allée de jardin ; la population entière du département de la Haute-Garonne s'était portée sur la route que S. A. R. devait suivre ; ce n'étaient plus seulement les villes qui apprêtaient des fêtes pour la mère du duc de Bordeaux ; les villages, les plus petits hameaux, avaient entendu redire sa bonté, et voulaient aussi apporter sur son chemin un témoignage d'amour.

La vive imagination des habitants de Toulouse *s'impatientait* contre le temps, qui ne leur semblait plus marcher assez vite. Dès le dimanche 21, à deux heures de l'après-midi, les fidèles Toulousains se portaient au devant de la noble fille de France ; ils savaient qu'elle ne pouvait arriver avant sept heures du soir, mais leur impatience leur avait fait quitter leurs demeures, ainsi que la garde d'honneur, commandée par M. le vicomte de Villeneuve-Crouzillac ; ils étaient allés loin hors des barrières pour voir plus tôt celle que tout le monde attendait.

Toulouse.

Un peu avant la nuit, *Madame* arriva ; la lune venait de se lever comme pour éclairer cette entrée triomphale. La fille des rois venait au pays de Clémence Isaure ; la joie, le bonheur, l'enthousiasme étaient partout.

Ce soir-là, S. A. R. ne reçut personne, si ce n'est M. le marquis de La Barthe, directeur des postes, qui eut l'honneur de lui remettre ses dépêches.

Dans la journée du lundi 22, *Madame* reçut les autorités religieuses, civiles et militaires, S. G. monseigneur l'évêque de Pamiers, plusieurs pairs de France, parmi lesquels était M. le comte de Villèle ; des députés et des préfets des départements voisins.

Une députation de l'académie de Clémence Isaure, des enfants de la gaie science, vint complimenter la fille de René de Sicile, du bon roi troubadour.

Ce fut S. E. monseigneur le cardinal de Clermont-Tonnerre qui présenta à *Madame* messieurs les vicaires généraux et les membres du chapitre métropolitain. Dans la réponse flatteuse que lui fit S. A. R., elle lui témoigna sa haute considération pour son caractère sacré, et ses qualités personnelles. Après le clergé vint la Cour royale, présentée par M. le premier président Hocquart.

M. le baron de Montbel, maire de Toulouse et président du conseil général, obtint de l'auguste Princesse des paroles qui sont à elles seules une noble récompense.

Madame était descendue à l'hôtel de la préfecture; elle connaissait depuis longtemps tout le zèle et tout le dévouement du comte de Juigné; elle le lui témoigna avec grâce. Elle admit à sa table M. et madame de Juigné, S. G. l'évêque de Pamiers, MM. le lieutenant général vicomte Barbot, le général baron Raynaud, le général de Ricci, le général Billard, le marquis de Montpezat, M. de Fonbourgade, colonel de gendarmerie, le vicomte de Villeneuve, colonel de la garde nationale, M. le premier président Hocquart, M. le procureur général, le président de Moly, M. Dupau, vice-président de la chambre de commerce, M. d'Elpy, secrétaire général de préfecture, le baron de Montbel, maire, le comte de Villèle, pair de France, le duc de Caraman, pair de France, le duc de La Force, pair de France, le vicomte de Beaumont, préfet de Tarn-et-Garonne, de Limairac, préfet de Vaucluse, le baron Asselin, préfet de l'Aude, de Mortarieu, préfet de l'Ariége, M. Lacroix, conseiller de préfecture, M. Chabrand, président du consistoire, M. de Bray, receveur général, le marquis de Pérignon, pair de France. Avant ce grand couvert, *Madame* avait parcouru toute la ville de Toulouse; elle avait visité le beau Château-d'Eau. S. A. R. a admiré ce bel ouvrage, et en a fait compliment à l'architecte et au mécanicien, MM. Abady et Raynaud. De là elle est allée aux hôpitaux, et a été reçue, à celui de Saint-Joseph, par le vénérable père des pauvres, S. E. le cardinal, archevêque. Le polygone d'artillerie a ensuite appelé la fille de Henri IV; elle s'y est assise sous une tente, et a assisté à de grands exercices; au milieu de toutes les batteries qui faisaient feu à la fois, S. A. R. avait l'air de se plaire. Une grande quantité de buts ont été atteints. Les *pointeurs* ont été présentés à *Madame*, qui leur a fait remettre de généreuses marques de sa satisfaction.

De l'école d'artillerie, *Madame* est passée à la salle d'armes; le bon goût et l'ordre qui y règnent ont fait l'admiration de l'auguste Princesse.

A dix heures du soir, la jeune mère de Henri, resplendissante de diamants, s'est rendue au bal du Capitole. Elle y est parvenue à travers des allées de feux, et les flots empressés de la foule.

S. A. R. a daigné danser avec M. le comte de Juigné; elle a dansé un autre quadrille avec M. de Grave, officier supérieur d'artillerie, dans la seconde salle, où elle fut agréablement surprise de se trouver en face d'un portrait de son auguste père, S. M. le roi de Naples; les deux autres contre-danses, avec M. le marquis de Resseguier, membre du conseil municipal, et M. Vesien de Saint-André, brigadier de la garde d'honneur à cheval.

Les Toulousains connaissaient bien son cœur. Ils avaient décoré le lieu de la fête d'un portrait de Charles X, d'une statue de Monseigneur le duc de Bordeaux, et de l'image d'un père chéri.

A minuit, *Madame* s'est assise à un banquet, où elle a bien voulu admettre trente dames de Toulouse.

Il restait encore à l'illustre voyageuse beaucoup de choses à voir le lendemain. Elle a commencé par la fonderie royale; elle y est arrivée un peu avant neuf heures. Cette terre de feu s'était parée de fleurs. En face du fourneau était placée l'estrade de *Madame* : à un signal donné par elle, le bélier frappe à coups redoublés; il a bientôt ouvert une issue à la lave brûlante, qui coule en torrents de feu dans les moules où refroidissent ces instruments de mort. L'auguste mère du duc de Bordeaux a donné les noms de Charles et de Henri aux deux premiers canons.

Après cette fonte, qui a parfaitement réussi, S. A. R. a visité ce magnifique établissement dans toutes ses parties. De là, elle est allée à la fabrique de faux de M. Garigou. *Madame* a encore apporté une grande attention à tous les détails de cette fabrique. Elle a daigné dire à M. le chevalier d'Aubuisson et à M. Garigou : *Je suis parfaitement satisfaite de tout ce que je viens de voir; je vous remercie, au nom de l'industrie française, de ce que vous faites pour elle.*

En sortant de ces deux établissements publics, *Madame* vint s'embarquer sur le canal de Brienne. Sur le port, les jeunes filles des patrons du canal eurent l'honneur de lui offrir des fleurs. Un yacht tout pavoisé de pavillons et de flammes l'attendait. La famille Caraman, et en particulier M. le duc de Caraman, ancien ambassadeur de S. M. le roi de France près la cour de Vienne, et M. le comte de Caraman, tous deux pairs de France, les membres de l'administration du canal du Midi, se trouvaient à bord de la barque destinée à *Madame*. Dans tous les détails de cette réception faite à la fille de Louis XIV par des descendants de l'immortel Riquet, il y avait une *courtoisie* d'autrefois.

Mademoiselle Léontine de Villeneuve, en offrant à S. A. R. une corbeille de roses et de lis, lui adressa les paroles suivantes :

« Les descendants de Riquet offrent à
« *Madame* l'hommage de leur respect et
« de leur dévouement : leur amour pour
« leurs princes les réunit aujourd'hui pour
« une fête ; il saurait aussi les rassembler,
« et plus nombreux encore, dans un jour
« de danger ! »

Un bateau rempli de musiciens suivait le canot royal, et les échos du pays répétaient les vieux refrains de nos pères et les chants mélodieux du midi. Pendant ce doux trajet sur les ondes, *Madame* se faisait raconter, par monsieur le maire de Toulouse et par MM. de Caraman, tout ce qui intéressait le bien de la contrée.

Comme il ne se présentait pas, sur les bords du canal, d'emplacement convenable pour offrir un déjeûner à S. A. R., on avait orné une autre barque de draperies et de guirlandes, et sous un élégant tentelet, la table de *Madame* était placée, comme dans une île flottante de verdure. La jeune Princesse y passa avec sa suite, et permit à MM. de Caraman de faire les honneurs de ce déjeûner. La beauté du ciel, la douceur de l'air, les accords d'une suave musique, mêlés au parfum des fleurs, la vie, le mouvement, la joie, qui se montraient sur les deux rives du canal, les chemins de halage garnis de peuple, de gardes d'honneur et d'équipages brillants, tout cet ensemble de tant de choses diverses formait une scène aussi pittoresque qu'animée.

Madame a vu avec intérêt le jeu du passage des écluses, qu'elle ne connaissait pas.

En débarquant, S. A. R. témoigna à MM. de Caraman tout le plaisir qu'elle avait eu dans cette agréable promenade, et les remercia avec sa grâce accoutumée.

Parmi toutes les occupations de sa journée, l'auguste Princesse n'en avait pas qui l'intéressât autant que la pose de la première pierre du monument que la ville de Toulouse élève et consacre à la gloire du Dauphin. En posant cette pierre, comme le cœur de la fille de France battait! Ce monument, dont elle posait la première pierre, devait redire aux siècles à venir la vaillance, la sagesse, les succès de son illustre frère; il devait perpétuer le souvenir de sa glorieuse expédition. Quand Louis-Antoine, duc d'Angoulême, avait passé les monts, sa devise avait été: *Vaincre pour délivrer*, et toute une famille de Bourbons avait été arrachée par lui au joug flétrissant de sujets rebelles et parjures. Un pareil but, un pareil succès méritait bien un monument: Toulouse l'élève.

Madame a dit en prenant la truelle: *S'il*

appartenait à une ville d'élever un monument à la gloire du Dauphin et de l'armée française, c'était surtout à une ville aussi fidèle que celle de Toulouse.

Voici l'inscription gravée sur la pierre :

An 1828, le 23 septembre, Madame, duchesse de Berry, a posé la première pierre du monument triomphal consacré par la ville de Toulouse à la gloire de Monseigneur le Dauphin, et de l'armée française sous ses ordres, dans la campagne d'Espagne en 1823.

Toutes les troupes de la garnison, le 57me, ayant en tête son colonel; le 3me et le 5me régiments d'artillerie à pied, la garde d'honneur, un escadron du train d'artillerie et une batterie de campagne, défilèrent devant *Madame*. Tous ces fidèles soldats venaient de la voir honorer leur auguste chef et l'armée française, et leur enthousiasme s'était accru de ce grand acte de justice, de ce brillant hommage rendu à la valeur et à la discipline.

Dans le reste de la journée, S. A. R.,

toujours infatigable, alla prier à Saint-Sernin, basilique renommée dans le monde chrétien par le nombre des précieuses reliques qu'elle renferme, et enrichie par la piété de nos rois. De là, *Madame* vint distribuer des palmes et des couronnes aux artistes de Toulouse, dans les antiques salles du Capitole. Le soir, une autre fête lui était préparée au *Boulingrin;* S. A. R. s'y rendit en sortant du théâtre.

Au centre de la plus belle promenade de la grande et noble cité, un temple moresque avait été élevé. Les moindres détails de son élégante et légère architecture se dessinaient en colonnes, en ogives, en balustrades de feu sur le ciel obscur de la nuit. On eût dit un de ces palais de fées, que l'imagination orientale se plaît à créer.

Sous ces voûtes de lumières, la noble fille des lis vint s'asseoir; en face d'elle, s'ouvrait le bassin qui devait recevoir les eaux de la fontaine. M. le baron de Montbel, maire de Toulouse, prit les ordres de S.A.R.; *Madame* ordonna que la source jaillît à l'instant, et à l'instant une magnifique gerbe d'eau s'éleva à plus de vingt-cinq pieds, et retomba étincelante de tous les feux qui l'entouraient. A peine l'essor eut-il été donné aux sources jaillissantes, qu'un volcan ouvrit soudainement son cratère, et inonda la terre et les airs de laves lumineuses; c'était comme une lutte entre le génie des ondes et le génie du feu. Mais ni ces gerbes rivales, ni ces fusées volantes, ni ces serpents enflammés, ni ces myriades de globes éclatants, ni ces météores qui semblaient se détacher des cieux, ne purent vaincre la naïade qui avait obéi à *Marie-Caroline*. Tout ce bruit, tout cet éclat a passé; le bienfait des eaux est resté, ainsi que le souvenir de la jeune Princesse qui leur a commandé de couler.

Le 24, *Madame* a entendu, à huit heures du matin, la messe dans l'église métropolitaine de Saint-Étienne, où elle a été reçue par S. E. monseigneur le cardinal archevêque, accompagné de monseigneur l'évêque de Pamiers. A 9 heures, S. A. R.

est montée en voiture, et a pris la route de Montauban. Avant de quitter Toulouse, *Madame* a témoigné au préfet, au maire, à toutes les autorités, combien elle avait été *heureuse* dans la cité fidèle. En recevant les derniers hommages de madame la comtesse de Juigné, S. A. R. a bien voulu lui donner elle-même son portrait et celui de son auguste fils; et à ces dons précieux elle a ajouté un bracelet en cheveux, en disant : *Ce sont de mes cheveux, gardez-les comme un souvenir!...* M. de Montbel a reçu de l'auguste Princesse des marques éclatantes de sa satisfaction. Un caractère aussi noble que le sien, une administration aussi sage, aussi éclairée que celle du maire de Toulouse, ne pouvaient échapper à *Madame*.

Montauban.

S. A. R. arriva à une heure et demie à Montauban. Dès le matin, les maisons de la ville étaient ornées de drapeaux blancs, et de guirlandes de verdure et de lis. La marche de la Princesse au travers de la ville a été une véritable marche triomphale. Le lendemain, *Madame* s'est mise en route pour Cahors, où elle est arrivée vers les deux heures. Ici encore c'était du bonheur et de la joie. Une garde d'honneur l'a escortée jusqu'à la préfecture : après quelques courts instants de repos, la jeune et active Princesse s'est rendue à pied à la cathédrale.

Monseigneur l'évêque de Cahors, M. de Baumes, préfet, MM. les maréchaux de camp Poupard et Galdemard, les députés du Lot, le receveur général, l'ingénieur des ponts et chaussées, et plusieurs autres fonctionnaires, ont été admis à la table de S. A. R. Le peuple, circulant dans la salle du banquet, il est résulté de l'empressement général un peu de bruit et de désordre. *Madame* dit alors : *Laissons faire les habitants du midi; on ne peut attendre d'eux le même calme que de ceux du nord.* La fille de Henri IV savait apprécier l'amour du peuple, même dans ses écarts. L'enthousiasme n'est pas toujours sage; la bonté est toujours indulgente.

Le 26, à six heures du matin, S. A. R. a quitté Cahors, accompagnée par une brillante escorte de garde nationale à cheval. M. de Fontenille, commandant de ce corps, a reçu de *Madame* une tabatière en or, et chacun de MM. les gardes, une médaille à l'effigie de *Madame* et de Monseigneur le duc de Bordeaux.

Brives, Tulles, les villages, les hameaux de la route de Cahors à Limoges, jonchaient leurs rues de fleurs, et ornaient leurs maisons, leurs églises, de drapeaux et de festons de verdure. Pour l'auguste Princesse, c'était une longue fête prolongée. Ici l'ennui n'était pas à craindre; on ne se lasse pas d'être aimé.

Limoges.

Le 27 septembre, à cinq heures du soir, *Madame* fut annoncée, par des salves de canon, aux habitants de Limoges. La pluie tombait alors par torrents ; mais rien ne pouvait ralentir le zèle et l'empressement que le peuple mettait à voir la jeune femme forte dont le courage avait donné une précieuse garantie à la France, de son avenir et de son bonheur. Comme si le jour avait été beau, la foule remplissait les rues. S. A. R., escortée d'une cavalcade nombreuse et élégante, arriva à l'hôtel de la préfecture. D'après les ordres formels de *Madame*, M. le baron Coster, préfet du département, M. le vicomte Proteau, général, commandant la subdivision, M. Ardant, secrétaire général de la préfecture, attendaient S. A. R. au bas de l'escalier d'honneur de l'hôtel. Madame la baronne Coster, madame la vicomtesse de Mocomble, s'y trouvaient également. Sous les fenêtres de l'appartement de l'auguste voyageuse, la multitude affluait toujours. Malgré les torrents de pluie et les sifflements du vent, on entendait, de l'intérieur du palais, les cris de *vive le Roi! vive Madame!* La jeune Princesse, touchée de tant d'empressement et de constance, se montra à son balcon, et remercia, par de gracieux gestes, le bon peuple de Limoges. L'affluence et la foule n'étaient pas seulement sur la place, le palais de la préfecture était rempli de tout ce que le département de la Haute-Vienne a d'autorités, de fonctionnaires et de personnes notables. S. A. R. rentra dans son salon pour recevoir leurs hommages.

Après cette réception, elle daigna admettre à sa table :

Monseigneur l'évêque,
M. le marquis de Merinville, lieutenant général, pair de France;
M. le Baron Coster,
Mme la baronne Coster, et madame sa mère;

M. le général vicomte Proteau,

M. Mousnier Buisson,

M. Bourdeau, conseiller d'État, directeur général des domaines;

M. le lieutenant général d'Alesme,

M. de Goutte Pagnon, président de chambre;

M. Bussière, premier avocat général;

M. Talabot, président du tribunal civil;

M. Noualhier-Laborie, président du tribunal de commerce;

M. Poincelot, procureur du Roi;

M. le chevalier de Maronze, colonel du 9ᵉ régiment de dragons;

M. Ardant, secrétaire général de préfecture;

M. le chevalier du Plas, sous-préfet de Bellac;

M. Gondinet, sous-préfet de Saint-Yrieix;

M. Bourdeau, sous-préfet de Rochechouart;

M. de Vaucorbeil, conseiller de préfecture;

M. Ducros, sous-intendant militaire;

M. Pouyat, adjoint du maire;

M. Dessoles de Beauregard, commandant de la garde nationale;

M. Audeval, receveur général;

M. Alluaud, chef de la cavalcade d'honneur.

Madame sourit avec une extrême bonté à douze petits garçons habillés à la Henri-Quatre, et à douze petites filles de l'âge de *Mademoiselle*, qui vinrent lui apporter des présents du pays. Les futurs soldats du duc de Bordeaux offraient à S. A. R., avec prière de les remettre à son fils, *une écritoire et un bidon en porcelaine*.

Les petites filles vinrent ensuite faire leur offrande : c'était un cabaret à thé, aussi en porcelaine du pays, au chiffre de S. A. R. *Mademoiselle*. Il est inutile de dire avec quelle bonté *Madame* accueillit ces présents. C'était le dévouement qui les offrait; c'était une mère qui les recevait.

Le soir, S. A. R. ne put se rendre au bal que lui offrait la ville : un rhume et la fatigue l'en empêchèrent.

Le lendemain, après avoir entendu la messe à six heures du matin, l'auguste Princesse se remit en route.

Bourges.

Bourges, vieille cité fidèle et dévouée aux rois dans leurs revers, Bourges, ancienne capitale du Berry, reçut avec un enthousiasme qui ne peut être décrit, S. A. R. *Madame*, duchesse de Berry. Elle était là, en quelque sorte, dans son pays, dans son apanage. Si dans toutes les autres villes le zèle et le dévouement ne s'étaient pas montrés dans toute leur exaltation, leur joie et leur délire, je dirais que Bourges et Châteauroux se sont distingués. Mais comment pouvoir surpasser en amour des Bourbons, la Bretagne, la Vendée et le midi de la France! Le Berry venait trop tard, il ne pouvait qu'égaler.

Orléans.

Les antiques et nobles murailles défendues par Jeanne d'Arc s'étaient parées de lauriers et de lis. Sur les vieilles tours qui restent encore, l'oriflamme flottait comme au temps de La Hire et de Dunois... Jeanne d'Arc avait sauvé la France en chassant les Anglais;..... la jeune mère qui s'avançait vers Orléans avait aussi assuré les destins du royaume des lis, en se raidissant contre le malheur, en luttant contre l'enfer, qui voulait faire périr l'enfant de sa dernière victime. Pour recevoir cette autre femme forte, la noble et loyale cité s'était levée tout entière. Ses rues étaient devenues des allées de peupliers et d'arbres verts; au-dessus de toute cette verdure, chaque fenêtre projetait un drapeau blanc. A l'entrée du pont, un magnifique arc de triomphe portait le nom de *Marie-Caroline*. Là le corps municipal attendait l'auguste Princesse ; et suivant le vieil usage, la ville d'Orléans offrit par ses magistrats, à l'illustre voyageuse, *cent livres de sucre, trente-six boîtes de cotignac, et dix-huit bouteilles du vin du pays.* A ces tributs d'honneur, de jeunes demoiselles vinrent mêler des roses. Mademoiselle Clouët, fille du général baron Clouët, lui dit, avec la double grâce de la modestie et de l'émotion :

Madame,

« Après tous les témoignages d'amour
« que V. A. R. a reçus, comment espérer
« qu'elle consente à nous écouter, nous qui
« arrivons les derniers? Cependant, sa bonté
« nous rassure, et nous persuade qu'il y a
« encore une place pour nous dans son cœur.

« Nous lui exprimerons bien mal nos sen-
« timents, mais nous sommes sûrs qu'elle
« les comprendra. Même absente, elle était
« au milieu de nous; nous la suivions par-
« tout; tout ce qu'elle a éprouvé, nous l'a-

« vons éprouvé nous-mêmes ; et nous som-
« mes à elle, comme nos pères sont au roi ! »

Après ces hommages, S. A. R. admit près d'elle les premières autorités du département, monseigneur l'évêque, la Cour royale, le corps municipal, les associations de charité, la Société des Sciences et Belles-Lettres, etc., etc.

Ces présentations terminées, *Madame* est montée dans un landau découvert, et a commencé par aller prier dans la cathédrale, monument remarquable, mais encore inachevé, et cependant sa première pierre a été posée par Henri IV..... Dans ces derniers temps, ce que l'on finit le plus vite, ce n'est pas une église.

Les beaux-arts, l'industrie, la charité, ont ensuite occupé tour à tour S. A. R. Elle a visité le musée, confié aux soins et au bon goût du comte de Bizemont, vétéran de royalisme et de dévouement; la fabrique de bonneterie orientale de MM. Benoist, Merat et Desfrancs; la raffinerie de M. Raguenet-Saint-Albin : encourager les beaux-arts et l'industrie est un plaisir; fonder des asiles pour le malheur est un devoir; *Madame* alla donc avec empressement poser la principale pierre de *l'Hospice des Aliénés*. Il est touchant de voir que par toute la France, on ne puisse concevoir un programme de fête et de réception pour nos princes, sans y joindre une bonne action. Entre les Français et les Bourbons il y a une vieille alliance; ils se connaissent mutuellement. Pour plaire à son peuple, un roi de France n'a qu'à *parler honneur*. Pour faire la félicité de son roi, la France n'a qu'à dire : *Je suis heureuse sous votre sceptre*, et lui indiquer, comme à un père, le bien qui reste à faire. Que le Roi sache, justice et bienfaits ne tarderont pas.

Après avoir parcouru tous les plus beaux quartiers d'Orléans, *Madame* est rentrée à la préfecture, où elle a daigné admettre à sa table :

Monseigneur l'évêque,
M. le comte de Riccé, préfet;

M. le baron Clouët, maréchal de camp, commandant le département ;

Messieurs les députés du Loiret ;

M. le comte de Rocheplatte, maire,

et plusieurs autres fonctionnaires et personnes distinguées du pays. En sortant de table, *Madame* a remis elle-même, avec cette bonté ineffable qui accompagne ses moindres actions, un bracelet à mademoiselle Clouët, et un collier à mademoiselle Miron de Lespinay. Le soir S. A. R., avant de se rendre au bal que lui offrait la ville, parut au spectacle, où une foule empressée s'était portée long-temps d'avance. Le bal fut digne de la grande cité qui en faisait les honneurs.

L'auguste Princesse a admis à l'honneur de danser avec elle, M. le comte de Rocheplatte, maire de la ville, M. le baron Clouët, M. de Thilorier, colonel du 5me régiment de la garde royale, M. le comte de Bizemont, et M. Raguenet-Saint-Albin, négociant propriétaire dont S. A. R. avait visité le bel établissement dans la matinée.

Entre ces deux hautes et élégantes tours

de la cathédrale, une étoile lumineuse apparaissait dans le ciel ; c'était vraiment celle de la France, car le chiffre de la mère de Henri-Dieudonné s'y voyait.

Le 1ᵉʳ octobre était venu ; c'était le dernier jour du voyage. La jeune mère put se dire en s'éveillant : *Aujourd'hui je verrai mes enfants; aujourd'hui je pourrai redire au Roi comme on le bénit dans toute l'étendue de son beau royaume! à ma sœur, à mon frère, combien ils sont aimés, combien leur souvenir est vivant encore dans tous les lieux où ils ont passé!*

Pour se délasser des soucis de la grandeur, nos princes ont aussi leurs réunions de famille; là, Marie-Caroline redira son voyage et écoutera toutes les merveilles de celui du Roi; celle qui a tant souffert pourra raconter tous les cris d'amour qu'elle a entendus dans les provinces de l'est, sur le passage de Charles le Bien-Aimé!... Elle pourra dire qu'après tant de douleurs, elle a pleuré de joie....

Ainsi, dans ses entretiens intimes, la royale famille pourra se consoler. Louis XVI disait : *Quand je veux oublier mes soucis et mes peines, je me persuade que je suis aimé des Français...* Oh! certes, il en était aimé comme Charles l'est aujourd'hui, mais la vertu a toujours à craindre la haine de l'enfer ; cette haine-là ne se laisse vaincre, ni par la clémence, ni par les bienfaits. La vérité éternelle l'a dit elle-même : entre le bien et le mal, la guerre durera jusqu'à la fin des temps....

De retour auprès de ses augustes enfants, *Madame* leur racontera que leurs noms sont déjà mêlés à toutes les bénédictions des Français ; elle leur dira que le paysan Bas-Breton, le Vendéen, le montagnard béarnais, lui demandaient tous dans leurs naïves instances *d'amener bientôt parmi eux et Monseigneur le duc de Bordeaux et Mademoiselle ;* elle pourra ajouter en s'adressant à *Henri-Dieudonné*, au roi futur de nos enfants : Mon fils, venez voir comme on aime votre aïeul. En entendant les bénédictions que les peuples lui donnent, vous voudrez l'imiter ; et quand, dans de bien longues années, la couronne viendra à peser sur votre front, tous vos modèles seront dans votre race; n'en cherchez pas ailleurs. Vous vous souviendrez de ceux que vous aurez vus dans vos premiers jours; vous serez sage comme Louis XVIII; chevaleresque et loyal comme Charles X; brave et généreux comme Louis-Antoine; franc, magnanime et bon, comme celui que vous n'avez pas vu !...

FIN.

ERRATA.

Page 15, ligne 16; au lieu de *Primatrice*, lisez : *Primatice.*
Page 19, ligne 24; au lieu de *Primatrice*, lisez : *Primatice.*
Page 24, ligne 17 ; au lieu de *Menars*, lisez : *Mesnard.*
Page 96, ligne 13 ; au lieu de : *et son maire*, lisez : *et le maire.*
Page 100, ligne 21 ; au lieu de : *une des dames pour accompagner*, lisez : *une des dames qui accompagnaient.*
Page 429, lignes 3 et 20 ; au lieu d'*Ossan*, lisez : d'*Orsau.*

TABLE

DE L'ITINÉRAIRE DU VOYAGE

DE S. A. R. *MADAME*,

DUCHESSE DE BERRY,

EN 1828, JOUR PAR JOUR.

                                                                                  Pages

S. A. R. *Madame*, duchesse de Berry, part de Paris le 16 juin, couche à Rambouillet. 1

Le 17, quitte Rambouillet, passe à Chartres, déjeûne à Vendôme, arrive à Blois, y couche. 4

Le 18, *Madame* visite les châteaux de Mesnard et d'Avaray, passe la Loire pour se rendre à Chambord, qu'elle visite en détail, revient à Blois, visite la cathédrale, le château, etc. 6

Le 19, arrive à Tours, qu'elle quitte le lendemain. . . . 34

Le 20, S. A. R. arrive à Saumur, où elle assiste à un tournoi donné par l'école de cavalerie. 40

Le 21, la Princesse arrive à Angers, y couche. 53

Le 22, S. A. R. s'arrête à Serrant, en se rendant à Saint-Florent, où une grande réunion de Vendéens l'attendait, continue sa route, par le bateau à vapeur, jusqu'à Nantes, où elle arrive le soir. 61

Le 23, s'arrête à Savenay en se rendant à Vanues. . . . 110

Le 24, visite l'abbaye de Sainte-Anne d'Auray, le Champ des Martyrs, s'arrête à Auray, retourne à Vannes.................... 116

Le 25, S. A. R. est saluée à son arrivée à Lorient par les batteries de terre, pose la première pierre du monument de Bisson, visite Port-Louis.......... 131

Le 26, s'arrête au champ de Mi-Voie, y trouve 15,000 Vendéens, en se rendant à Rennes.............. 142

Le 27, arrive à Rennes à quatre heures du matin, visite les établissements................... 147

Le 28, *Madame* quitte Rennes pour venir à Nantes, en passant par Derval.................... 160

Le 29, visite les divers établissements de Nantes, le canal de Brest, etc..................... 165

Le 30, S. A. R. quitte Nantes, s'arrête à Melleray et à la Desnerie, débarque à la Trémicinière, revient à Nantes........................ 185

Le 1er juillet, *Madame* repart de Nantes, passe à Pont-Rousseau, à Aigrefeuille, à Maisdon, Vieille-Vigne, Rocheservière, Saint-Hilaire de Loutey, arrive au château de la Grange, y couche............. 206

Le 2, quitte la Grange, s'arrête à Saint-Étienne de Corcoué, entre dans l'église de Légé; à Palluan, à Saint-Christophe, réunions de Vendéens; couche au château du *Verger*........................ 226

Le 3, S. A. R. va au champ des Mattes, distribue des récompenses; traverse les bourgs de Riez, de Commequiers, de Maché et d'Aizenay, arrive à Bourbon-Vendée........................ 240

Le 4, visite les divers établissements............ 247

Le 5, *Madame* pose une première pierre aux Quatre-

Chemins ; se rend au château de Mesnard, traverse les Herbiers, couche au château de Landebaudière. . 255

Le 6, la Princesse traverse Tiffauges, Torfou, s'arrête au château du Couboureau, visite Clisson, se repose au château de la Garenne, visite le château de Clisson, pose une première pierre à Vallet, traverse Gesté, arrive à Beaupréau, y passe la nuit. 263

Le 7, pose une première pierre d'un monument de d'Elbée, s'arrête à Pin-en-Mauges, Jallais, Chemillé, et à l'abbaye des Gardes; passe à Meslay et à Tourlandy, vient coucher au château de Vézin. 312

Le 8, S. A. R. descend chez le maire, à Chollet, s'arrête à Maulévrier, et arrive le soir à Saint-Aubin. 343

Le 9, *Madame* va déjeûner au couvent de Saint-Laurent, s'arrête au château du Bois-Tissaudau, couche à la Pélisonnière. 356

Le 10, la Princesse passe cette journée à Luçon. 360

Le 11, S. A. R. part de Luçon, déjeûne à Fontenay-le-Comte, arrive à la Rochelle, visite les bains de Marie-Thérèse. 364

Le 12, S. A. R. *Madame* arrive à Rochefort, visite le port et les divers établissements. 370

Le 13, la Princesse est reçue à Saintes par le marquis Dalon, elle visite les antiquités romaines, couche à Blaye. 376

Le 14, S. A. R. arrive à Bordeaux, complimentée par le maire et par sa fille, y passe les journées des 15, 16, 17. 382

Le 18, *Madame* quitte Bordeaux, colonne du 12 mars; couche à Mont-de-Marsan. 408

Le 19, S. A. R. déjeûne à Aire, couche à Pau; le len-

	Pages
demain, 20, visite la ville et le berceau de Henri IV.	412
Le 21, excursion à Jurançon et à Uzos, rentre à Pau; bal chez la marquise de Gontaut.	425
Le 22, excursion à Bonnes, vallée d'Orsau.	429
Le 23, *Madame* visite le château de Moncade, s'arrête à Orthez, visite la citadelle de Bayonne; S. A. R. descend à l'évêché.	434
Le 24, la Princesse visite les ruines du château de Marrac ; marins de Guéthary, Saint-Jean-de-Luz, la Bidassoa, Fontarabie, retour à Bayonne.	441
Le 25, une fête militaire est offerte à *Madame*.	451
Le 26, S. A. R. quitte Bayonne, déjeûne à l'île de Bereux, couche à Sauveterre.	452
Le 27, quitte Sauveterre, s'arrête à Navarreins, passe à Macayolle, arrive à Oléron, rentre à Pau, s'y repose quelques jours ; visite le château de Conraze et Betharam, où elle déjeûne.	453
S. A. R. est reçue à Saint-Sauveur par le préfet des Hautes-Pyrénées, le lendemain gravit la montagne de Saint-Pierre, visite la *Vieille de la montagne*, revient à Saint-Sauveur. Les jours suivants la Princesse fait des excursions à diverses ruines.	465
Le 3 août, l'auguste Princesse reçoit les députations de Tarbes et de Bagnères-de-Bigorre. Chaque jour S. A. R. fait de nouvelles excursions.	473
A Baréges, *Madame* visite les établissements.	478
A Cauterets. S. A. R. visite les divers établissements ; bains de César illuminés.	480
Le lendemain, excursion au lac de Gaube et au Viguemal. Retour à Cauterets et à Saint-Sauveur.	483
Le 16 août, S. A. R. part de Saint-Sauveur et va cou-	

Pages

cher à Tarbes; assiste à une course de chevaux, s'arrête à Auch, et va coucher à Agen. 493

Le 19, *Madame* retourne à Saint-Sauveur, par Nérac et Condom. 495

Le 20, *Madame* passe la journée à Saint-Sauveur; le lendemain et jours suivants fait diverses visites aux environs de Saint-Sauveur. Le 26, excursion au pic du Midi; S. A. R. déjeûne au lac d'Onchet, retourne à Saint-Sauveur. 496

Le 29, *Madame* part de Saint-Sauveur, visite la grotte de Gèdre, entre à Gavarnie. 502

Le 30, excursion à la brèche de Roland; retour à Gavarnie. 506

Excursion à la vallée d'Héas, la chapelle, singulier jeu d'orgues que l'on y voit. Le lendemain S. A. R. va à Baréges, retourne à Saint-Sauveur. 515

Le 11 septembre, *Madame* va à Bagnères-de-Bigorre, en passant par le Tourmalet et Campan. Le lendemain la Princesse visite Frascati et les divers établissements. S. A. R. fait des excursions aux environs de Bagnères les jours suivants. Le 19, *Madame* quitte Bagnères-de-Bigorre 517

Le 19, S. A. R. *Madame* entre à Bagnères-de-Luchon au bruit du canon. Le 21, la Princesse quitte cette ville pour retourner à Paris, s'arrête à Saint-Gaudens, couche à Toulouse. 529

Le 22, S. A. R. reçoit les diverses autorités de cette ville, et un nombre considérable de personnages accourus pour voir la Princesse. Le 23, pose la première pierre du monument qu'on élève à Monseigneur le Dauphin. 534

Pages

Le 24, *Madame* quitte Toulouse et vient coucher à Montauban. Le 25, S. A. R. quitte Montauban et entre le soir à Cahors. Le 26, passe à Brives, Tulles. 545
Le 27, S. A. R. est entrée à Limoges au bruit du canon. Le 28, *Madame* s'arrête à Bourges. 549
A Orléans, la mère du duc de Bordeaux s'y arrête plusieurs jours, et le 1ᵉʳ octobre, S. A. R. *Madame*, duchesse de Berry, rentre dans la capitale. 554

FIN DE LA TABLE.

www.ingramcontent.com/pod-product-compliance
Lightning Source LLC
Chambersburg PA
CBHW060504230426
43665CB00013B/1376